인생의 길,

믿음이
있어

행복했습니다

인생의 길, 믿음이 있어 행복했습니다
김형석 교수의 신앙 에세이

초판 1쇄 발행 2017년 11월 27일
초판 5쇄 발행 2019년 1월 18일

지은이 김형석
펴낸곳 도서출판 이와우
주소 경기도 고양시 일산동구 숲속마을 1로 29-37 서광 미르프라자 2층 211호
전화 031-901-9616
이메일 editorwoo@hotmail.com
홈페이지 www.ewawoo.com
디자인 책은우주다
인쇄·제본 (주)현문

출판등록 2013년 7월 8일 제2013-000115호

※ 정가는 뒤표지에 있습니다.

※ 잘못된 책은 구입하신 서점에서 교환해 드립니다.

ISBN 978-89-98933-26-5 (03230)

인생의 길,
믿음이
있어
행복했습니다

김형석 지음

이와우

100세를 바라보며 드리는 기도

지금으로부터 84년 전, 내 나이 열네 살 때 나는 처음으로 기도다운 기도를 드렸습니다.

'하느님께서 저에게 건강을 허락해주시면 저는 그 건강이 계속되는 동안은 나를 위해서 살지 않고 아버지께서 맡겨주시는 일을 위해 열심히 살겠습니다.'

약속의 기도였습니다. 그 철없는 기도를 하느님께서 오늘까지 기억해주셨습니다.

그 뒤부터 나는 사람의 아들로 오신 예수를 배우고 따르려고 했습니다. 가장 인간다운 인간이 하느님의 자녀가 된다고 생각했습니다. 교회로부터 많은 것을 배웠고 숭실학교는 저의 신앙의 모교가 되었습니다. 일본에서 대학생활을 할 때는 일본 교회와 기독교로부터 더 높은 신앙을 깨달았고 교회 설교로는 만족할 수 없어, 많은 문학책을 읽고 철학 공부에 열중했습니다. 그때부터 내 신앙은 독서와 더불어 성장하기 시작했습니다. 문학은 인간 문제 해결을 위한 많은 문제를 제공해주었고, 철학은 삶을 위한 정신적 과제를 안겨 주었습니다. 무신론자들의 저서를 읽으면서는 기독교 신앙이 얼마나 절실한지, 그 뜻을 굳히곤 했습니다.

이런 인간의 근본 문제를 위해 성경을 거듭해서 읽게 되었고, 세계적인 기독교 사상가와 신학자들의 신앙에서 깊은 감명을 받았습니다. 서른을 넘기면서야 나는 스스로의 신앙적 인생관과 가치관을 터득할 수 있었던 것 같습니다. 그 후부터는 교회와 사회를 위해 작은 도움이라도 보탤 수 있으리라는 다짐을 해 보았습니다.

그러는 동안에 두 차례에 걸친 세계여행을 계획했습니다. 40대 초반과 50대 초반이었습니다. 처음 여행에서는 인도와 중동지방을 살피면서 잘못된 종교를 선택한 국가와 사회가 인간 및 사회적 후진성을 벗어나지 못하고 있다는 교훈을 얻었습니다. 종교적 신앙에 바치는 시간과 노력을 도덕과 과학을 위해 제공했다면 그 후진성을 극복할 수 있었을 것입니다.

두 번째 여행은 기독교의 세계적인 현실을 관찰하고 싶었습니다. 직접 체험한 것은 교육 수준이 높은 선진국에서는 교회들이 사회로부터 멀어지거나 버림받고 있다는 사실이었습니다. 교회들이 교회주의에 빠져 기독교 정신을 외면해 왔기 때문입니다. 사회인들의 성장이 교인들의 수준보다 높아지면서 교회가 사회적 역할을 담당하지 못하고 있다는 현상이었습니다. 인류가 갈망하고 있는 진리를 교리로 대신했고 하나님께서 주신 존엄한 인간의 권리를 교권으로 대신하는 과오를 범했습니다. 한마디로 말하면 교회는 하나님의 나라를 위해 존재함에도 불구하고 교회에 자족하려는 잘못된 신앙을 사회에 요청했던 것입니다. 우리 교회도 기독교 선진 사회의 과정을 그대로 이어받고 있다는 우려를 갖게 되었습니다.

교회는 기독교 공동체의 대표이면서 어머니의 역할을 감당해야 합니다. 그러나 교회는 주님의 말씀과 사랑을 담기 위한 그릇입니다. 진리와 사랑이 없는 교회는 사회뿐 아니라 주님으로부터도 버림을 받게 됩니다. 주님께서는 구약 시대의 교회를 인정하지 않았습니다. 그는 직접 하늘나라 건설에 투신했습니다.

물론 우리는 서구 사회나 우리 주변에서 교회에 대한 우려와 비판이 있다고 해서 기독교 정신이 버림받는다고는 생각하지 않습니다. 그리스도의 정신을 사회를 위한 사명으로 여기고 헌신하는 신도들에 의해 기독교는 사회와 역사를 하늘나라로 바꾸어가고 있습니다. 나는 주변에서 그런 주님의 제자들을 수없이 많이 보면서 지내왔습니다. 나도 그런 신도들의 한 사람으로 인정받고 싶었습니다.

주님께서 100세를 바라보는 오늘까지 함께해주셨음을 잊을 수가 없습니다. 지금도 나는 기독교가 민족과 인류의 희망임을 의심하지 않습니다. 우리들의 염원과 노력으로 진실과 사랑이 가득한 주님의 나라가 이루어져야 하기 때문입니다.

주님의 사랑은 우리의 영원한 희망과 행복입니다. 그 길은 우리 모두의 길이기도 합니다.

2017년 가을

김형석

· 목차 ·

한 신부의 죽음을 보면서

▪

▪

▪

제2차 세계대전 때 있었던 일이다.

폴란드 출신의 한 신부가 일본에서 봉사하고 있었다. 그는 자기가 관여하고 있는 사회사업기관을 위한 기금을 모집하기 위하여 조국 폴란드를 찾았다. 폴란드는 이탈리아 다음가는 천주교 국가이기도 하다. 요한 바오로 2세 교황이 폴란드 출신일 정도로 많은 신도가 있는 나라다.

그런데 그가 폴란드에 머무는 기간에 독일의 히틀러가 느닷없이 폴란드를 점령했다. 그리고 그 나라의 장년들과 젊은이들을 강제 수용소에 수감하고는 군사지원에 동원했다.

그때 신부는 유대인을 숨겨주었다는 죄명으로 체포되어 수용소에 끌려들어 갔다. 수용소에는 폴란드의 많은 애국청년과 장정들이 여러 방에 감금되어 있었고, 그들은 이른 아침부터 저녁때까지 강제 노동에 동원되곤 했다.

용기 있는 사람들은 수용소를 탈출해 도망치기도 했다. 재판을 받지도 않고 독일군에 넘겨져 처형되는 일도 빈번했다. 독일군은 수용소에 수감된 사람들이 탈출하는 것을 방지하기 위해 여러 가지 벌칙을 만들어 엄격히 감시하는 방법을 택했다. 그 가운데 하나는 같은 방에 수감되어 있는 사람이 탈출하다가 체포되면 사형에 처했고, 반대로 성공해서 놓치게 되면 그 사람을 감시하지 않았다고 해서 같은 방의 한 사람을 대신 사형시키는 규칙이었다. 동료를 위해서라도 탈출하지 못하게끔 연대 책임을 지게 한 것이다.

어느 날 새벽에 신부가 일어나 보니, 옆자리가 비어 있었다. 예감이 들었다. 탈출한 것이다. 여기저기 살펴보았으나 종적을 찾을 수 없었다. 웅성웅성 잠에서 깨어난 동료들이 탈출을 확인했다. 성공을 빌어야 한다. 그러나 그렇게 되면 누구 한 사람이 대신 희생되어야 한다. 실패해서 잡힌다면 그가 죽음으로 가는 것을 보아야 한다.

같은 방 동료들은 착잡한 심정을 억누르면서 운동장에 모여 점호를 받았다. 그런데 독일 장교 한 명이 나타나 지난밤에 한 놈이 탈출하다가 체포되었다면서 수감자 한 명을 그들 앞으로 끌고 나왔다. 신부 옆자리에 있던 장년이었다. 죽음을 각오한 그는 같은 방 동료들을 바라보면서 작별인사를 나누었다. 말은 못 하지만 눈빛으로 나누는 인사였다. 그의 눈빛은 '죄송하다. 나는 먼저 가지만 조국과 더불어 행복하라'는 인사였다.

죽음을 앞둔 그와 신부의 눈이 마주쳤다. 신부는 그의 눈빛을 보면서 도저히 그대로 머물 수가 없어 자기도 모르게 독일 장교 앞으로 뚜벅뚜벅 걸어나갔다. 그리고 조용히 입을 열었다.

"이 사람은 내 옆자리에 있었기 때문에 내가 누구보다도 그의 사정을 잘 알고 있습니다. 사랑하는 아내와 세 어린아이가 집에서 기다리고 있다고, 그래서 항상 나는 집으로 가야 한다고 말하곤 했습니다. 당신에게도 사랑하는 가족이 있을 테니 그 심정을 잘 이해할 겁니다. 이 사람에게는 가정으로 돌아가 행복하게 살 권리가 있습니다. 그것은 당신의 권리와 마찬가집니다. 이제 이 사람이 처형되면 그것은 다섯 사람의 행복을 죽음으로 몰아넣는 것과 마찬가지일 것입니다. 이 사람은 네 명의 가족을 위해 살 권리가 있습니다. 처형해서는 안 됩니다."

그러나 독일 장교는 누군가가 대신 목숨을 버려야 이 사람이 살 수 있다고 말했다. 누구도 이 사람을 대신해 죽을 사람은 없지 않냐며 자신하는 자세였다. 신부는 그러면 내가 대신 남을 테니까, 이 사람은 돌려보내라면서 그 사람을 자기가 서 있던 자리로 밀어냈다. "당신은 때가 오면 사랑하는 가족에게 돌아갈 권리가 있습니다. 걱정 말고 내 자리로 들어가십시오."

독일 장교가, 당신의 목숨은 아깝지 않냐고 물었다. 신부는 "다행히 나는 신부라서 나 한 사람으로 끝나면 됩니다. 그러나 저 형제는 네 사람과 함께 살아야 합니다. 내가 대신할 테니 더는 문제 삼지 마십시오"라고 말했다.

그렇게 신부는 처형되었고, 탈출을 시도했던 그는 동료들과 함께 노동 현장으로 끌려나갔다.

늦게 일을 끝내고 돌아온 동료들은 고단했지만 신부가 없는 방에 들어가고 싶지 않았다. 누구도 입을 열지 않았다. 말없이 들어와 자리에 누운 대로 침묵의 시간이 흘렀다. 신부 옆자리였던 그는 말없이 흐느껴 울었다. 그러다 밤이 깊어졌다. 제일 나이 많은 사람이 "아무리 힘들고 어려워도 용기를 갖고 살아나가자. 아직 세상이 이렇게 착하고 아름다운데 왜 희망을 버리겠는가"라고 말하면서 잠을 청했다.

이 사실은 몇 동료들을 통해 전해지다가 그 신부가 일본으로 돌아오지 못하게 되면서 점차 알려지기 시작했다. 그 이야기를 접한 일본의 천주교를 대표하는 작가 엔도 슈사쿠는 현장으로 가 많은 사람을 찾아 만나보았다. 그 사실이 너무 감동적이고 잔잔한 영향력을 남길 수 있기에 작품으로 남겼다. 그 작품은 불어와 영어로 번역되면서 일본과 더불어 서구 사회에서도 많은 독자를 갖게 되었다. 그 작가는 나와 대학 동창이기도 하다. 노벨문학상 후보 작가로 알려지기도 했다.

전쟁이 끝난 후에, 히틀러는 자살을 택했다. 부하들에게 시신을 전연 남기지 말라고 유언해 소련군이 찾아보았으나 흔적조차 찾을 수 없었다. 동맹국인 이탈리아의 지도자였던 무솔리니는 분노한 시민들에 의해 시신까지도 찢겨 밀라노 거리에 버려졌다고 전해지고 있다. 전쟁을 함께 일으켰던 일본의 도조 히데키 수상은 스가모 형무

소에 수감되어 있다가 연합군의 재판을 받고 사형에 처해졌다. 우연히 어떤 잡지에서 읽은 기억이 있다. 사형장으로 끌려가 숨이 끊어질 때까지, 그는 나무아미타불을 연거푸 외다가 죽었다고 한다.

전쟁이 끝나고 70여 년이 지난 지금은 세 나라가 제각기 다른 길을 걷고 있다.

패전국이 된 일본은 전쟁 전보다 민주적 발전을 초래했으나, 최근에는 다시 옛날의 군국주의와 폐쇄적인 민족주의로 되돌아갈 준비를 서두르고 있다. 중국과의 관계가 있었다고는 하나 평화를 지향하는 열린 사회로의 길을 역행하고 있다. 소수이기는 하나 기독교 신도들과 지성을 갖춘 휴머니스트들이 반대하고 있지만, 그 세력은 너무 미미해 보인다. 열린 민주주의를 추구하는 종교적 정신력이 없어 보인다. 신도이즘이 다시 민족 신앙으로 떠오르지 않았으면 좋겠다. 신도이즘은 인류가 공감할 수 있는 종교는 아니다.

반면 이탈리아는 천주교 국가다. 바티칸 교황청이 자리를 잡고 있다. 그러나 새로운 이탈리아를 재건하기에 기독교 정신과 천주교 신앙은 정신적으로 너무 늙었다. 교회는 있으나 기독교 정신은 정치계에서는 찾아볼 길이 없는 것 같다. 일본에서 불교가 차지하고 있는 것과 비슷한 과거의 종교적 전습前習이 남아 있는 듯싶다. 전쟁 이전과 전쟁 이후의 사회에서 정치적 변화가 보이지 않는다. 남아 있는 것은 로마의 문화적 유산이지, 기독교의 생명력 있는 정신적 활력은 찾아보기 힘들다.

이 두 나라에 비하면 독일은 큰 변화를 가져왔다. 그 변화는 동독보다는 서독에서 일어났다. 이탈리아나 일본에 비해 전쟁 때문에 완전히 폐허가 된 전후 독일을 부흥시킨 것은 개신교가 중심인 독일의 기독교 정신이었다. 표면으로 나타나 보이지 않던 기독교민주당이 그 책임을 담당하기 시작했다. 독일은 예로부터 기독교 국가였기 때문에 기독교적이라는 개념은 신앙적인 관념을 대표하지 못한다. 복음주의라는 개념은 기독교적이기보다는 신앙적인 표현을 갖춘다. 우리는 다종교 사회이기 때문에 기독교로 통하나 서양 사회는 다르다. 천주교보다는 개신교, 개신교 안에서도 복음주의가 신앙 운동의 정신을 대신하곤 한다.

휴전 직후에 나타났던 '복음주의Evangelische 아카데미 운동'이 바로 그런 뜻이다. 습성화된 기독교적 전통 속에서 생명력 있는 새로운 신앙 운동이 필요했던 것이다. 그 기독교 정신을 배경으로 태어난 것이 기독교민주당이 되었고, 이는 전후 독일을 재건하는 역할을 담당하게 되었다. 그들은 히틀러의 반인도적이며 반기독교적인 정책과 전쟁을 죄악으로 인정하고 민족과 국가적으로 회개와 속죄의 길을 가장 강하게 전개해 나갔다. 그렇게 새로운 독일의 시작점은 회개 운동으로부터였다. 기독교 정신이 그렇게 강렬하게 정치계를 개선한 일은 과거에도 없었다. 속죄함이 절대조건이었다.

그 점이 일본과는 정반대의 길이었고 이는 이탈리아에 비해서도 차원 높은 정신적 변화를 초래했다. 개인적인 견해에 불과하나 현재 독일 정부와 그 정부를 이끌어가는 메르켈 수상이 기독교 정신에 가장 가까운 노선과 방향을 택하고 있다고 생각한다. 그 수상은 일본을 방문했을 때도 일본의 정치 방향과 노선에 거침없는 비판을 가했다. 왜 잘못을 뉘우치지 않느냐는 충고였다. 과거의 잘못을 뉘우치지 않는 국가는 인류가 지향하는 바른길을 계승할 수 없기 때문이다. 최근 문제가 되고 있는 난민정책에서도 독일은 가장 인도주의적인 방향을 택하고 있다. 실질적으로 독일의 회개 운동이 유럽에 새로운 희망을 안겨다 준 것이다.

지금의 세계는 무한 경쟁이라는 표어를 앞세우면서 희망과 건설의 길보다는 회의와 때로는 절망에 가까운 길을 택하고 있다.

한때 영국의 세계적인 철학자였던 버트런드 러셀은 평화 운동의 구체적인 목표를 핵 반대 운동에 두고 있었다. 그는 오늘의 현실을 마치 강당 안에 위험하기 그지없는 폭탄을 배치해 놓은 것으로 비유했다. 누군가가 돌을 던지거나 담뱃불을 던지면 폭탄은 폭발하게 되고 우리는 모두 죽음을 모면할 수 없게 된다. 어떻게 하면 좋을지 협의한 끝에, 큰 종이에 이 폭탄에 돌이나 담뱃불을 던지면 우리는 모두 죽게 될 테니 던지지 말라고 쓴 후에 'UN'이라는 도장을 찍어 붙여 놓았다. 그리고는 이제 안심해도 된다며 한숨을 돌렸다. 우리는 그런 식의 평화를 유지하고 있다는 경고를 했다. 지금 보유하고 있는 핵무기를 다 쓴다면 인류의 문화권은 모두 사라지고 말 거라며 절망적으로 호소했다.

생각해 보면 인간들 속에 자리 잡고 있는 본능적 욕망은 이성적 판단과 노력보다 강한 것 같다. 자연적 경향성은 노력 없이도 하강하게 되어 있으나 이성적 노력은 한계가 있다. 인간은 선으로의 가능성보다 악으로 향하는 본능을 안고 사는 존재인 듯싶다.

역사도 그렇다. 전쟁과 같은 거대한 소용돌이 속에서 한 개인의 양심적 노력에 어떤 가능성이 허락되겠는가. 6·25 전쟁도 그랬다. 크게 보면 아무런 가치와 의미도 없는 전쟁을 일으켰다. 문제는 정권과 지배욕의 발로다. 다른 모든 구호는 비극과 비참을 정당화하려는 구호일 뿐이다. 그 대가로 수없이 많은 착한 사람이 희생의 제물이 되었다. 죄악 중에서도 용서받을 수 없는 죄악이다.

이처럼 악으로 향하는 역사와 사회적 범죄를 막을 방법과 선으로 향하는 원동력은 과연 존재하는가. 그러한 긍정과 희망의 메시지를 제시해 줄 사람은 누구인가.

우리는 그 해답을 주어야 한다. 그것이 바로 기독교 정신이다. 그리스도의 복음으로서의 진리이며 사랑의 실천인 것이다. 우리는 그 이상의 가르침을 찾을 수 없기 때문에 예수의 말씀을 따르는 것이다.

폴란드의 한 신부도 그 뒤를 따랐다. 그것이 더 많은 이웃의 인간다운 삶을 위해 내가 사랑의 씨앗이 되는 길이다.

신앙은 성격과 운명을 넘어서야 한다

▪
▪
▪

옛날 그리스 사람들은 인간의 지혜를 믿고 살았으나 운명론자들이었다. 그리고 그 운명은 비극적인 세계관과 통했다. 『오이디푸스 왕』은 그 대표적인 작품이다.

한 왕이 아들을 얻었다. 그런데 점쟁이는 그 아들이 아버지를 죽이고 어머니와 부부가 되는 운명을 타고났다고 예언한다. 왕은 그 운명에서 벗어나기 위해 아들이 태어나자, 직접 죽이고 싶지는 않으니 인적이 없는 산중에 내다 버렸다.

그런데 때마침 산길을 지나던 길손이 그 아들을 발견하고 데려다가 키웠다. 어른으로 성장한 아들은 우연히 길에서 만난 한 왕을 죽이고 왕국으로 들어가 죽은 왕의 왕후와 결혼해 뒤를 이어 국왕이 된다.

이상한 것은 새 임금이 아무리 선한 정치를 해도 흉년과 천재가 일어나 국민들이 도탄에 빠진다는 것이었다. 왕은 점쟁이에게 가 그 원인을 물었다. 그런데 얻은 대답은 뜻밖이었다. 이 나라에는 아버지를 죽이고 어머니와 함께 사는 아들이 있어, 불륜의 대가로 천재가 그치지 않는다는 것이었다. 젊은 왕은 범인을 색출하려고 노력하지만 찾을 수 없었다. 다시 점쟁이를 찾아가 그 불륜을 저지른 사람이 누군지 고하지 않으면 죽인다고 위협하자, 점쟁이는 할 수 없이 젊은 왕에게 당신이 이 왕국에 들어오다가 죽인 사람이 친아버지며 지금의 왕후가 친어머니라고 알려 준다.

그 사실을 안 왕후는 자결하고 왕은 죄를 뉘우치며 사막으로 정처 없이 떠났다가 모래 폭풍에게 인간의 손을 더럽히지 말고 묻어달라고 호소해 죽음을 자청한다.

가장 지혜로웠던 그리스인들의 비극적인 운명론은 지금까지 계승되고 있다. 세계적으로 가장 많은 독자를 차지하는 독일의 철학 시인 니체도 초인超人을 주장한 사상가였으나 인간의 종국에는 운명을 사랑하고 받아들이는 길을 거절할 수 없다고 따랐다. 그는 전통적인 기독교 가정에서 자랐으나 그리스의 운명론을 수용했던 것이다.

그런데 구약 시대 사람들은 그런 운명론과는 상관이 없는 전통을 따랐다. 자연 질서의 사상을 거부했기 때문이다. 자연 신앙을 받아들인 중국인들도 운명론을 따랐고 인도인들도 업보 사상을 근간으로 삼는 운명론을 따를 수밖에 없었는데, 히브리인들은 최음부터 운명론을 수용하지 않았다. 그것이 구약 신앙의 근원이면서 역사적 전통이 되었다. 유일신을 믿는 사회는 운명론보다는 절대자인 신의 섭리를 믿었기 때문이다.

근대 사회로 접어들면서 인간의 비극적인 운명을 일깨워 주는 대표적인 작가가 있었다. 바로 영국의 셰익스피어다. 그는 인간의 비극적인 운명을 내재적 성격에 뿌리를 두었다. 인간은 누구도 자신의 성격 영역을 벗어나지 못한다. 타고난 운명이기 때문이다. 그가 작품으로 남겨 준 비극은 모두 그 주인공들의 성격에서 발원해서 비극적인 운명으로 그친다. 우리는 그의 작품을 읽으면서 성격은 운명이라는 암시를 받는다. 그리고 나 역시도 과거와 전 생애를 반성할 때 그것이 운명이었다는 판단을 내리게 된다.

근대인들은 자연을 극복하고 지배하면서 살았다. 그러니 고대인들과 같은 운명론은 믿고 따르지 않았다. 그들은 중세기의 종교적 신앙의 섭리도 믿지 않았다. 운명이 있다면 그것은 인간 내부에 있다. 그러면 무엇이 인간적 비극을 만들었는가. 성격이라고 본 것이다. 그래서 과학적 사고와 철학적 사유를 믿는 근 · 현대인들은 성격은 인간의 타고난 운명적 조건이라고 인정했다. 나의 인생을 좌우하는 것도 성격이라고 받아들였다. 〈햄릿〉을 비롯한 셰익스피어 작품의 주인공이 모두 그랬다.

한때 행동과학 등을 주장하는 사람들이, 운명을 바꿀 수 있느냐는 질문에 성격을 바꾸라고 가르쳤다. 성격을 바꾸려면 습관을 바꾸라, 습관을 바꾸려면 행동을 바꾸라, 행동을 바꾸려면 생각을 바꾸라고 말했다. 생각은 누구나 바꿀 수 있고, 또 항상 새로워지게 마련이라고 보았던 것이다. 다시 말해 인간은 '생각하는 갈대'라는 말처럼 사고하는 동물이다. 무엇을 어떻게 생각하는가에 따라 변하고 바뀔 수 있다고 믿고 싶은 것이다.

그러나 직접 자신의 체험을 반성해 본 사람은 생각이 달라진다고 해서 성격이 바뀌는 것은 불가능하다고 말한다. 사과나무에는 사과가 달리게 되어 있다. 노력한다고 해서 열매가 포도로 바뀔 수는 없다. 좋은 사과와 좋지 못한 사과를 맺을 수는 있으나 포도 열매는 맺지 못한다는 것이다. 성격이 달라진다는 것은 사람이 바뀌는 변화인데, 그것은 있을 수 없다고 여겼다.

그러나 현실적인 반대이론도 부정할 수 없다. 성격이 비슷하거나 같은 사람 셋이 있다면, 세 사람의 인생도 비슷하거나 같아질 수 있는가? 그렇지 않다. 성격의 유사성이나 동질성을 가졌음에도 불구하고 크게 달라지거나 완전히 다른 인생을 택하는 경우도 있다. 그렇게 본다면 성격의 불변성은 인정하더라도 삶과 인생의 본분과 내용은 완전히 달라질 수도 있다는 생각을 할 수 있다. 그런 변화가 가능한 것이 삶과 인생의 현실이 아닌가 묻게 된다.

나는 내 과거와 오늘의 변화를 스스로 반성해 볼 때가 있다.

내 부모와 형제들은 모두 소극적이며 소심한 성격이었다. 그 울타리를 벗어난 가족이 별로 없다. 시골에서 자란 부친의 친구들은 나름대로 도시로 진출해서 성공을 거두었다. 또는 목사가 되기도 했고 높은 사회적 위치를 차지하기도 했다. 그런데 부친은 너무 착하고 소심해서 무능한 편에 속했다. 나도 그 성격을 물려받았다. 내가 초등학교에 다닐 때였다. 부친이 나를 연설경연대회에 내보낸 일이 있었다. 그런데 막상 강단에 서서 보니 많은 사람의 얼굴은 보이지 않고 번쩍이는 눈들만 보여서 말도 제대로 못 하고 울먹이다가 내려오고 말았다. 그다음부터 부친은 그런 자리에 나가라는 말을 하지 않았다. 하지만 친구들이 학생들 앞에 나서서 노래하거나 연설하는 것을 볼 때면 몹시 부럽곤 했다. 창피스러운 이야기지만 중학교 2학년쯤 되었을 때는 나도 연설이나 강연을 잘하게 해 달라고 기도를 드리기도 했다. 교사나 목사가 되는 것이 꿈이었기 때문이다. 어떤 사람이나 선배가 마이크를 잡고 강연이나 연설하는 것을 볼 때면 나도 저런 용기와 자신이 있었으면 좋겠다고 부러워하기도 했다.

그러던 내가 세월이 지나면서 지금은 완전히 딴사람이 되어 버렸다. 30대 후반부터는 많은 강연을 하게 되었고, 60년이 지난 지금도 강연자로 바쁘게 일하고 있다. 내가 생각해도 사람이 이렇게 변하는가, 라고 의아해지는 때가 있다. 내 성격을 누구보다도 잘 아는 모친은 내가 변하는 모습을 보면서 사람은 늙어 보아야 안다는 말을 하곤 했다.

나는 한 번도 내가 후일에 좋은 문장을 쓰거나 사람들의 관심을 끄는 글을 쓸 것이라는 생각을 해 보지 못했다. 그런 재주가 있는 가족들도 없었다. 그저 책을 즐겨 많이 읽었을 뿐이었다. 그러다가 중학교 4학년 때 문학적 예술성을 지닌 전재경 선생이 한국어 시간에 「담요」라는 작품을 소개해주는 것을 보고 문예라고 할까, 문학적 예술성을 느꼈다. 그것이 계기가 되어 오래전부터 수필과 수상을 통한 글들을 써 남기게 되었다. 나로서는 불가능했던 새로운 정신세계를 찾아 누리게 된 것이다.

여러 해 전에 마틴 루터의 전기를 읽은 일이 있다. 저자는 전기 작가로 알려진 역사가이기도 했다. 그는 종교적 선입관 없이 루터의 전기를 쓰면서 그가 종교개혁에 성공한 인물이 된 것은 선조 때부터 물려받은 고집불통의 성격 때문이라고 했다. 그의 조부와 부친 모두가 주장과 신념은 물론 어떤 경우에도 양보나 타협을 전혀 모르는 고집쟁이였다는 것이다. 그 성격과 불굴의 의지가 있었기 때문에 엄청난 난관을 극복할 수 있었다는 주장이었다. 죽으면 죽었지 자신의 신념을 굽히지 못하는 천부天賦의 성격을 타고났다는 내용이었다.

그런 면들을 살피면서 나는 성격은 바뀌거나 변하지 않지만 그 성격이라는 그릇 속에 어떤 삶의 의미와 내용을 담는가에 따라 그의 인간적 삶에 변화가 온다고 믿는다. 그 성격과 삶의 내용이 합쳐져 개성이 태어난다고 생각한다. 귀중한 것은 그릇과 같은 성격이 아니고 그릇과 삶이 합쳐져 생긴 개성이다. 이 개성은 모두가 같지 않으며 정신과 삶의 자산이다. 그래서 어렸을 때는 성격이 큰 비중을 차지하나, 성년이 되면 그 사람의 개성을 문제 삼게 된다.

성경을 읽어도 그렇다. 베드로와 바울은 제각기 다른 성격을 갖고 살았다. 그러니 두 사람의 개성은 다를 수도 있고 같은 면도 지닐 수 있다.

그런데 여기서 주목해야 할 점이 있다. 그렇게 성격도 다르고 개성의 차이도 뚜렷함에도 불구하고 두 사람의 삶은 동일성을 안고 있다는 사실이다. 성격의 차이만 심했던 것이 아니다. 두 사람의 삶은 그리스도를 만나지 못했다면 그 거리와 격차는 태평양 바닷가의 모래알과 대서양 바닷가의 모래알과 같이 컸을 것이다. 그런데 그리스도를 만난 후에는 그 간격이 없어질 정도로 변화가 왔다.

이러한 변화는 두 사람의 관계뿐 아니라 모든 그리스도인이 공감하고 있다. 역사의 고금은 물론 사회적 공간까지도 극복한 아이덴티티라고 할까, 주체적 동일성을 갖고 있다.

나의 부끄러웠던 어린 시절의 이야기였으나 나 자신에게 '무엇을 위해 어떻게 살아야 하는가'라고 물었을 때 얻은 해답이 베드로나 바울과 일치하고 있음을 발견하고 놀랐다. 그것은 신앙적 공동체의 동질성이었다.

어떻게 그런 일이 가능할 수 있는가. 기독교는 그 해답을 세상 사람들이 쓰지 않는 표현으로 갖고 있다. 예수가 세상을 떠나면서 남겨 준 유훈이다. 하느님과 예수 자신과 우리 모두를 연관 짓는 '성령'이라는 표현이다. 성령은 어떤 물체적인 실체는 아니다. 그렇다고 해서 어떤 영적인 구체성을 동반하지도 않는다. 옛날 사람들이 상상했던 천사 같은 존재도 아니다.

그러나 그 하나 됨을 경험한 사람들은 언제 어디서나 다 같은 은총의 사실을 체험하곤 했다. 그래서 기능적 상징성을 갖추면서도 실재하는 주체를 성령으로 불렀던 것이다. 성령은 신의 뜻이 그리스도의 삶을 통해 우리에게 전달되는 은총의 사실이다. 인간이라면 누구나 지니고 있는 '무엇을 위해 어떻게 살아야 하는가'에 대한 해답을 주며, 그렇게 사는 사람에게 주어지는 영적인 체험이다. 그래서 신앙인들은 자연의 법칙을 따라야 하듯이, 정신적 질서를 소중히 지키면서도 그보다 더 높은 정신 및 인간과 인격 전체의 차원에서 은총의 질서를 찾아 인간적인 것을 포함하면서도 초월하는 삶의 의미와 가치를 공유하게 된다.

그리스도인들은 기도를 습관적으로 드려 그 의미를 제대로 깨닫지 못할 때가 있다. 그러나 인간 및 신앙적 실존에 직면한 사람은 기도를 드리지 못하거나 드릴 수 있음의 갈림길에서 신앙적 선택과 결단을 한없이 고민하게 된다. 내 가까운 친구인 한 철학 교수는 기도를 드리는데 수십 년의 세월이 필요할 줄은 몰랐다고 고백했다. 그가 말하는 기도를 드리게 되었다는 것은 성령의 힘을 빌려 하느님께 호소할 수 있을 때 가능했던 것이었다. 그러면서 어떤 면에서 그리스도인이 된다는 것은 기도를 드릴 수 있게 되는 것이라고 말했다. 기도는 인간이 초인간적인 타자로서의 실재와 공존하면서 은총을 체험하는 첫 단계이기 때문이다.

그래서 신앙인들은 자유와 운명을 넘어 섭리에 살게 되며 은총의 선택을 받아들이는 새로운 탄생과 희망의 약속을 따르게 되는 것이다.

불교와 기독교의 대화

▪

▪

▪

동국대학교 안에 기독학생회가 조직된 일이 있었다. 학교 측의 허락을 받지는 못하고 기독교 학생들이 신앙의 자유를 주장하면서 모였던 모양이다. 그들이 학교 안에서 계획한 첫 행사란 나를 강사로 추청해 기독교에 관한 강연회를 여는 일이었다. 나에게 요청해왔기 때문에 수락했다. 학생들은 광고문을 게시했다. 그런데 대학 측에서 집회를 허락하지 않았다. 불교 대학에서는 있을 수 없는 일이었기 때문이다. 결국 학생들이 양보하고 대학 주변에 있는 침례교 예배당으로 장소를 옮겨 강연회를 했다. 학생들은 내가 목사가 아니기 때문에 괜찮을 것으로 생각했던 것 같다.

그 소식이 밖으로 전해지면서 기독교 계통의 신문기자와 CBS 방송국 관계자들이 나를 찾아와 동국대학교가 신앙의 자유를 허락하지 않고 기독교 강연을 금지한 사유와 내 소감을 물었다. 불교 대학에서 기독교 학생들의 신앙적 자유를 불허했다는 반종교적인 처사를 규탄하고 싶은 것 같았다.

그들은 이번 사건을 계기로 불교 대학의 처사를 비판 또는 공격하기를 바라는 눈치였다. 나는 사실의 경위를 이야기하고 연세대학교에 불교학생회가 허락될 때가 되면 동국대학교에도 기독학생회가 용납되지 않겠느냐고 말했다. 우리는 문을 닫고 있으면서 상대방이 문을 열지 않는다고 비판하는 것은 옳지 않다고 말했다. 그래서 그 일은 하나의 해프닝으로 끝났다. 동국대학교 기독학생회 대표들이 나에게 죄송하다는 말을 해왔을 때도 아무 걱정하지 말고 공부에 열중하라고 말했다. 모든 것이 학생들의 잘못이기보다는 우리 기성세대의 잘못에 있어 미안하다고 사과했다.

그다음부터 나는 연세대학교 안에 불교학생회가 허용되면 좋겠다는 생각을 했다. 불교와 불교 정신을 배제하는 대학은 있을 수 없기 때문이었다. 서울대학교와 고려대학교에 있는 불교학생회가 연세대학교에는 없다는 것은 대학의 편협성을 보여주는 처사이기도 했다. 인문학의 영역에서 불교나 유교를 배제한다면 그것은 학문의 정도가 못 된다.

불교학생회가 허락되기 위해서는 지도 교수가 있어야 했다. 그런데 연세대학교 안에서는 지도 교수가 되겠다고 나서는 사람이 없었다. 또 교목실이나 신과대학에서 반기지 않는 지도 책임을 맡을 교수도 없었다. 세브란스 병원의 한 장로 교수가 학생의 권유로 기독교의 한 계파를 자처하는 통일교의 지도 교수가 되었다가 대학의 권유로 사퇴한 일이 있을 때였다.

그러다가 신과대학에서 종교학을 강의하는 유동식 교수가 불교학회나 불교학생회를 설치해야 한다는 뜻을 갖고 추진하기 시작했다. 물론 상당한 어려움을 겪었다. 있을 수 있는 일이었다. 그러나 내가 대학을 떠날 즈음에 불교학생회가 탄생되었다. 경하스러운 일이었다. 유 교수는 정식 목사가 아니었기 때문에 그런 주장을 해도 교단의 오해나 제재를 받지 않았던 것 같다. 동국대학교 안에도 지금쯤은 기독학생회가 생겨 좋은 활동을 하고 있을 것으로 기대하고 있다.

내가 그때 문제 삼은 것은 대학은 우선 대학이어야 한다는 것이었다. 특수 종교를 위한 대학이 아니다. 적어도 연세대학교는 서울대학교 못지않게 학문하는 대학이 되어야 하고 고려대학교보다 민족과 국가를 섬기는 대학이어야 한다. 다른 점이 있다면 그 위에 기독교 정신이 더해진 대학인 것이다. 대학은 학문과 사상의 문을 열어야 한다. 열린 대학과 사회에서는 신앙을 선별하거나 배척하는 일을 해서는 안 된다. 그래서 수백 년의 역사와 전통을 자랑하는 유럽의 대학들은 신학대학으로 출발했으나 인문학이 더 큰 비중을 차지하면서 신학을 단과대학으로 남기든가 별개의 대학으로 개편했다. 지금은 인문, 사회, 자연과학이 대학의 모든 분야를 차지하고 있다. 어떤 대학에서는 신학과나 신학이 없어지고 있다.

대학이 특수 종교라는 작은 그릇 속에 갇히면 세계적인 대학이나 인류의 장래와 희망을 책임지는 대학으로 성장할 수 없게 된다.

다른 이야기다.

법정 스님의 저서들이 많이 읽히며 베스트셀러에 오른 때가 있었다. 한번은 나보다 후배격인 목사들과 이야기를 나누다가 왜 스님이 쓴 책들은 베스트셀러가 되는데, 신부나 목사가 쓴 책은 베스트셀러가 못 되느냐고 물었다. 생각을 정리해 보던 목사들이 오히려 나에게 왜 그렇게 되었냐고 반문했다.

내 대답은 간단했다. 스님들은 인생에 관한 책을 쓰는데 신부나 목사들은 인생보다도 교리나 신학에 관한 글을 쓰니까 독자가 많지 않다고 말했다. 인생에 관한 글을 쓴다는 것은 삶과 인생관에서 진실과 진리를 찾는 것인데, 교리나 신학에 관한 글들은 기독교 신자들의 문제이지 폭넓은 인간의 문제가 못 된다. 그런데 예수는 어떠했는가. 예수는 인생에 관한 진리를 가르쳤다. 계명이나 교리는 가르치지 않았다. 그러니 앞으로는 신부나 목사들이 교리보다는 진리를, 신학보다는 인간에 관한 기독교적 가르침을 줄 수 있어야 하며 그것이 예수의 뜻을 계승하는 길이 될 것이라는 이야기를 나눈 적이 있다.

또 다른 어려움도 있다. 나는 비교적 여러 권의 책을 쓴 편이다. 종교나 기독교에 관한 원고를 일반 출판사나 기독교 출판사에 맡기기도 한다. 그런데 이상한 것은 일반 출판사에서는 3000~5000부가 판매되는데 기독교 출판사에 의뢰해 보면 그의 3분의 1이나 5분의 1밖에는 나가지 않는다. 어떤 때는 10대 1이나 20대 1의 결과가 되기도 한다. 물론 기독교 계통 독자보다는 일반 사회 측 독자가 많은 것도 사실이다. 그러나 또 어떻게 보면 크리스천들이 독서를 많이 하지 않는다는 것도 사실인 것 같다. 나도 교회에서 성장했으나 성경 이외에 이러이러한 책을 읽는 것이 좋겠다고 권고하거나 지도해주는 목사를 보지 못하고 지냈다. 또 독서 운동을 해 보면 가장 가깝고 쉽게 책을 권하고 싶은 곳이 교회인데 교회는 독서를 외면하고 있다. 어떤 사람은 교인들이 독서를 많이 해 신부나 목사들보다 지적으로 높은 수준으로 올라가는 것을 원하지 않는 목회자들도 있다고 말하기도 한다. 특히 개신교 안의 적지 않은 목사들이 대학원 과정까지 나오지 못한 목회자라면 그럴 수도 있다는 견해들이다. 그렇다면 그것은 반성해 볼 문제다. 교회에 다니는 신도들 모두가 목회자 수준 이하의 인물이 된다면 그런 불행이 어디 있는가.

그러나 여러 교회와 목사들을 대하다 보면 그런 점을 자주 느끼기도 한다. 여러 해 동안 서울 동북쪽에 있는 큰 교회에서 나이 많은 신도들이나 호스피스 과성을 위한 교우들을 도와준 일이 있었다. 교회가 크기 때문에 그 부서 담당 목사는 비교적 젊은 편이었다. 그는 나를 수강생들에게 소개하면서 목사님들만큼 성경을 많이 아는 교수라든지, 신앙적으로도 도움을 주는 선생이라고 했다. 소개를 들은 나이든 신도들은 웃기도 했다. 그 웃음 속에는 우리 목사님은 교수님이 어떤 분인지 모르는구나, 하는 내용이 깔려 있었다. 그 사람들은 내 책을 읽기도 하고 내 강연이나 설교를 들어서 오래전부터 알고 있는데 목사님은 1960년대를 살아보지 못했으니 강사를 모르는 것 같다고 생각하는 듯했다. 그 교회만 그런 것이 아니었다. 어느 교회에 가든지 마찬가지였다.

거기에는 무슨 내용이 깔려 있는가. 내가 유명하거나 좋은 책을 썼다고 해서가 아니라 목사가 독서를 하지 않는다는 방증이기도 하고 오히려 신도들이 책을 더 많이 읽고 있다는 증거이기도 하다. 신도 수에 비례해 본다면 우리나라 교인들만큼 독서를 하지 않는 사회는 없을 것 같다. 그러니 기독교 출판사들도 활발하게 움직이지 못하고 있다. 선진국에서는 크리스천들이 더 많은 독서를 하고 있다.

이상한 것은 때때로 스님들을 만나는 기회가 생긴다. 지방 강연에 갔다가 청중 속에 자리를 같이한 젊은 스님들을 만났다. 그 스님들은 나를 잘 알았고 찾아와 인사를 했다. 그렇게 보면 불교를 믿는 신도들이 마음을 열고 책을 읽는 것 같기도 하다. 아무래도 유일신을 믿는 그리스도인들보다는 자연과 초인간적인 영역에서 법을 탐구하는 범신론적인 관념적 신앙을 갖는 불교도들이 좀 더 개방적이고 넓은 세계관을 가질 수 있을 것이다. 우리 불교계보다 학문적 수준이 높은 일본의 불교학자들을 보면 그 현상이 뚜렷해 보인다.

우리나라의 대표적인 불교학자 중 한 사람이었던 이기영 교수는 나와 가까이 지내던 동국대학교의 교수였다. 그는 천주교 신앙을 잘 이해하는 편이었고, 유럽으로 유학을 갈 때도 벨기에의 루뱅대학을 택했다. 그 지역이 영미나 독일에 비해 천주교에 가까운 곳이었기 때문이다. 그곳에서 그는 천주교보다는 인도 및 불교연구에 전념했던 것으로 알려져 있다. 넓은 의미의 종교학자라고 볼 수도 있을 것이다.

한번은 나와 이야기를 나누다가, 예수에 비하면 석가가 훨씬 더 넓은 세계관을 갖고 가르쳤다고 말하면서 예수는 사랑을 가르치면서도 헤롯 왕을 여우와 같은 인물이라고 표현했지만 석가에게는 그런 표현에 해당하는 원수가 없었다는 이야기를 했다. 사실이 그렇다. 석가의 자비심은 자연 존재에까지 미치고 있다.

나는 그 점을 인정하면서 다음과 같은 이야기를 했다. 석가의 종교관과 신앙은 우파니샤드 시대로부터 전승되어 왔다. 기독교에 견주어 본다면 우파니샤드는 구약에 해당한다. 그러나 기독교는 구약의 전통을 이어받고 있다. 불교가 철학적 종교라면 기독교는 역사적 종교이다. 역사적 종교라는 것은 현실 사회 속의 신앙이라는 뜻이다. 그래서 석가의 교훈은 철학적이고 관념적이다. 불교의 궁극적인 교훈은 참과 법을 스스로 찾아가야 하는 것이어서 관념 세계로 올라가게 된다. 그러나 기독교는 역사 안에 있기 때문에 구약과 신약의 대부분이 역사적인 기록이며 철학을 배제하고 있다. 그래서 기독교는 구약의 기본 과제인 정의와 신약의 중심이 되는 사랑이 역사 속에서 인간들과 공존하는 종교적 신앙이다. 석가는 진리가 무엇인지를 가르치나 예수는 진리와 더불어 정의를 가르친다. 인간 사회에서 정의를 근본 교리로 믿고 살아온 것이 구약이다. 그리고 그 정의를 완성시키는 사랑이 예수의 뜻이다. 정의가 없는 사회는 없다. 따라서 불의가 용납되어서는 안 된다. 불의는 악과 공존한다. 악을 배제하는 것은 신앙의 명백한 책임이다. 그 악을 대행하는 사람을 악인이라고 부른다면 헤롯 왕은 악의 대행자가 된다. 그 악을 버려두면 많은 사람을 불행과 고통으로 이끌고 간다. 기독교는 그런 것을 방치하거나 외면하고 관념적 세계에 안주할 수 없다. 예수 당시의 악을 행하는 사람에게 인간적인 표현을 쓴 것은 헤롯 왕이 원수여서가 아니라 그 악을 배격하는 쉬운 표현이었기 때문이다.

석가는 사회악의 책임을 넘어서기를 원했으나, 예수는 선과 인간다운 삶을 위해서 악을 극복하라는 가르침을 줄 수밖에 없었다는 이야기를 한 적이 있다. 모든 인간이 지고 있는 짐을 벗어 놓는 것도 중요하나, 인간들의 무거운 짐을 대신 지고 극복하려는 사랑이 있는 노력도 중요하다. 그래서 불교는 넓은 의미의 자비를 가르치며, 기독교는 정의의 책임을 피할 수 없으니 정의를 품고도 초월하는 사랑을 요청하고 있는 것이다. 인간적 삶과 역사적 사명을 떠난 종교적 신앙은 기독교가 아니기 때문이다.

서로 생각이 다르기 때문에 한편을 멀리하거나 배척하자는 뜻이 아니다. 종교적 신앙은 선택이다. 그 선택이 신앙적 체험에서 입증되고 이웃과 사회에 무엇을 주는가, 함이 문제인 것이다.

열매가 없는
무화과나무

▪
▪
▪

1974년 7월.

스위스 로잔시에서 기독교 부흥회가 세계적으로 성대하게 열렸다. 교인들이 모이지 않는 유럽의 기독교계에서 본다면 경이로운 큰 집회였다.

우리나라에서도 주로 보수계 진영의 목사와 교계 대표가 참석했고, 이름이 알려진 몇몇 사회 인사들도 초청을 받았다. 그 당시만 해도 해외여행이 자유롭지 못했기 때문에 참석한 사람들의 사회와 교계의 수준은 짐작할 수 있을 것 같다. 나는 가장 늦은 뒷자리에 참여하는 혜택을 받게 되었다. 교회 계통에서는 아는 사람이 적었고, 추천을 받을 만한 위치에 있지도 못했다. 스위스에 체류하는 비용과 왕복교통비 전액을 제공받는 특전이 있어 신청자가 더욱 많았을지도 모르겠다.

집회 주최자는 미국의 유명한 부흥사 빌리 그레이엄 목사였다. 일본을 비롯한 다른 나라의 신자 대표들도 초청받았던 것으로 알고 있다. 한국의 교인 수가 많기 때문에 한국 교계 인사들의 수가 더 많았을지도 모른다. 그 후에 빌리 그레이엄 목사의 전도대회가 한국에서도 있었던 것으로 보아 그의 동역자가 한국에 여러 명 있었던 것으로 짐작한다.

한국에서 이러한 집회가 개최되었을 때도 2~3년 전부터 준비 작업을 하고 전국의 주요 도시에서는 참석할 수 있는 인원동원을 위한 준비를 하곤 했으니, 로잔대회 때는 그 계획과 준비가 대단했을 것 같다. 확실하지는 않으나 빌리 그레이엄 목사의 친지 되는 갑부가 후원했다는 소식도 있었다.

2박 3일 동안 스위스에 머무르며 예정된 집회에 참석했으나 기대했던 것보다 얻은 바는 적었다. 행사장과 주변의 분위기는 혼잡스러웠다. 동행들과 같은 숙소에 머물렀지만 서로 대화를 나눌 기회도 없었다. 일행 중에는 황성수 목사도 있었으나 만날 기회가 없었다.

떠날 때가 되니 스위스 시계가 유명했기 때문에 시계를 사는 일들로 바빴다. 김포공항에 내릴 때 시계가 두 개가 넘으면 세금을 낸다고 해서 나누어 갖고 가자며 여러 사람이 부탁을 해와 걱정했던 기억이 남아 있다. 어떤 이들은 가족과 친지들을 위해 여러 개를 사와 고민거리가 되었던 모양이다. 세금을 물고 들어오면 마음이 더 편했을 것 같았다.

내가 자진해서 참여했던 어떤 신앙집회보다도 감명 깊거나 신앙의 양식이 되는 집회는 되지 못했다.

다음 해에는 우리나라 CCC가 주관하는 전국대회가 서울 여의도에서 개최되었다. 로잔대회를 모방한 집회였다. 그때는 로잔에서 초청을 받았던 답례도 해야 하겠기에 대학생들과 청년들을 위한 성경공부를 맡아 돕기로 했다. 비용을 절약하기 위해 여의도에 많은 천막을 치고 숙소로 삼았는데, 때아닌 폭우 때문에 숙박과 식사가 불편했다. 서울에서 온 청년들은 보이지 않았고 지방 청년들이 대부분이었다. CCC 간부와 행사 진행 및 안내를 책임 맡은 이들은 성경공부나 예배에 참석하기보다는 행사준비와 진행에 여념이 없었다. 어떻게 지냈는지도 모르게 2박 3일이 다 지나가 버리고 말았다. 지방 청년들은 서울에서 하고 싶었던 일이 많았을 것이다.

결국, 로잔대회 때와 비슷한 처지가 되었다.

이런 일을 두 차례 겪은 뒤부터 나는 신앙을 위해 행사를 위한 행사나 질적인 내용보다 행사 위주로 진행되는 집회는 삼가거나 멀리해야 좋겠다는 생각을 갖게 되었다. 많이 모여서 북적거리다가 헤어지면서 성공했다고 자축하는 사고는 신앙적으로 좋은 일이 못 되는 것 같다.

내가 개인적으로 성경공부반을 가져온 경험도 그렇다. 6·25 전란이 안정되고 교회들도 예전 모습으로 돌아갔을 때였다. 남대문장로교회에서 대학생과 청년들을 위한 성경공부반을 맡아 지도해달라는 청탁을 받았다. 돕기로 했다. 그런데 얼마 지나지 않아 이상한 현상이 나타났다. 교회 청년들 수는 조금씩 줄어드는 반면 교회에 나오지 않는 대학생들이 더 열성적으로 참여했다. 거기에는 서울대학교와 수도여자의과대학 학생들도 있었다.

어떻게 하면 좋을지 걱정이 되었다. 남대문장로교회 청년들은 여러 가지 행사와 즐기는 모임을 갖기 원했고, 밖에서 온 수강생들은 문제의식을 느끼고 있었기 때문에 지금과 같은 성경연구를 원했다.

그러던 중 한번은 좀 일찍 교회에 도착해, 쉬기 위해 근처 카페에 들어갔다. 거기에는 교회대학생회 임원들이 앉아 이야기를 나누고 있었다. 나는 한쪽 구석에서 커피를 마시고 교회로 가 강의를 끝냈다. 임원들은 청강하러 들어오지 않았다. 그 후에 알게 되었다. 그들은 성경공부에 참여하지 않고 그 카페에서 시간을 보내는 것이 습관화되었던 것이다.

그래서 약속했던 대로 1년을 채우고는 그 책임을 벗어 놓았다. 최근까지도 그 모임에 참석했던 교회 밖 대학생들은 크리스천으로 사회적 책임을 열심히 수행하고 있는데, 교회 청년들은 만나거나 찾아와 인사하는 사람을 보지 못하고 있다. 몇 해 전에는 거제도에 갔다가 그중 한 사람이 양로병원 원장으로 있는 것을 보고는 마음이 흐뭇했다. 작년에는 대구에 갔다가 여든이 된 여의사가 그 나이에도 종합병원 가정의로 봉사하고 있다는 소식을 듣고 감사한 마음을 가졌다. 모두가 모범적인 신앙인으로 봉사하고 있었다. 대학 때 제자가 나보다 더 존경받는 학자나 교수가 된 것을 보는 게 가장 즐겁고, 신앙의 후배들이 나보다 더 훌륭히 그리스도의 일로 봉사하는 모습을 보면 그렇게 행복할 수가 없다.

기도의 경험도 그렇다.

지금까지 기도다운 기도는 나 혼자 드릴 때였다. 그래서 신앙은 단독자의 몫이라고 보는 선각자의 뜻을 체험하곤 한다. 예수께서도 혼자 기도를 드리곤 했다. 제자들과 함께 기도를 드렸다는 기록은 보이지 않는다. 제자들에게 깨어서 기도하라고 말할 때도 함께 기도하라는 뜻을 강조하지는 않은 것 같다. 기도는 하느님과의 대화이며 은총의 약속이기 때문에 먼저는 나의 문제다.

그다음에는 가족들과의 기도가 있다. 나는 지금은 가정예배 시간을 자주 갖지 못한다. 혼자 살기 때문이다. 이전에는 온 가족이 한 가정을 이루고 있었으니 가정예배는 함께 드리는 기도 시간이었다. 요사이는 손주들이 외국으로 나갈 때나, 가족이 모이는 기회에 함께 기도를 드린다.

뜻을 같이하는 친구나 제자들을 만나면 함께 기도를 드린다. 그리스도 안에서 한뜻과 같은 사명을 갖고 있기 때문이다. 그러다가 교회에 가면 공동기도 시간을 갖게 된다. 교회나 국가를 위한 기도다. 대표자의 기도를 함께 받아들이기도 하고, 각자의 목소리로 주어진 시간에 기도를 드린다.

그러니 기도는 형식이나 예배의식을 채우기 위한 행사의 하나가 되면 그 깊이와 생명력이 약해질 수 있을 것 같다. 은밀한 방에 들어가 혼자 기도하기를 권고한 예수의 뜻이 무엇인지 반성해 보게 된다. 예수 당시에는 남에게 보이기 위한 기도가 너무 많았던 것 같다. 지금도 금식기도나 철야기도 모임이 있다. 그러나 기도다운 기도는 적은 것 같다. 때로는 형식의 반복이다. 더불어 나를 위한 기도는 기도가 못 된다는 것을 쉬이 깨닫게 된다. 나는, 내가 오랫동안 건강해서 많은 일을 할 수 있게 해 달라고 기도해주는 몇 분을 알고 있다. 나 역시 그분들을 위해 기도한다.

한 가지 제기하고 싶은 것은 내 감정의 호소가 기도로 변질되어서는 안 된다는 것이다. 내 친구는 나운몽 장로의 집회에 참석했다가 신도들이 야반에 산에 올라가 소나무를 붙들고 '하느님! 하느님!' 이라고 외치는 기도 소리를 듣고 공감할 수도 없고 거부할 수도 없었다는 고백을 한 적이 있다. 나는 웃으면서, "하느님이 귀가 어두운 것도 아닌데……"라고 말했다. 예수는 우리보다 더 정중해 보이는 사람들에게도 조용한 방에서 홀로 기도드리라고 가르쳤다.

그러나 더 중한 문제가 있다. 기도를 위한 기도로 그쳐서는 안 된다는 것이다. 기도는 하느님과의 약속을 동반하기 때문에 기도를 드린 후에는 마음과 삶의 변화가 뒤따라야 한다. 그것이 기도다운 기도다. 10년 동안 기도를 드렸는데 내 삶과 대인관계에 아무런 변화가 없다면 기도는 하나의 공염불에 그치고 만다. 나도 모르는 동안에 내 삶과 인생에 차원 높은 변화가 생겨야 한다. 나라를 위해 기도한다는 것은 애국적인 변화를 위해서다. 원수를 위해 기도하는 사람은 그 사람의 악은 미워하더라도 그 사람에 대한 인간적 사랑은 거부할 수 없다. 친구를 위해 기도하는 사람은 친구를 비방하거나 심판할 수 없다. 그가 어떻게 하면 인간적으로 더 값있고 행복한 인생을 살 수 있을지 고민하며 돕게 된다. 나라를 위해 기도하는 사람은 자신보다 유능한 인재를 키워 그가 일할 수 있게끔 도와야 한다.

왜 이런 문제를 제기해 보는가. 신앙 운동은 양보다는 질적 내용이 중하며, 형식적 행사는 거듭될수록 신앙의 순수성을 훼손시킨다는 사실을 지적하고 싶기 때문이다. 열 명이나 스무 명의 적은 수가 모여도 예수께서 기뻐하시는 값있는 결실을 거둘 수 있다. 그러나 그보다 열 배, 백 배가 모였다고 해도 인위적인 행사가 목적이 될 때에는 오히려 습관적인 타성에 젖어 지니고 있던 신앙도 사라지는 결과가 되기 쉽다. 신앙은 항상 새로운 삶의 가치와 영구한 희망과 창조성을 동반해야 한다. 신앙은 순수한 마음과 성실한 인격과 공존하며 성장한다. 실천적 사명이 없는 신앙은 무의미한 관념적 사고에 머물게 된다.

만일 우리가 비교적 모범적인 신앙생활을 한 사람을 주변에서 찾는다면 어떤 사람을 연상해 볼 수 있을까. 최근 아프리카 선교 이야기가 많이 소개되고 있다. 그중에서도 이태석 신부 같은 분은 우리 시대를 일깨워 주는 고마운 분으로 보아도 좋을 것 같다. 개신교의 부흥사 같은 면은 없었다. 대중을 움직이는 지도자도 아니었다. 주목을 받을만한 강론을 남기지도 않았다. 아프리카에서 또 한 사람의 이름 없는 예수와 같이 살았을 뿐이다. 불치의 중병을 스스로 잘 알고 있으면서도 끝까지 주님께서 원하셨던 일을 아프리카에서 대신한 젊은 선교사였다. 그의 사랑을 받은 어린이들은 그를 예수께서 보내 주신 사랑의 대행자로 느꼈을 것이다.

그의 소식이 알려지면서 불교계의 지도자들 가운데 전해지는 이야기는 우리 불교계에도 이태석 신부와 같은 인품의 지도자가 배출되어야 한다는 아쉬움이었다. 그런 인물을 키우지 못하는 종교는 사회가 믿고 따르는 신앙인을 얻을 수 없기 때문이다.

우리가 오늘의 한국 기독교를 우려하는 이유는 외형도 커지고 수적인 신앙인의 비율도 유지되고 있으나 기독교 정신은 찾아볼 수 없다는 현실 때문이다. 그리스도의 뒤를 따르는 한 알의 밀알이 없으면 많은 열매를 기대할 수 없을 것이다.

정말,
부끄러웠던 일

·
·
·

1950년대 말이었을 것이다.

예산에 있는 제일감리교회 집회를 맡았을 때였다. 첫날은 교회당에서 집회를 가졌는데, 청중을 감당할 수가 없어 다음날부터는 당시의 농업학교 강당을 빌려 강연을 하게 되었다. 마지막 강연회 전날, 집회가 끝났을 때였다. 밤에 내가 머물던 교회 사택으로 두세 명의 젊은이가 찾아왔다. 자리를 잡고 앉자 한 젊은이가 말을 꺼냈다.

그 젊은이는 유교 가정에서 자란 이였다. 그러나 유교를 가지고서는 본인과 가정의 장래를 꿈꿀 수 없겠다는 생각에, 자진해서 교회를 찾아갔다. 신앙생활을 시작한 것이다. 얼마 후에는 주일학교를 돕는 여선생과 결혼도 했다. 새로운 희망을 꿈꾸고 있었다. 그러던 차에, 한번은 목사님의 광고가 있었다. 얼마 후에 서울 정동교회에서 전국 연회가 열리는데 참석하고 싶은 교우는 참관하면 좋겠다는 것이었다. 그는 전국을 대표하는 목사님들이 모이는 연회에 가면 좋겠다는 부푼 기대와 꿈을 안고 하루 전에 서울로 올라가 교회 근처 여관에서 하룻밤을 묵고 연회에 참석했다.

그런데 문제가 생겼다. 개회예배까지는 좋았는데, 전국 감독선거 때는 파가 두 개로 갈라져 대성이 오가며 예의에 어긋난 싸움판이 벌어졌다. 105회까지 선거투표가 벌어진 게 바로 그 연회에서였다. 그것을 본 그는 '내가 속았다'라고 생각했다. 연회가 끝나기 전에 고향으로 내려왔다. 그때부터 그는 방황과 고뇌를 거듭하다가, 한 회사에서 외항선원을 모집한다는 광고를 보고 응모해 선원생활을 시작했다. 자포자기한 그는 술과 담배 등을 가리지 않으며 무절제한 생활에 빠져들었다.

일본 오사카에 기항했을 때 몸에 적지 않은 고통을 느껴 병원에 가 보니, 간의 대부분이 망가졌고 암으로 바뀌고 있다는 진단이 나왔다. 서울에서도 같은 진단이었다. 그는 모든 것을 포기하고 집으로 돌아와 희망 없는 휴양을 계속했다. 그러던 차에 친구들이 교회당이 아닌 학교 강당에서 부흥회가 있는데, 목사가 아닌 교수의 강연이니 가보자며 권고를 했다. 그렇게 두 차례 내 설교를 들은 그는 자신의 과거를 이야기하면서 나에게 신앙적 도움을 요청했다.

이 이야기를 듣고 나는 부끄럽고 마음이 무거워졌다. 신앙적 지도자나 목회자가 된다는 것이 얼마나 감당하기 어렵고 무거운 책임인지를 절감했다. 나는 그 젊은이에게 건강에 무리가 가지 않게 성경을 읽고 기도를 드리라고 권했다. 교회에 출석하거나 목사를 보고 따르는 것이 아닌 교회와 목사를 통해서 예수님을 만나는 것이 신앙이며, 그의 사랑을 깨닫지 못한 것은 신앙이 못 된다고 말했다.

이를 통해 나는 많은 목사와 교회 지도자가 신도들을 교회로 인도하는 것이 아닌 예수에게 안내하는 책임을 져야 한다고 절실히 느꼈다. 교회가 중한 것도 아니고 교회생활이 목적도 아니다. 오히려 나는 숨기고 예수를 만나게 해야 했던 것이다. 지금도 나는 예수보다도 더 자신 넘치게 설교하는 목사들을 볼 때가 있다. 모든 인간과 더불어 목사도 부족하고 약한 인간이다. 나를 보라든지, 내 설교를 들으라는 식의 자세는 크게 잘못되기 쉽다. 베드로도 그러했던 때가 있었다. 나는 그 젊은이가 성경을 읽고 기도를 드리는 동안 예수의 깨우침과 부르심을 받을 수 있도록 기도드리는 마음으로 헤어졌다.

이 글을 쓰는 지금도 보수적인 신앙을 앞세우는 신학교 책임자들이 재정적 부정 때문에 싸우고 있다는 뉴스를 접하고 있다. 감리교 감독 문제로 여러 해 동안 벌어졌던 일들을 떠올리곤 한다. 세상에서도 찾아보기 어려운 일들이 교계의 지도자들에 의해 자행되고 있다. 그 때문에 이 젊은이와 같은 사람이 생긴다면 그 책임은 누구에게 있는가. 부끄럽고 가슴 아픈 일이다.

왜 그런 사태가 벌어지는가. 적어도 그리스도인이 되거나 특히 교계 지도자가 되는 사람은 예수가 전도 사역을 시작하기 전에 악마의 유혹으로 받았던 세 가지 시험만은 극복할 수 있어야 한다. 우리 모두가 잘 알고 있어 잊어버리기 쉬운 교훈이다.

돈과 경제 문제에 있어서는 확고한 신념을 가져야 한다. 돈의 유혹에 빠진다든지 부정을 저지른 사람은 그리스도인의 자격이 없으며 특히 목사나 지도자들은 더욱 그렇다. 그렇다고 해서 수도사가 되는 것이 좋다든지 경제생활을 멀리하거나 죄악시하라는 뜻은 아니다. 모든 사람과 같이 경제생활을 하면서도 그리스도인다운 가치관을 갖고 살아야 한다는 뜻이다. 돈보다 귀한 것은 일을 사랑하는 것이며, 일의 가치는 사회와 공유해야 한다는 정신이다. 나를 위해서는 적게 가지며 이웃을 위해서는 더 많은 도움을 베풀 수 있어야 한다. 권세나 명예도 그 자체가 소유에 해당하는 것은 아니다. 섬기기 위해 주어진 직책이며, 봉사의 대가로 주어지는 것이 명예다. 감사와 고마움의 마음을 받을 수 있다면 그 이상의 명예는 없는 법이다. 그것들을 위한 소유의 노예가 된다면 그것은 그리스도인의 자세가 못 된다. 나는 본래 무능하고 부족하기도 하나 기독교 대학의 교수직을 맡기 시작했을 때 주님의 포도밭에 부름을 받은 머슴임을 자처했다. 밑에서 섬기면 되는 것이다. 그렇게 산 것을 조금도 후회하지 않는다. 그것을 주님의 뜻으로 여겼기 때문이다.

예수가 받은 세 번째 시험은 예루살렘 성전 꼭대기에서 뛰어내리면 하느님께서 너를 지켜주실 것이고, 그 기적을 본 사람들은 그대를 믿어 하루아침에 수천수만의 군중이 따를 테니 그들을 이끌라는 유혹이었다. 하느님 나라를 위한 수단과 방법을 찾아 쓰라는 권고였다.

사람들은 만사에는 수단과 방법이 필요하며 그것을 지도자의 지혜라고 믿는다. 사실 목수 일을 생계로 삼았던 예수는 이름도 없고 배후도 없는 소시민에 불과했다. 그런 그가 국민과 인류를 상대로 하는 하늘나라를 위한 엄청난 사업에 성공하려면 비상한 수단이나 방법은 필수적인 것이었다. 그리고 하느님 나라를 위한 일에 그 수단과 방법은 마침내 이웃과 인간을 수단화하는 길과 통했다.

그럼에도 불구하고 유대인들은 종교 사회를 유지해왔기 때문에 지도자에게 거는 가장 큰 기대와 직접적인 요청은 기적을 보여 달라는 것이었다. 그것이 없이는 종교적 지도자가 될 수 없다고 믿었다. 예수가 받은 유혹은 종교계에서는 당연한 것이었다.

사실 많은 종교가 그 점에서 같은 생각을 갖고 있다. 종교적 신앙을 가진 사회는 언제나 기적과 하늘로부터의 변화를 원하곤 했다. 구약에도 그런 내용이 많이 있다. 그러나 예수가 소망하는 하느님의 나라는 그런 신비로움이나 기적을 위해 인간을 이용하거나 수단으로 삼는 방법은 있어서도 안 되며, 있을 수도 없는 법이었다. 허락되는 것은 사랑이 있는 지혜뿐이었다.

그럼에도 불구하고 지금은 세상의 정치나 경제는 말할 것도 없고 교회 안에서도 수단과 방법이 없이는 성공할 수 없을 거라는 착각에 빠져 있다. 공산주의자들은 목적을 위해서라면 수단과 방법을 가리지 않았다. 그 때문에 스스로 무덤을 판 것이다. 악마의 유혹은 진실을 버리고 수단과 방법으로 살라는 요청이었다. 교회가 성공하기 위해, 감독이나 총회장이 되기 위해, 정치적인 목적을 위해 수단과 방법을 가리지 못한다면 기독교는 존재 기반을 상실하게 된다. 그런데 오늘날 우리 교회와 기독교 안에서 벌어지는 현상은 어떠한가. 나 자신은 어떻게 살고 있는가.

그렇다면 이런 문제를 해결하기 위한 길은 어디에 있을까.

누구에게나 주어진 책임이 있다. 바로 인간적인 성숙이다. 생애에 걸친 인간적인 성장이다. 나는 교육계에서의 오랜 경험을 통해 다음과 같은 인생 관리는 꼭 필요하다고 생각한다.

많은 대학생과 젊은이를 대해 본다. 20대에, 내가 50대가 되면 어떤 인생을 살게 되며 어떤 인물로 사회생활을 하게 될까를 염두에 두고 출발하는 사람은 방황하지 않고 한 길을 걷기 때문에 대부분이 성공하고 보람 있는 청장년기를 보내게 된다. 반면 아무런 문제의식도 갖지 않고 남들을 따라 사는 사람은 50대가 되면 많은 시간과 노력을 낭비하는 것이 보통이다.

그다음으로 50대를 맞이하는 사람은 내가 80대가 되면 어떤 삶의 의미와 보람을 남기게 될 것인가를 반드시 물어야 한다. 그런 사람들이 확실한 신념과 가치관을 갖고 유혹과 시험을 이겨낼 수 있다. 예수께서 우리에게 남겨주신 교훈이 바로 그런 인생관과 가치관이다. 이를 바탕으로 사회생활의 훈련과 교훈을 남길 수 있어야 한다. 그 일에 실패한 사람들은 신앙 여하를 떠나 지도자의 자격을 상실하게 된다.

나는 인생의 황금기를 60~75세까지라고 믿고 있고, 또 체험했다. 너무 늦은 나이가 아니냐고 묻는 이들이 있다. 물론 인생을 언제부터 즐겁게 사느냐고 묻는다면 50대부터가 적당할 것이다. 그러나 개인 중심의 인생이 아닌, 사회인으로서의 인생은 60세부터라고 본다. 즐겁게 살기보다는 무엇인가를 사회에 값있게 기여하면서 살 수 있는 나이는 60세부터라고 보아 좋을 것 같다.

60세는 어떤 나이인가. 그때쯤 되면 내가 나를 믿어도 되는 철든 나이가 된다. 공자도 비슷한 견해를 가졌던 것 같다. 그때부터 75세까지는 모든 면에서 인간적 성장이 가능하다고 믿는다. 그 성장 책임을 포기하거나 노력하지 않는 사람은 스스로 잘못을 저지르는 것이다. 그래서 60~75세까지는 철들어서 사회적 의미를 갖추는 성장기이기 때문에 그보다 더 행복하고 보람 있는 기간은 없을 것 같다.

75세가 넘은 뒤에는 그 성장한 상태를 얼마나 유지하는가가 중요하다. 노력과 공부를 계속하는 사람은 80대 후반까지는 그 수준을 유지할 수 있다고 본다. 내 친구들도 모두 87~88세까지 사회적 활동을 계속했다. 사회가 그런 사람에게 도움을 요청해 오기 때문이다. 100세 시대를 지혜롭게 살기 위해서는 이러한 과정을 밟아야 하며, 그 노력을 게을리해서는 안 된다.

인간은 동물과 같이 먹고 자라기만 하고 끝나는 존재가 아니다. 40대인 사람도 공부하지 않고 일을 놓으면 녹슨 기계와 같아서 버림받게 된다. 그러나 60대가 지났어도 공부하고 일하는 사람은 젊음을 유지할 수 있다. 내가 1960년대 초반에 미국에 갔을 때였다. 미국인들이 가장 많이 하는 말이 있었다. '인생은 60부터'라는 말이었다. 그런데 그즈음의 우리 사회에서는 60세를 회갑과 더불어 인생의 황혼기라고 믿고 살았다. 그 사고와 생활의 격차가 얼마나 심했겠는가.

90세가 넘은 후의 인생은 제각기 다른 것 같다. 그 나이가 되면 부부가 함께 사는 경우도 거의 없고 사회적인 친구도 다 사라져 간다. 홀로 남는다는 고독감이 심해진다. 설상가상으로 자신의 몸 관리와 건강도 뜻대로 되지 않는다. 나는 100세를 앞두고 있다. 나에게 적절한 인사가 있다. "많이 피곤하고 힘드시지요?"라는 인사다. 나도 그렇다고 대답한다. 그런데 누군가가 "그래도 행복하세요?"라고 물으면 "예, 행복합니다"라고 대답한다. 내가 나를 위해 행복한 것은 아니다. 아직도 내가 누군가를 사랑하고 도움을 주며 행복을 나누어 줄 수 있기 때문에 행복하다. 그 일까지 끝난다면 나의 행복도 끝날 것이다. 사랑을 주는 사람이 사랑을 받는 사람보다 행복한 것이다. 많은 사람에게 사랑을 받는 것보다 많은 사람에게 사랑을 베푸는 것이 더 행복한 것이고, 그것이 인생 아닐까.

이런 100세 시대를 사는 사람들이 하느님의 사랑을 받은 인생일 것이다.

종교개혁은 성공했는가

■

■

■

금년은 마틴 루터가 1517년에 95개조 반박문을 발표한 지 500년째 되는 해로, 종교개혁 500주년이다.

오늘의 현실로 볼 때 천주교로 불리는 로마 가톨릭교와 개신교가 기독교의 중심을 이루고 있으나, 세계적으로는 그리스 정교의 위상도 큰 비중을 차지하고 있다. 그런데 제삼자의 위치에서 본다면 이해하기 어려운 문제들이 있다. 왜 로마 가톨릭교와 그리스 정교가 1000년 동안이나 단절되어 때로는 서로를 적대시하는 과거를 지내왔는지 묻고 싶다. 물론 최근에 와서 두 교단의 지도자가 화해의 손을 잡았으나, 그 내적 거리감은 여전히 크다. 우리나라에서도 그렇다. 천주교와 불교와의 대화는 잘 이루어지고 있으나 천주교와 개신교 간의 장벽은 낮아지지 않고 있다. 어떻게 보면 한 지붕 밑에 사는 형제는 서로 경계하면서 다른 집 형제들과는 잘 지내는 모양새다. 천주교와 개신교의 아버지가 본다면 마음 아픈 일이다. 형제간의 불화를 보는 부모의 심정과도 같은 것이다. 물론 여러 종교 간의 대화와 공존은 좋은 일이다. 그러나 형제간의 갈등은 좋은 일이 못 된다. 최근에는 그 거리와 장벽이 줄어들고 있으나 바람직스러울 정도는 못된다. 나같이 개신교에서 자란 신도가 천주교 문제를 걱정하는 이야기를 하면 내 주변 사람들은 천주교 문제는 그들이 해결할 일이 아니냐는 반응이다. 동생의 입장에서 형을 위한 걱정을 안 해도 되겠는가. 또 같은 대한민국에 살면서 같은 기독교 걱정을 거부한다면 그것이 과연 그리스도인의 도리라고 볼 수 있는지 묻고 싶다.

생각해 보면 우리는 아직도 편협한 관념의 벽을 넘지 못하고 있다. 신앙을 가졌기에 열린 사회로 가야 하는데, 그리스도인이어서 폐쇄 사회로 간다면 세상 사람들이 우리를 어떻게 보겠는가.

우리 문제로 돌아가자.

왜 하나의 기독교가 천주교, 그리스 정교와 같이 여러 갈래로 나누어져야 했는가. 정치 · 사회적인 여건과 상황이 작용하기도 했다. 그리스 정교가 1054년에 하나의 기독교에서 독립한 것도 정치적 여건 때문이었고, 개신교 중의 영국 성공회가 분립하게 된 것도 정치적 배후가 작용해서였다. 그러나 많은 개신교가 분열과 통합을 거듭하고 있는 것은 정치보다도 교리의 다양성 때문이다. 같은 성경 말씀이며 한 분인 예수의 교훈인데도 불구하고 서로 다른 교리를 따라 나누어진 것이다. 기독교는 대단히 큰 나무와 같아서 뿌리와 밑동 위로 여러 줄기와 가지들이 있고, 그래서 많은 다양한 열매를 맺는다. 그러나 한 나무, 같은 뿌리가 되는 그리스도와 성경은 하나여야 하고, 또 하나일 뿐이다. 그 안에 머무는 각자의 위치와 책임이 다를 뿐이다.

교회들이 갖고 있는 교리는 지엽적인 것이다. 뿌리와 근원은 하나임을 망각해서는 안 된다. 그런데 2000년 동안 기독교는 지나치게 많은 교리를 만들었고, 각자의 교단을 지키기 위해 성경 말씀보다는 인위적이고 부수적인 교리를 제정하고는 신도들에게 그 교리를 신봉하도록 요청했다. 심지어는 어린이들과 새로운 신도들에게까지 교리를 먼저 가르치는 과오를 범했다. 나는 10대 어린 시절에도 성당에 다니는 집안 누나를 나쁘게 생각했고, 누나는 내가 천주교로 개종해야 한다며 나를 설득했을 정도였다.

그렇다면 500년 전에 종교개혁이 일어난 후에 기독교계의 성장과 변화는 어떻게 되었는가. 여러 교단이 협력하여 진리와 하느님 나라 건설을 위한 사명에 동참했는지, 또 그 가능성을 개척했는지가 문제다. 다음의 몇 가지 과제를 제시해 보자.

가장 핵심적인 과제는 성경 말씀을 교리가 아니라 진리로 받아들이고 있는가, 함이다. 중세기에는 평신도들이 성경을 읽는 것조차 용인되기 힘들었다. 교회의 지도자인 신부들이 읽고 가르치는 것을 따라야 했다. 그러나 종교개혁 이후에는 누구나 성경을 읽고 있다. 또 읽어야 한다.

문제는 그 말씀을 진리로 받아들이는가, 아니면 교리로 따르는가에 있다. 예수는 교리를 가르치지 않았다. 누구나 믿고 따라야 할 진리로 가르쳤다. 진리가 된다는 것은 성경 말씀이 우리들의 인생관이 되고 가치관이 된다는 뜻이다. 인간은 누구나 같은 문제를 가지고 있다. '무엇을 위하여 어떻게 살아야 하는가?' 이런 문제를 외면한 사람은 종교의 문을 두드리지 않는다. 인간적 물음이 없는 자연인, 또는 본능적 인간이기 때문이다. 그 물음에 대한 해답을 주고받는 것이 신앙이다. 삶의 목적과 방법인 것이다. 그 문제에 대한 해답을 예수로부터 얻고 그렇게 사는 것이 신앙인이다. 그래서 그리스도인은 언제 어디서나 같은 인생의 목적과 사랑의 방법을 갖고 살아야 한다. 교리는 교회를 지키고 유지하기 위한 최소한의 규범이면 된다.

그러면서도 인간은 사회와 역사적 존재이기 때문에 선하고 아름다운 사회를 건설해야 하며, 인류에게 희망을 줄 수 있어야 한다. 그래서 예수의 교훈, 즉 성경 말씀은 우리들의 사회관과 역사관은 물론 세계관이 되어야 한다. 특히 지도층에 속하는 신부나 목사, 신학자들은 그 책임을 감당해야 한다. 일반 사회 지도자들도 역사와 사회관을 갖고 있고 다른 종교도 우리가 따라야 할 세계관을 갖고 있는데, 기독교 지도자들이 그 책임과 의무를 회피하거나 우리와 무관하다고 한다면 기독교가 어떻게 되겠는가. 사도 바울이나 아우구스티누스가 제시했던 것과 같은 사상과 정신적 지도자가 계속 배출되어야 한다. 그것이 성경 말씀이 교리를 포함하면서도 교리를 초월하는 진리인 것이다.

종교개혁이 우리에게 안겨 준 또 하나의 과제는 사회가 교회를 위해 있는가, 아니면 교회가 사회를 위해 있는가, 라는 물음에 확실한 대답을 주는 것이다.

오랫동안 천주교는 사회보다 높은 위치를 차지하면서 사회는 교회를 따르며 때로는 섬겨야 한다는 자세를 지켜왔다. 그러다가 20세기에 와서 그 방향전환을 바티칸 공의회에서 결정하는 발전적 변화를 이뤘다. 우리나라에서도 김수환 추기경이 선출되면서 혁신적 변화를 선포했다. 교회가 사회를 위해 섬기고 봉사하는 것이지, 사회가 교회를 위해 존재하는 것은 기독교의 정신이 아님을 확정 지은 것이다. 작고한 요한 바오로 2세도 그 길을 개척해주었고 지금의 프란치스코 교황도 그 뜻을 실천하는 모범을 보여주고 있다. 한국 천주교회도 같은 방향전환을 할 것으로 믿고 있다.

종교개혁으로 출발한 개신교의 교단과 교회도 같은 방향을 가졌으나 교단 간의 경쟁과 교회의 잘못된 성공의식으로 인해 점차 사회를 위한 교회보다는 교회를 위한 교회주의에 빠지는 경향이 심해지고 있다. 교회에서 출발해서 교회로 끝나는 기독교는 크게 잘못된 모습이다. 기독교는 그동안 기독교 공동체의 모체이면서 모범을 자랑해왔다. 그러나 이제 기독교 공동체는 교회 밖에도 많이 있다. 교육계나 의료계통에서 이미 보여주었고 교회 공동체보다 더 그리스도의 정신을 발휘하고 있다. 고맙고 다행스러운 일이다. 사실 예수는 교회를 언급한 바가 없다. 예수 당시의 유대교를 회상해 보면 예수는 교회 제도가 커지는 것을 원하지 않았던 것 같다. 언제나 하느님의 나라가 목적이었다.

그런데 불행하게도 개신교는 대교회가 성공한 교회라는 잘못된 사고 때문에 교회주의에 빠지는 폐쇄성을 벗어나지 못하고 있다. 후진국일수록 더욱 심하다. 이는 지적 수준이 낮은 사회에서 찾아볼 수 있는 현상이다.

사회에 도움을 주지 못하는 교회는 존재의미와 가치를 상실할 수밖에 없다. 선진국에서 많은 교회가 외면당하거나 버림을 받는 이유가 거기에 있다. 북유럽 국가들은 기독교에 의해 성장한 사회였으나 지금은 기독교 정신은 살아 있어도 교회는 외면당하고 있을 정도다. 환자에게 도움과 치유를 베풀지 못하는 의사와 병원은 폐쇄되는 것이 순리 아니겠는가.

이에 뒤따르는 또 하나의 문제가 있다. 종교로서의 권위와 교권의 문제다. 교권이라는 개념 자체가 바람직스러운 것은 아니다. 교회가 없었으면 교권도 문제로 떠오르지 않았을 것이다. 그러나 교회가 있는 동안 교권은 있게 마련이다. 교회의 규모와 조직이 커질수록 교권도 커지게 되어 있다. 예수 시대에는 유대교의 교권이 로마의 정권과 더불어 예수를 사형에 처했다. 천주교 시대에는 교권이 왕권을 능가하고 있었다. 황제에게는 폐하라는 칭호를 썼으나 교황에게는 성하聖下라는 최고의 경어를 쓰곤 했다. 그런 교권 중 하나가 파문의 징벌이었다. 사실 교회는 누구도 파문에 처할 권리가 없다. 그럼에도 불구하고 파문에 처해진 사람은 구원을 받지 못한다는 인간 및 종교적 징벌까지 가했다. 지금도 한국 교계에서는 파문과 비슷한 이단이라는 신앙적 징계가 있다. 그렇다고 그 사람이 사회적 징계까지 받는 것은 아니다.

교권 문제는 교회 안에도 있다. 천주교에서 교황의 권위는 그리스도로부터 주어진 것이기 때문에 교권 중의 교권이다. 신부는 일반 신도 위에서 교권적 상징을 지니기도 했다. 개신교는 교회 직책의 구별은 있으나 상하로 구분되는 교권은 없었다. 그런데 세월이 지나는 동안에 목사가 교권을 차지하기도 했고 성聖자가 붙는 호칭은 신앙적 권위를 대신하기도 했다. 헌금을 많이 내는 사람이 장로가 되기도 하며, 사회적 직책이 높은 사람은 교회에서도 대접을 받았다. 나는 장로가 못 되고 있다. 그런데 미국에 있는 한인 교회나 연전에 일본 교회에 갔을 때 내 이름 옆에 장로라는 칭호가 적혀 있어 당황한 경우가 많았다. 적어도 교회의 설교를 맡을 정도라면 으레 장로쯤은 되었을 것이라는 선입관념 때문일 것이다. 지금도 특강을 위해 교회에 자주 다닌다. 그때는 내가 자진해서 강단 아랫자리에서 말씀을 전한다. 평신도이기 때문이다. 물론 대단한 문제는 아니다. 그러나 이런 현상들이 암암리에 교회가 지니고 있는 교권의 문제인 것이다.

그것이 잘못된 것인가. 사회생활과 교회생활에서 있을 수 있다. 지나치지만 않으면 사회적 질서의 한 면이기도 하다.

그러나 예수의 가르침과 뜻에 따르면 교회가 있기 때문에 교권이 강화되고 이 때문에 교권보다 더 중요한 인권의 존귀성을 소홀히 여기는 과오를 범하게 된다.

기독교의 근본정신은 인간애에 있다. 이웃에 대한 사랑이다. 그런데 인권이 버림받으면 인간애와 인간 목적관도 붕괴된다. 그것은 기독교의 본말이 전도되는 죄악이다. 인간을 교권 밑에 두는 것은 어떤 종교와 도덕도 허락하지 않는다. 세상 사람들이나 휴머니스트들은 인권을 위해 헌신하고 있는데, 기독교는 교권을 유지하거나 확장하기 위해 노력한다면 사회로부터 버림을 받을 것이고 또 받아야 한다. 프랑스 혁명 때가 그랬다. 프랑스를 이끄는 천주교가 인간의 자유, 평등, 박애를 외면했기 때문에 사회가 그 정신을 요청했던 것이다. 자유, 평등, 사랑을 갖추지 못한 기독교는 이미 기독교가 아니다. 기독교가 될 수 없다.

교권은 신앙적 권위와 연결되어 있다. 기독교의 권위는 무엇인가. 하느님의 사랑과 예수를 통한 십자가의 사랑이다. 그것이 없으면 기독교는 존재가치가 없다. 그 사랑이 신앙적 권위인 것이다. 교회와 그리스도인이 갖는 권위가 있다면 그것은 이웃과 많은 사람을 위한 희생과 봉사와 사랑의 대명사일 것이다. 그런 희생적 사랑이 없다면 기독교는 권위의 대상이 될 수 없다. 그리고 세상이 요구하고 있는 인권도 그 사랑에서 완성되는 것이다.

천당과 지옥은 어디 있는가

·
·
·

내가 잘 알고 가까이 지내 온 C 목사가 있다.

그는 본래 신앙인도 아니었고 교회에 대한 깊은 관심도 없었다. 부유한 가정에서 자라 법과대학을 나와 장래가 유망한 젊은이였기 때문에 미국에서 법학 공부를 하고 있었다. 그런데 그곳에서 만난 한국 여성과 사랑을 나누게 되면서 교회에도 출석하고 신앙을 갖게 되었다. 신앙생활을 계속하는 동안 그는 법학보다는 신학을 연구하고 받아들여 목회자가 되겠다는 새로운 사명을 얻게 되었다.

성실하게 노력을 다한 결과 그는 목사가 되어 교회를 섬기게 되었다. 한국 교회에서 봉사하려는 꿈을 안고 귀국했다. 그는 감리교 계통의 목회자가 되기 원했는데, 한국 교회에서는 목회자에게 교리시험을 치게 했다. 젊은 지성인 목사는 연로한 원로 목사들에게 교리시험

받게 되었다. 그런데 불행하게도 교리시험에서 낙방하고 말았다.

목회자로서 천당과 지옥을 믿느냐는 질문을 받았을 때 그는 "천당은 믿습니다. 그러나 인간을 극진히 사랑하셔서 독생자까지 보내주신 하느님께서 지옥은 만드시지 않았을 것 같아 확신을 못 하겠습니다"라고 대답했다. 그 때문에 한국 교회에서는 시무하지 못하게 될 줄 알았다. 그는 미안하고 죄송스러운 마음으로 시험관이었던 원로 목사들을 찾아가 내 믿음이 부족해 송구스럽다는 인사를 드리며 사과했다.

그런데 얼마 지나지 않아 교리시험에서 떨어졌던 그는 시험절차가 다 끝난 후에 추가로 합격이 허락되어 목사로 시무하게 되었다. 경위를 물었더니 원로 목사들이 교리시험에서는 낙방했으나 그의 겸손한 마음씨와 뉘우치는 자세가 좋아 추가로 합격시켰다고 했다.

내가 C 목사로부터 이 이야기를 직접 듣지 않았다면 그런 일이 있었다는 사실을 믿지 않았을 것이다. 그런데 내가 이 이야기를 오랫동안 교회를 다닌 사람들에게 들려주면 그들은 웃으면서 그랬을 것이라고 인정한다. 비슷한 일이 자주 있었기 때문일 것이다.

왜 그런 것이 문제가 되는가. 성경에는 천국, 또는 우리가 말하는 천당과 지옥이라는 개념이 자주 등장한다. 성경에 쓰여 있으니까 있는 것으로 믿어왔던 것이다. 중세기 말까지는 천당과 지옥이 지구의 어느 끝자락에 있는 것이라고 생각하기도 했다. 단테의 『신곡』을 읽어도 그런 생각을 갖게 되고, 한때 많이 읽혔던 『천로역정』을 본 사람도 자신도 모르게 비슷한 생각을 받아들였는지도 모른다.

그런데 같은 성경을 읽은 사람들은 천사와 악마의 존재에 관해서는 크게 문제 삼지 않는다. 옛날에는 종교적 의미를 설명하는데 천사와 악마의 비유가 가장 적절했으나 지금은 천사나 악마의 물체적 실재를 믿는 사람이 없다. 옛날에는 있었던 천사나 악마가 어디로 사라졌을 리도 없다. 그런 변화가 생겼다고 해서 신앙적 문제나 가치에 큰 질적 변화를 느끼지도 않는다. 옛날에는 그런 가시적인 표현을 썼으나 지금은 그 상징적 의미를 받아들이면 된다. 예수 당시도 그랬다. 그래서 예수는 비유가 아니면 말하지 않았다고 기록으로 남겼을 정도다. 전도생활을 시작하기 전에 악마가 예수를 40일 동안 시험했다는 기록이 있다. 예수가 하늘나라를 선포하고 가르치기에 앞서 그 세 가지 유혹과 시련을 극복해야 했고, 하지 않을 수 없었다는 사실은 엄중한 인생의 선택이었다. 그런 유혹에 매몰된 사람은 하늘나라를 가르치고 건설할 수 없기 때문이다.

악마가 물체적으로 존재하지 않음은 인정한다. 그러나 우리 모두 악마보다 더 무서운 악의 유혹을 느끼며 싸우고 있다. 더 가까운 예와 사실이 있다. 양심은 존재하는가, 라는 문제다. 양심이 어떤 물체적인 존재가 아님은 누구나 인정한다. 양심이 없는 인간도 있냐고 물으면 본능만으로 사는 사람은 있다. 동물은 양심이 없기 때문에 인간이 못 된다고 말했을 때 반대하거나 거부하는 사람은 없을 것이다. 만일 그런 선과 악을 가리게 하는 어떤 심리 및 정신적 기능을 높이 평했을 때 천사라는 상징성을 옛날 사람들이 가졌다고 해서 그 의미와 마음의 방향 자체까지 거부할 필요는 없다. 악마가 있으면 그 상대적 존재인 천사도 있어서 좋겠다는 생각을 갖고 살았던 것이다.

그렇다면 C 목사와 시험관이었던 원로 목사들은 천당과 지옥을 전적으로 믿고 있었을까. 믿었기 때문에 그 교단의 목사들은 그 교리를 요청했을 것이다. 그러나 천당과 지옥이 어떤 모습을 갖고 어디에 있는가, 라고 묻는다면 누구도 확답은 하지 못한다. 교회가 가르치고 따라온 한 전승傳承이다. 성경에도 기록되어 있기 때문이다. 그런데 성경에는 사실로서의 기록도 있으나 상징적인 비유로서의 기록이 섞여 있다. 구약의 「시편」이나 「잠언」은 역사적 기록이 아니다. 지금 우리는 시와 소설을 쓰고 읽는다. 그 작품들 모두가 생활의 사실적 기록은 아니다. 그러나 그 작품들이 함유하고 있는 의미는 사실 못지않게 귀하다. 우리 삶에 영향을 주고 있기 때문이다. 지금도 많은 사람이 천당과 지옥 못지않게 고뇌와 환희를 안겨주는 삶의 현실을 체험하고 있다.

나는 우연한 기회에 제2차 세계대전을 일으킨 일본 측 책임자인 도조 히데키 수상의 사형집행 당시의 기록을 읽은 일이 있다.

사형집행관이 도조가 수감되어 있는 방의 문을 열었다. 흠칫 놀란 그는 집행과 죽음을 직감했던 모양이다. 그때부터 그는 두 손을 모으고 '나무아미타불'을 계속 외우면서 사형집행장으로 힘들게 걸어갔고 집행 절차가 끝날 때까지, 즉 목줄에 조여 의식을 잃는 순간까지 '나무아미타불'을 부르짖었다고 한다. 그 심경과 상황은 지옥으로 비유할 수밖에 없는 처참한 것이었다.

또 하나의 사실이다.

버스를 타고 가는데 맞은편에 두 자매가 앉아 있었다. 언니의 표정은 어떻게 형언할 수 없을 정도로 일그러져 있었다. 슬프다기보다는 절망에서 벗어나려는 몸부림 같았다. 옆에 앉아 있는 동생은 위로의 말조차 잊고 한숨을 거듭하고 있었다. 언니는 “내가 그 자식을 낳지 않았더라면 얼마나 좋았을까”라는 호소를 하고 있었다. 확실한 사연은 알 길이 없었다. 물어볼 수도 없었다. 자매가 띄엄띄엄 나누는 이야기로 미루어 언니의 아들이 무슨 일로 친구를 죽였는데, 그 살인죄를 위한 재판에 출석하는 것 같았다.

그 어머니의 고통과 슬픔, 아들의 존재 자체에 대한 죄악감을 느꼈을 때 지옥이 있다면 그 이상의 비참함일 수 있을까 싶었다.

이와 반대로 천당의 환희 같은 기쁨을 체험하는 일도 있을까.

내가 스물다섯 살 때 우리나라는 일제로부터 해방을 맞이했다. 그 전날 밤에 나는 두 차례나 상상조차 할 수 없는 신비로운 꿈을 꾸었다. 그 이야기를 했더니 부친께서도 젊었을 때 그런 뜻이 잠재해 있는 꿈을 꾼 일이 있었다고 했다. 그리고 일본이 우리나라를 점령하기 시작해서 오늘에 이르렀는데, 무슨 사건이 벌어질지 모르니 평양까지 가 보고 오라고 당부했다. 그날 정오에 일왕의 항복 선언 방송을 들었다.

그에 뒤따르는 해방의 기쁨을 누구나 체험했다. 가장 많이 들려온 이야기는 '이제는 죽어도 한이 없겠다'라는 말이었다. 부친도 그랬고 나도 그랬다. 모두가 그랬다. 만일 천당이 있다면 그 이상의 큰 환희가 있을 수 있을까. 그날 그 기쁨을 회상해 본다. 죽음을 넘어선 환희였다.

우리나라에 가장 지성적인 기독교 지도자가 있다면 김재준 목사일 것이다. 그는 신신학으로 인해 지나치게 진보적인 신학자라는 평을 받았지만 기독교 장로교를 이끌어 온 선각자였다.

그의 신앙적 경력을 쓴 글을 읽은 일이 있다. 본래 그는 유학적 전통이 깊은 가정에서 태어나 공직생활에 몸담고 있었다. 그러다가 과거의 모든 삶을 청산하고 기독교 신앙을 가졌을 때 너무 강렬하고 충격적인 변화를 느껴 약 2주 동안 체온의 변화는 없으나 온몸에 열이 있는 것 같은 느낌을 받았다고 한다. 김 목사를 잘 아는 사람들은 그의 고백이 가감 없는 진실임을 모두 믿고 있다. 그만큼 성실한 인품을 지니고 살았기 때문이다.

우리가 신앙적인 행복과 감격적인 체험을 했을 때 주어지는 기쁨과 환희는 천당이 있다면 그와 차이가 없는 새로 태어남의 충격적 체험일 것이다. 그것이 은총의 체험이다. 신앙인 모두가 갖는 변화다.

이런 생각을 정리해 본다면 우리는 옛날부터 전해 내려오는 천당과 지옥의 비유를 문자 그대로 받아들일 필요가 없다. 전적으로 그 신앙적 삶을 부정하는 것은 바른길이 아니다. 교회가 그런 내용을 단순히 교리화시켜 신앙인들을 혼란스럽게 하는 사례는 지혜롭지도 못하며 깊은 신앙의 뜻을 훼손시키는 결과를 초래할 수도 있다.

그러나 문제는 더 높은 데 있다. 신앙의 문제는 논리적인 해명이 필요한 것이 아니며 많은 교리를 만들어 내용을 혼란스럽게 하는 것도 바람직스럽지 못하다. 오히려 세상 사람들은 양심의 문제가 더 소중하며, 신앙은 양심과 연결되어야 한다고 생각한다. 소크라테스는 다이모니온daimonion을 이야기하면서 어떤 영적인 작용이 인간 양심에 전달되는 것과 같은 서술을 한 적도 있다. 그런 문제, 즉 양심은 어떤 것이며 양심에도 한계가 있는가 함은 중대한 문제가 된다.

지금은 우리들의 기억에서 사라진 지 오래나 불교계의 지도자로 효봉 스님이 있었다. 그는 일제 강점기에 중견 판사로 등용되어 많은 사람의 존경을 받았다. 학벌과 인품을 갖춘 사회적 지표가 될 정도였다. 그런데 일본 법에 따라 한국의 독립을 위해 투쟁하던 독립군에게 사형 선고를 내려야 했다. 법에 의한 판단이었다. 그 모순된 정치적 괴리 때문에 효봉 스님은 양심의 고통을 극복할 수 없어 여러 해를 고민하는 속죄의 삶을 이어가다가 찾은 것이 불법佛法에의 귀의였다. 명예와 관직을 뒤로하고 속죄와 불법을 통한 해탈의 길을 찾다가 입적했다.

효봉 스님에게만 있을 수 있는 일은 아니다. 우리 모두도 관여되어 있는 일이다. 그래서 대문호 톨스토이도 남을 심판하는 자리에 서지 말라는 뜻을 따라 법관의 길을 포기했다. 그 당시 러시아 귀족들에게 있어 법관은 최고로 존경스러운 명예직으로 평가받을 때였다.

우리 모두가 믿을 수 있는 최고의 선악 판단은 양심으로 가능하다. 그러나 양심 기능에는 한계가 있다.

서울역에서 화물을 다루는 저울대에는 작은 물건들이 달리지 않는다. 양심이 무딘 사람은 큰 잘못을 저지르고도 양심의 고통을 받지 않는다. 그러나 양심이 맑고 깨끗한 사람은 제약회사에서 사용하는 저울대 같아서 먼지 몇 알의 무게에도 반응을 보인다. 악한 사람이 편하게 살 수 있고, 선한 사람이 더 많은 고통의 짐을 져야 하는 경우가 허다하다.

그것은 양심은 선과 악이 어떤 것임을 알려주기는 하나 우리를 고통에서 구해 줄 수는 없다는 뜻이다. 그 수고롭고 무거운 짐을 벗어 놓을 길이 있다면 그것은 양심의 한계를 인정하면서도 초월하는 신앙의 길이다. 예수가 많은 사람에게 네 죄가 용서함을 받았다고 가르친 것이나 죄를 깨닫고 회개하는 사람이 구원을 얻는다고 위로해 준 뜻은 그런 종교적 부름이었던 것이다.

나는 선배 교수가 위암으로 죽음을 맞이하면서, "나는 죄 많은 사람이야"라고 고백하던 장면을 잊지 못하고 있다. 그 선배가 나보다 죄 많은 사람은 아니다. 그는 죽음의 문 앞에서 구원의 문을 찾고 싶었던 것이다.

죽음에 관한 생각들

·
·
·

불행하게도 나는 어려서부터 죽음에 관한 생각과 걱정을 했다.

무엇이 원인인지는 알지 못한다. 태어날 때부터 병약했다. 부친은 젊었을 때 평안북도 운산에 있는 금광채굴 공사장에서 근무했는데, 그 회사는 미국인들이 경영하고 있어서 미국인들과 그 가족을 위해 파워라는 의사가 와 있었다. 나는 모친과 함께 자주 그 병원에 가곤 했는데 그가 "이 아이는 아버지가 의사라야 건강하게 자라겠는데……"라며 걱정할 정도였다. 고향인 평양시 송산리로 이사 간 뒤에도 내 건강은 풍전등화에 비유될 정도로 약했던 것 같다.

지금도 어렸을 때의 한두 장면을 기억하곤 한다. 내가 어린 친구들과 달리기를 하다가 의식을 잃고 쓰러지면, 모친은 밭에서 일을 하다가 달려와 나를 품에 안고 내가 깨어나기를 기다리면서 눈물을 흘렸다. 의식을 되찾아 눈을 뜨면 모친의 눈물이 내 얼굴에 남겨져 있곤 했다. 의식을 잃거나 깨어날 때는 좀 답답하고 숨이 가쁜 것 같아도 의식을 잃고 있을 때는 아무 생각도 없으니, 평온했던 것 같다. 그래서 나는 죽음은 조용하고 평안하게 잠들 때와 같은 것 같다는 생각을 해 보기도 했다.

아마 부모님과 어른들은 내가 뇌전증(간질병)을 갖고 태어난 것으로 여겼던 모양이다. 그런 발작 때문에 언제 죽을지 모르는 상태로 받아들였던 것 같다. 모친은, "난 네가 스무 살까지 사는 것만 보았으면 좋겠다"라는 말을 자주 하곤 했다.

내가 열네 살 되는 정월 초하룻날 밤이었다. 모친이 꿈을 꾸었다. 내가 두 손으로 무릎을 껴안고 있다가 그대로 하늘로 올라가 버린 꿈이었다. 그래서 할머니와 부모님은 내가 그해에 죽을 것으로 예상하고 어느 정도 각오와 대비를 하고 있었던 것 같다. 또 목숨을 위협하는 한두 가지 사건이 벌어지기도 했다.

그래도 나는 중학교에는 가고 싶었다. 그런 환경 속에서 나는 하느님께 기도를 드렸다. '하느님, 저에게 건강을 허락해주시면 나를 위해서 살기보다는 하느님의 일을 위해서 살도록 하겠습니다.' 그 마음의 다짐이 철없는 내 인생의 종말과 새 출발의 계기가 되었다. 죽음의 길이 아닌 신앙의 길을 택하게 되었다. 중학교 1학년 크리스마스를 앞두고 나는 신앙의 문을 열고 나도 모르는 은총과 섭리의 뜰로 발걸음을 옮기기 시작했다. 84년 전의 일이었다.

나는 「창세기」를 읽을 때마다 야곱이 어렸을 때 벧엘에서 하느님과 해후의 약속을 맺었던 장면을 연상하며 많은 사람의 신앙의 출발이 그런 것이라는 사실을 느끼곤 한다.

10년 정도의 세월이 지났다.

일본에서 대학생활을 하고 있을 때 태평양 전쟁이 일어났다. 일본 정부는 한국인 대학생들을 학도병으로 징집해 전선에 내보내기로 결정했다. 예외는 있을 수 없는 강제동원령이었다. 나와 내 한국 친구들은 모두 절망에 빠졌다. 조국을 위한 병역이라면 기꺼이 받아들였겠지만 점령국인 일본을 위해 사지로 끌려나가는 신세가 되어버린 것이다. 학도병이 되면 만주를 거쳐 중국 전선으로 가든가, 나와 같이 일본에 머무는 학생들은 남태평양 쪽으로 가는 것이 보통이었다. 같은 대학의 후배였던 김수환 추기경도 학도병으로 징집되었다.

그런 상황에서, 나는 자신에게 물었다. 나는 신앙인이다. 나의 신앙이 내 마음과 선택에 어떤 뜻을 갖는가. 주님께서는 어떤 뜻을 주실지 묻고 싶었다. 지혜로운 생각은 못 된다. 그러나 인간은 위기에 직면하게 되면 평상시의 자아와는 달라지는 것 같다. 나는 3일쯤 되는 시간을 성경 읽기와 기도 시간으로 갖기로 했다. 하숙방에 혼자 머물면서 나의 뜻을 위한 주님의 가르침을 받고 싶었다. 조용한 음성으로 성경을 읽어 나갔다. 내 음성을 내가 듣는 것 같은 시간이었다. 「요한복음」이었다. 예수의 말씀이었다. '너희가 나를 택한 것이 아니다. 내가 너희를 택한 것이다.' 나는 읽기를 멈추었다. 그리고 기도를 드렸다. '하느님 아버지……'라고 불렀다. 처음으로 내 모든 것을 다 바쳐서 하느님을 아버지라고 부른 것이다. 나는 눈물을 흘렸다. 그리고 울었다. 하느님께서 나의 아버지이신데……. 더 드릴 기도가 없었다. 주님께서 나를 택하셨고 나와 함께 하실 것이다. 그 이상의 또 무엇을 바랄 수 있는가.

그래서 나는 지금도 은총의 선택을 믿는다. 모든 시련은 나와의 더 큰 약속을 위한 아버지의 사랑의 뜻임을 믿기로 했다.

탈북을 결심하고 38선을 넘을 때 나는 또 한 번 생명의 위기를 맞이했다. 북한의 보안서원에 붙잡히고 만 것이다. 나는 아내와 큰아들과 함께 경비대원들이 감시하는 곳으로 끌려갔다. 많은 사람이 탈북하다가 체포되어 수용소에 갇혀 있었다. 나는 나보다 먼저 탈북을 시도했다가 보안서원에 끌려가 생사를 알 수 없게 된 김현석 장로를 떠올렸다. 그분은 내가 교장으로 있는 중학교의 설립 이사장이었다. 나도 그 뒤를 따르게 되는가 싶었다. 아내와 두 살도 못 된 아들은 고향으로 끌려가 다시 보기 어려울 것 같았다.

그때였다. 나를 심문할 보안계장이 벽에 걸려 있는 전화를 받았다. 전화 소리가 내 귀에까지 쟁쟁했다. 이상하게도 뚜렷한 음성이었다.

"오늘 거기도 탈북하던 놈들이 많이 잡혀 들어오고 있지요? 지금 평양본부에서 긴급 지시가 내려왔습니다. 이제부터 잡히는 놈들은 무조건 떠났던 집이 있는 곳으로 되돌려 보내라는 명령입니다. 다시 지시가 있을 때까지는 그렇게 하십시오."

내가 5분만 먼저 체포되었다면 수용소에 구금되었을 것이다.

이틀 뒤 모든 준비를 하고 안내원들의 인도를 받으면서 해주 앞바다를 건널 때도 위험은 도사리고 있었다. 숭실대학교 교수였던 김양선 목사 가족이 바다에서 세상을 등진 일도 있었을 때였다.

아무것도 가진 것 없이 서울에 왔는데 어떻게 삶을 유지해왔는지, 기적 같은 일이 계속되었다. 전쟁 중에는 고향에서 큰딸을 비롯해 여덟 명의 가족을 부산으로 데려오는 더 큰 축복을 받기도 했다.

부산에서 피란생활을 하고 있을 때였다. 교통편이 생겨 경상남도 진영에 있는 한얼중 · 고등학교를 방문할 기회를 갖고 싶었다. 혹시 피란생활이 길어지게 되면 내가 도움을 줄 수 있을지도 모르겠다는 생각에서였다. 그곳은 강성갑 목사가 설립해서 운영하는 특수한 성격의 학교였다. 덴마크의 농촌복음운동을 모방해 새로운 정신적 지도자를 양성하기 위한 학교였다.

부산을 떠나 학교에 도착했을 때는 오후였고, 여름방학이었다. 학교는 비어 있었고 집이 서울이나 다른 곳인 선생들은 점령당한 지역의 가족들을 걱정하고 있었다. 군에 간 선생들도 있었을 것이다. 학교에는 교장의 사모와 서울에서 온 여선생들이 머물고 있었다. 진영 지역의 선생보다 타지방 출신 선생이 다수였던 것 같았다. 몇 가지 이야기를 나누었고, 다른 선생들도 모여 저녁 식사를 했다. 다들 전쟁 중이어서 예상 못 했던 손님인 나를 반겨주었다. 사모는 내가 계속해서 어떤 도움을 줄 수 있었으면 좋겠다는 이야기도 했다. 그 자리에는 후에 황광은 목사의 사모가 된 여선생과 그 친구도 있었다. 이화여자대학교 출신들이었는데 서울은 공산군의 수중에 있으니 새로운 소식이 궁금하기도 했을 것이다.

늦은 밤에 나 혼자 잠자리를 준비하고 잠들었다. 이른 새벽이었다. 깊이 잠들어 있는데, 꿈에 내 막내 여동생인 동석이가 나타났다. 황급히, '오빠! 왜 여기에 오셨어요. 꿈에서 깨는 즉시 지체 말고 떠나가세요'라고 또렷이 경고를 남기고는 사라졌다. 나는 꿈에서 깨어나는 대로 옷을 챙겨 입고 들고 왔던 책과 노트를 봉투에 넣어 밖으로 나왔다. 아직 밝기 전 새벽이었다. 교정에는 아무도 없을 줄 알았는데 사모가 혼자 거닐다가 다가와 무슨 일이냐고 물었다. 바쁜 일이 생겨 떠나야겠다고 했더니, 곧 조반을 준비하고 있으니까 식사를 들고 가라고 청했다. 나는 여동생의 지체 말고 떠나라는 음성이 남아 들려오는 것 같아, 도움 될 일이 있으면 다시 오겠다는 인사를 남기고 떠났다.

그날은 아무 일도 없이 지나갔다. 나도 마음이 놓였다. 그런데, 다음 날 아침 신문에 큰 기사가 실렸다. 어제 새벽녘에 진영과 가까운 낙동강 변에서 여러 명의 친공분자가 총살되었는데, 강성갑 교장도 처형되어 문제가 되고 있다는 기사였다. 진영경찰서장이 경찰서에 수감한 좌파 사람들을 상부의 허락도 없이 처형했는데, 평소에 사사로운 감정대립으로 있던 친공분자가 아닌 사람도 재판도 없이 죽였다는 기사였다. 하지만 전쟁의 위급성이 더해지면서 사건은 그대로 마무리되고 말았다.

내 여동생은 후에 목사가 되어 지금은 미국 아들 집에 머물고 있다. 가끔 이런 생각을 하게 된다. 역사의 폭풍우 속에서 몇 사람의 희생은 아무 의미가 없는 것인지…….

지금까지 살아오면서 위기와 절망의식을 동반하는 죽음의 가능성을 암시받았던 이야기를 적어 보았다. 그 후에는 가까운 사람들의 죽음을 옆에서 간접적으로 체험하는 기회가 생겼다.

모친께서는 백수를 누리시다가 조용하게 생애를 마감하셨다. 세상을 떠나기 한 달쯤 전이었을 것이다. 의식이 또렷했을 때, 큰아들인 나에게 유언 비슷한 말씀을 남기고 싶었던 것 같다. 담담하고 조용한 표정으로 "네 처가 오래 병중에 있었기 때문에 나보다 먼저 떠나면 어쩌나, 걱정했다만 내가 먼저 가게 될 것 같아 마음이 편하다. 가는 데는 순서가 있어야 하니까. 그런데 얼마 후에 네 처까지 떠나게 되면 집이 빌 텐데 어떻게 하지?"라고 물었다. 모친은 "재혼이라도 하면 좋을 것 같은데……"라면서 내 눈치를 살폈다. 오래 병중에 있는 며느리 때문에 마음을 쓰고 있는 내 처지가 보기 딱했던 모양이다.

모친은 두 가지가 마음에 남았던 것이다. 생에 대한 모든 욕심은 정리했지만 죽을 때 찾아올 고통을 어떻게 이겨낼 수 있을까, 라는 생각과 빈집에 큰아들 혼자 남을 것을 마음 아프게 여겼던 것이다. 나는 욕심 없이 일을 사랑하다가 곱게 죽음을 맞이한 모친에게 말 없는 교훈을 얻었다. 인생은 착하고 아름다운 것이라는 가르침이었다.

7년 후에 아내도 같은 지붕 아래서 우리 곁을 떠났다. 아내는 자신의 인생을 살기보다는 나와 아이들을 위해 전 생애를 바쳤다. 20여 년 동안 투병생활을 하면서도 나에게 아무 도움도 되지 못하는 것을 마음 아프게 여기고 있었다.

죽음의 여신이 아내를 맞이하는 시간은 뜻밖에 빨리 다가왔다. 온 가족들과 더불어 점심을 나누고 집에 돌아오자 아내는 고통을 느끼기 시작했다. 가족들이 모두 침상주위에 모였다. 아내는 짧은 고통의 시간을 보낸 뒤 숨을 거두었다. 의사인 큰 사위가 "운명하셨다"라고 낮은 목소리로 알려주었다. 누구도 울거나 눈물을 보이지 않았다. 예상한 대로였고, 아내가 더 힘든 병고의 짐을 지기를 원하지 않고 있었다. 여섯 남매가 모두 임종을 지켰고 나도 가까이에서 말없이 보내주었다.

모친은 추위가 심한 2월에 돌아가셨으나 장례를 치르는 날은 따뜻했다. 아내는 한여름인 8월 초였다. 그러나 그 날은 모두가 더위를 느끼지 않았다. 고맙게 서늘한 날씨였다.

세상에서 나를 가장 사랑해주었던 모친과 아내를 떠나보낸 나는 빈집에 혼자 남게 되었다. 혼자라는 뜻은 고독을 말한다. 남은 것은 주어진 일들이다. 모친과 아내도 사랑한 것은 일을 위하는 나의 마음이었다. 그것은 나에게 건강을 허락해주신 그분의 뜻이었다.

그래도 나는 행복했다. 내 몸처럼 아끼는 좋은 친구가 있었다. 같은 철학계의 김태길, 안병욱 교수였다. 진리와 겨레를 함께 걱정하는 우리 셋은 분신과도 같았다. 삶의 동지였고, 사명의 동행자였다.

한번은 안 교수의 전화를 받았다.

"80 중반이 될 때까지 서로 나누어져 일만 했는데, 1년에 네 차례씩만 모여서 우리끼리 즐거운 시간도 가져보자."

내가 전화로 김 교수에게 그 뜻을 전했더니, 그의 대답은 달랐다.

"너무 늦지 않았어? 이제는 흐르는 세월을 따라 한 사람씩 먼저 떠나가야 할 나이인데……. 가는 사람이야 모르지. 보내고 남는 사람은 힘들 텐데 어떻게 하려고 그래……? 그저 지금처럼 서로 도우면서 일하다가 가고 보내는 것이 좋을 거야. 이제 다시 정을 쌓아서 힘든 짐을 질 필요가 있을까……?"

김 교수의 이야기를 전했더니 안 교수도 조용히,

"것도 그렇겠다. 너무 나이 들었지?"라고 말했다.

먼저 가려고 그런 이야기를 했던 것일까. 김 교수가 먼저 세상을 떠났다. 관 위에는 십자가가 표시되었고, '성도 김태길'이라는 글귀가 적혔다. 몇십 년 동안 찾고 고민했던 신앙의 문에 들어섰던 것이다. 50년 전에도 신앙 문제로 고뇌를 겪고 있었는데…….

얼마 후에 안 교수의 전화를 받았다.

"……우리 셋이 지금까지 열심히 뛰어왔는데, 아무래도 김 선생이 마지막 주자가 될 것 같아……." 인사 아닌 위로였다. 안 교수도 병고에 시달리다가 세상을 떠났다. 강원도 양구에 안식처가 정해졌다. 그 옆자리에는 내가 잠들 곳도 준비되어 있다.

두 친구까지 보내고 나니까, 이번에는 세상이 빈 것 같아졌다. 혼자 남는 일이 그렇게 힘들 줄은 몰랐다. 나이 때문일까? 고독보다도 삶을 견디기가 힘들어졌다. 그렇게 혼자 지내기를 4~5년.

그래도 두 친구가 남기고 간 일들을 마무리할 책임이 남아 있어 감사하다. 우리 세 사람의 일은 하나였기 때문이다. 우리를 필요로 했던 사람들에게 주어야 할 무엇인가가 많이 남아 있었다.

장년기를 맞이할 때까지는 죽음에 항거하기도 했고 기피해 보기도 했다. 삶에 대한 본능적 애착이었을까? 노년기를 지내면서 죽음이 내 뒤를 따라오는 듯싶었다. 죽음의 실체를 인정하면서도 아직 할 일이 남아 있다고 다짐하곤 했다. 90 고개를 넘기면서는 죽음을 반갑지는 않으나 친구처럼 여기며 함께 걸어가고 있다. 사랑하는 사람들이 모두 죽음과 더불어 인생을 마무리했기 때문에 나도 받아들여야 할 운명의 동반자로 여기게 된 것일까?

그래도 아직 사랑의 짐이 남아 있다. 예수는 세상을 떠나기 힘들어했다. 많은 사람을 사랑해야 했기 때문이다. 그래서 제자들에게 그 사랑의 짐을 넘겨주었다. 내가 너희들을 사랑한 것 같이 너희들도 서로 사랑하라는 유언을 남겼다. 그런 뜻을 계승하는 사람은 요한 바오로 2세와 같은 말을 남길 수 있을 것 같다.

'나는 행복했습니다. 여러분도 행복하십시오.'

신앙은 애국심과 함께 자란다

내 부친은 옛날 사람이다. 학교 교육은 받아 본 적이 없었다. 그래도 독서를 즐긴 편이었으며 성경도 많이 읽었다. 집사나 장로가 된 적은 없었다. 소박한 평신도 중의 한 사람이었다.

내가 초등학교를 마치고 중학교에 입학했을 때였다. 부친은 집안의 장손이었던 나에게 하고 싶은 말도 많고, 장래에 대한 기대도 컸을 것이다. 한번은 나에게 이렇게 말씀하셨다.

"사람이 자기와 가정 걱정만 하면서 살게 되면 그 사람은 가정만큼 밖에 자라지 못한다. 항상 직장과 이웃을 위해 노력하는 사람은 직장의 책임자까지 성장할 수 있다. 언제나 민족과 국가를 사랑하고 위하는 사람은 민족과 국가만큼 성장할 수 있다."

일제 강점기이기도 했고, 기독교의 전체적인 분위기도 그랬기 때문에 남긴 뜻이라고 생각하면서 자랐다.

그런데 나이 들어 자녀들과 제자들을 대하고 보니 지금은 그 교훈이 사회적 진실이기도 하며 삶의 정확한 가치 기준이 됨을 인정하게 되었다. 나는 평생을 교육계에 몸담으며 부친의 가르침이 곧 진리라는 생각을 굳혀오면서 살았다.

대학에 있을 때도 그랬다. 많은 교수가 대학으로부터 무엇을 받아 지낼 수 있을까를 생각하는 편이다. 월급이 올라가면 좋고, 보직을 맡겨주면 출세하는 것 같아 기쁘다. 좀 유능한 교수들은 처장, 학장, 총장이 되기를 원하는 것이 보통이다. 그런데 그런 교수들은 대부분 정년이 되어 대학을 떠나게 되면 대학에서도, 사회에서도 관심밖으로 밀려난다. 자신을 위해 살았기 때문이다.

그런데 나 자신보다도 대학과 학문, 그리고 학교를 위해 노력하며 학생들을 걱정하는 교수들은 대학의 발전에 기여한다. 그런 교수들은 중책을 맡기도 하고 학교를 위해 무언가 도움을 주려고 노력한다. 또한 그런 교수들은 대학을 사랑하기 때문에 대학의 주인이 된다.

지금의 분위기로 보아 모교 출신이 대학의 중책을 맡는 경우가 많은 것은 모교에 대한 애정이 두텁기 때문이라는 생각을 하게 된다. 그런 사람은 대학의 총장까지 진출하기도 하며 대학 역사와 더불어 명예를 차지할 수도 있다. 그런데 문제는 진정으로 대학을 위하고 사랑하는가, 함이다. 모교 졸업생이 아니더라도 모교 출신 교수보다 더 헌신적으로 대학을 돕고 희생을 감당한 교수가 있다면 그가 대학의 주인과 책임자가 되는 것이 당연하다. 미국 같은 사회에서는 모교 출신인 학자가 모교의 교수가 되는 경우는 아주 드물다. 학생생활과 교수생활을 같은 대학에서 하게 되면 동질 사회가 되어 질적인 발전이 저해된다고 믿기 때문이다. 더 큰 이유는 대학을 설립한 목적이 사회를 위해 봉사하는 지도자를 창출하는 데 있지, 끼리끼리 잘 살자는 이기적인 목적에 있지 않기 때문이다. 그래서 대개의 학자는 모교가 아닌 다른 대학의 교수가 되며, 모교에는 타 대학 출신의 학자가 오는 것이 바른길이라고 인정한다. 내가 졸업한 모교가 아니라고 해서 학문과 교육은 물론 대학에 대한 책임과 사랑을 갖지 못하는 것은 지성인의 자세가 아니기 때문이다.

그런데 교수생활을 하다 보면 극히 소수이기는 하나 항상 사회와 나라 걱정을 더 많이 하는 교수도 있다. 긴 세월을 지내다 보면 그런 교수들은 비록 학장이나 총장은 아니었다고 해도 정년 후에도 사회와 국가, 민족에 이바지해 존경받아 마땅한 교수가 된다. 총장은 학교를 떠나면 학교와 더불어 일을 끝내지만 사회와 민족을 위해 말없이 책임을 맡아 온 교수들은 대학을 떠난 후에도 사회에 기여하는 일을 계속한다. 내가 존경하고 아끼는 친구 교수들이 그러했다. 나는 철학계에 몸담고 있었기 때문에 서울대학교의 김태길 교수나 숭실대학교의 안병욱 교수 같은 이가 그러한 지도자였다. 두 교수가 다 80대 후반 내지는 90을 맞이할 때까지 계속 일하고 있었다. 그 친구들은 언제나 사회와 겨레를 위한 걱정을 하고 있었다. 물론 더 훌륭하고 존경스러운 지도자도 많이 있다. 그러나 노력만 하면 모두가 그렇게 살 수 있고 또 선택해야 할 인생의 과제라고 믿는다.

이런 이야기는 서민과는 상관이 없고 국민 전체에 해당하지 않는다고 말할지 모른다. 그러나 역사적 현실은 그렇지 않다. 나는 민족과 국가의 중흥이 3·1 운동 때부터 6·25 전쟁이 끝난 1980년대까지가 아니었는가 하는 생각을 갖고 있다. 3·1 운동 이전까지는 국민의 생활단위가 나와 내 가정이었다. 그러다가 조국이 없는 서러움을 절감하면서 삶의 단위는 국가와 민족으로 확장되고 정착되었다. 나라와 민족이 가정과 개인보다 먼저라는 의식이었다. 해방을 맞이하면서 더욱 그러했고 전쟁 기간에도 그랬다. 이 민족적 응집력이 역사의 선한 의지가 되어 오늘의 역사를 건설한 것이다. 그동안에는 직업의 귀천이 없었고 직책의 상하가 없었다. 모든 일이 국가를 위해 필요했고 우리가 하는 일이 모여 나라를 성장시키고 발전시킴을 의심하지 않았다.

그것은 마치 전쟁터에 나가 있는 군인들의 책임의식과 비슷했다. 사병의 용기와 지휘관의 의지가 일치했고 상관의 지시와 부하들의 사명이 하나가 되어 있었다. 더 귀하고 덜 필요한 군무가 없었다. 모든 사람의 행동 하나하나가 국가와 민족을 위한 애국심으로 뭉쳐 있었다.

지금도 그렇고, 그래야 한다. 교통부 장관 때문에 즐거워질 수는 없어도 책임감이 강한 버스 기사나 친절한 택시 기사 때문에 즐거운 시간은 얼마든지 가질 수 있다. 내 직업이 천하다고 생각할 필요가 없다. 나 때문에 좀 더 많은 사람이 기쁘고 행복해 지면 우리 사회가 좋아지는 것이다.

때때로 외국에서 온 손님들에게 부정을 가하거나 그 귀한 손님들을 이용하거나 속임수를 쓰는 것을 보면 애국심과 민족의식이 없는 행동에 의분을 느낀다. 애국심이 있다면 그런 반국가적인 행동은 할 수 없다. 문제는 그것뿐만이 아니다. 수많은 사회악은 나라나 민족을 걱정하거나 위하지 못하는 마음에서 일어나는 것이다. 행복하게 잘 사는 선진국에 가보면 우리는 아직도 멀었다는 자괴심에 빠지게 된다.

이런 문제의 시정과 해결의 모범을 보여주어야 할 공직자나 지도층 사람들을 볼 때는 마음이 무거워지기도 한다. 자기 돈은 동전까지 아끼면서 나라의 공금은 우선 차지하는 사람이 유능하다고 여기는 사람들이 얼마나 많은가. 나는 대학에 있을 때 봉급이 올라가면 모든 교직원과 더불어 좋아했다. 그러나 가난한 학생들의 등록금을 걱정해 본 교수들의 생각은 좀 달라져야 한다. 나같이 아르바이트로 대학 시절을 보낸 교수는 대학의 공금은 내 사유재산보다 더 아껴 써야 한다는 책임을 느끼지 않을 수 없다

나는 옛날이야기이지만 우리나라 걱정을 많이 해주던 프랭크 스코필드 박사의 이야기를 지금도 기억하고 있다.

그가 한번은 사립대학교 총장을 만나 의사가 하루에 환자를 50명, 많을 때는 60~70명까지 본다고 할 때 돈을 벌기 위해 100명을 보고 120명도 본다면 그 환자들은 어떻게 되며 그것이 의사다운 양심적 행위냐고 물었다. 그 대학이 정원의 몇 배가 넘는 학생을 입학시켜 수입을 올리고 있을 때였다. 그런데 총장의 대답은 뜻밖이었

다. 교육부가 100의 부정을 하는데 대학이 50쯤 돈벌이를 하는 것은 괜찮다는 것이었다.

또 하나의 이야기는 우리도 공감하는 사례다.

영국이나 캐나다에서는 경제적으로 부족하거나 무능하면 국회의원이 되기도 어렵다. 국회의원들은 국민의 복지 문제를 해결하기 위해 법을 제정하기 때문에 가난한 국민이나 실업자를 위해 정성을 다해야 한다.

그런데 대한민국의 국회의원들은 문제 삼는 것이나 하는 일도 국민이 고맙게 여기지 않는 것들이고, 또 자기들의 연봉과 수입을 먼저 챙기는 것 같다며 그래도 되냐고 걱정했다. 옆에서 보아도 한국의 국회의원들은 권력 장사와 돈벌이에 너무 열중하고 있는 것 같다고 했다.

다른 일로 현충원에 갔다가 스코필드 박사의 묘소를 보면서 다시 한번 떠올린 이야기다. 지금은 많이 좋아졌겠지만, 나라 걱정의 수준이 국민 행복의 수준과 일치되는 것은 의심의 여지가 없다. 크고 작은 모든 일이 민족을 위해서라는 생각을 갖는다면 그보다 더 귀한 애국심은 없을 것이다.

내가 해방 2년 후에 탈북해서 처음으로 얻은 직장이 중앙중 · 고등학교였다. 27세의 젊은 나이였다. 교사가 되고 얼마 안 되었을 때였다. 국어과 교사였던 임병걸 선생과 복도를 걷고 있는데, 맞은편에서 교주였던 인촌 김성수 선생이 우리 쪽으로 걸어오고 있었다. 나는 누군지 모르고 있었는데, 임 선생이 누구라고 이야기해주면서 함께 인사를 드렸다. 임 선생이 그저 인사차, "요사이 선생께서 국무총리가 되실 거라는 신문 기사와 이야기들이 있는데, 사실입니까?"라고 말을 건넸다. 이야기를 들은 인촌이 발걸음을 멈추면서 "그렇지 않아도 이렇게 인재가 필요한 때에 왜 고하(송진우) 선생이 세상을 떠나게 되었는지, 마음이 괴로워 산책이라도 나왔던 겁니다"라면서 한숨을 죽였다. 약간 울음이 섞인 목소리였다. 우리는 더 말을 잇지 못하고 인사를 드리면서 그 자리를 떴다.

인촌은 고하와 무척 가까운 친구로 지내면서 그의 인품과 유능함을 믿고 있었다. 그래서 초대 국무부 총리로 밀고 있었다. 고하가 총리가 될 것으로 여론이 굳어졌을 때, 반대파 사람들의 사주를 받은 사람에 의해 저격을 받고 그는 세상을 떠났다. 인촌은 그 사건을 너무나도 가슴 아프게 느끼며 괴로워하고 있던 것이다. 심형필 교장도 같은 이야기를 들은 적이 있었다. 송진우, 장덕수 모두 인촌이 아끼고 추대하는 친구들이었다.

나는 그때 인촌이 눈물을 가리며 울먹이던 모습을 오래 기억하고 있다. 나라를 위해 인재를 키우고, 도우려고 정성을 다하고 있었다. 해방될 때까지 중앙학교에서 교편을 잡다가 해방과 더불어 대학교수로 간 영문학자 이인수 교수도 인촌의 아낌과 사랑을 받은 사람이었다. 이 교수가 6·25 전쟁 때 부역을 했기 때문에 주변에서 여러 가지 이야기가 많았다. 인촌은 그가 재판에 회부될 때까지는 보호해 주려고 무척 마음을 썼다. 그러나 당시의 국방부 장관이 재판에 넘기기 전에 사형에 처했다. 이 교수는 6·25 전쟁 때 피란을 가지 못했기 때문에 공산군의 강압에 의해 영어 통역도 하고 방송도 했다. 그러다 유엔군과 국군이 서울로 진입한다는 소식을 듣고는 대한민국을 위해 피신해 있을 때였다.

내가 인촌을 마지막으로 뵌 것은 그가 건강을 잃고 외출도 불가능한 때였다. 그때 나는 중앙학교의 교감직을 맡고 있어 세배를 드리고 싶어 심 교장과 함께 방문했다. 인촌은 반신불수여서 혼자 일어나기 힘든 상태였다.

인촌은 내가 크리스천인 줄 알고 있었고, 그는 세례를 받고 천주교 신자가 된 때였다. 인촌은 나에게 "김 선생도 왔군요. 오늘은 새해 첫날인데 우리 먼저 기도를 드립시다"라며 기도를 드렸다. 기도 내용은 간단했다.

"새해에는 하느님께서 우리 모두의 잘못과 죄는 용서하시고 우리 민족과 국가를 불쌍히 여겨주셔야 하겠습니다. 우리는 나라와 겨레를 위해서 더 도울 능력조차 사라진 것 같습니다. 불쌍한 민족과 병들어 가는 조국을 이제는 하느님에게 맡기는 길밖에 없습니다. 꼭 멀리하지 마시고 하느님 뜻대로 품 안에서 보호해주시기 바랍니다."

울음 섞인 애원의 기도였다.

나는 열일곱 살에 뵌 도산의 유언과도 같은 설교를 연상했다.

'우리의 힘으로는 겨레를 위할 수 없으나 하느님의 사랑이 우리를 버리시지 않을 것입니다.'

내가 보고 느낀 일본의 기독교

▪
▪
▪

나는 중학교를 졸업한 다음 해에 일본으로 대학 공부를 떠났다. 그즈음에는 절대다수의 학생들이 일본으로 유학을 갔다. 간혹 중국으로 가는 학생도 있었으나 그 수는 아주 적었다.

일본 도쿄에서 하숙을 정하고 얼마 안 되었을 때였다. 나보다 먼저 와 신학을 공부하고 있던 K라는 여자 선배가 나에게 야마무로 군페이라는 구세군 중장을 아느냐고 물었다. 중학교에 다닐 때 그의 책도 읽었고 구세군에서 발간하는 팸플릿을 많이 받아 보았다고 말했더니, 내일모레 야마무로 구세군 중장의 1주기 추모강연회가 있는데 같이 갔으면 좋겠다는 제안을 해왔다. 나는 다행이라고 생각하면서 동행하기로 했다. 장소는 도쿄상과대학 강당이었던 것으로 기억하고 있다. 정각에 도착했는데 강당은 벌써 만석이었다.

그 당시 일본은 영국과 적대관계에 있었고 기독교인의 수가 적은 나라였기에 그렇게 많이 모인 것이 좀 뜻밖이라고 생각했다. 모인 사람들은 주로 청장년층으로, 연령으로 평하기보다는 대부분 지성인으로 보아 좋을 것 같았다.

식순이 진행되었다. 해군 소장이라고 소개받은 군복 차림의 장성이 강단마루에 무릎을 꿇고 기도를 드리는 장면이 인상적이었다. 두세 사람의 길지 않은 추모강연이 끝나자 사회자가 "《마이니치신문》 사주이면서 주간인 도쿠토미 소호 님의 추모강연 순서"라고 소개했다. 휠체어를 탄, 비교적 몸집이 무거워 보이는 노인이었다. 마이크를 잡은 그가 입을 열었다.

"나는 며칠간 감기로 쉬고 있었는데, 존경하는 친구 야마무로 군의 추모식에 안 나올 수가 없어 휠체어의 도움을 얻어 나왔습니다. 야마무로와 나는 중학교 시절부터 그가 1년 전에 세상을 떠날 때까지 절친한 친구였습니다. 그는 일찍 기독교 신자가 되었고, 나는 기독교 신앙보다는 일본과 천황폐하를 위해 생애를 바치기로 결심하고 살아왔습니다. 야마무로는 자기가 쓰는 책상머리에 사랑하는 사람들의 이름을 열거해 놓고 그들이 크리스천이 되길, 매일 기도를 드리곤 했습니다. 내 이름은 두 번째로 올라 있었습니다. 그는 나를 위해 수십 년을 기도했을 것입니다. 그러나 내 이름은 그가 세상을 떠날 때까지 남아 있었습니다. 소설가인 내 동생은 신앙인이 되었기 때문에 이름이 지워진 지 여러 해가 되었습니다. 나는 그 점을 항상 죄송하게 생각하지만 아직 크리스천이 될 생각은 하고 있지 않습니다.

그러나 나는 나를 극진히 사랑해준 친구를 위해 오늘 이 자리를 얻어 꼭 해야 할 말이 있어 병상을 뒤로하고 나섰습니다. 최근 우리는 영국과 미국을 정치적 대립 국가로 인정하면서 영국에 본부가 있는 구세군을 반일적인 종교집단으로 치부하는 여론이 높아지고 있습니다. 그래서 구세군과 그 책임자인 야마무로를 친영 진영에 속하는 기관으로 평하고 있습니다만 그것은 옳은 판단이 아닙니다. 야마무로는 우리 누구보다도 일본을 사랑하고 위한 애국자였습니다. 그는 일본을 위해 항상 기도를 드리는 애국자였습니다. 나는 일본을 위하는 마음이었으나 야마무로는 일본의 장래와 세계 속의 일본을 위해 기도하는 애국자였습니다. 나보다 차원이 높은 애국자였습니다. 따라서 일본 구세군은 탄압을 받거나 부당한 오해를 받아서는 안 된다고 생각합니다. 나만의 애국심이 아닌 우리 모두의 애국심이 필요한 것입니다."

모두 조용히 경청했다. 도쿠토미는 야마무로에 비하면 일본 국민 다수가 인정하는 국수주의적 애국자였다. 《마이니치신문》은 지금도 일본의 3대 신문 중의 하나로, 전국적으로 많은 독자를 가진 신문이다.

야마무로 구세군 중장의 소년 시절 이야기가 전해지고 있다. 나도 일본《그리스도신문》에서 읽은 내용이다. 내가 학생 때 다니던 일본 교회의 목사가 소개해준 것이다.

야마무로는 초등학교를 좋은 성적으로 졸업했다. 그래서 수재

소년들이 지망하는 대표적인 중학교에 입학원서를 제출했다. 일본에서 제일가는 공립중학교였다. 입학시험이 끝난 뒤, 교장이 어린 지망생들을 직접 면접하는 절차가 있었다. 야마무로의 차례가 되었다. 교장은 단정하게 기록된 입학원서를 보면서, "이 원서는 누가 썼나?"라고 물었다. 어린 소년은 원서는 본인이 직접 써야 하는데, 어머니가 썼다고 하면 안 될 것 같다고 생각했다. 그래서 잠시 머뭇거리다가 자신이 썼다고 거짓말을 했다. 교장은 글씨가 좋다면서 몇 마디 이야기하고는 면접을 끝냈다. 여러 학생이 기다리고 있었기 때문이었다.

야마무로는 얼떨결에 내가 썼다고 거짓말한 것이 점점 부끄럽고 후회스러웠다. 풀이 죽어 집에 돌아온 소년은 더는 묻어 둘 수가 없어 어머니에게 그 사실을 이야기했다. 자초지종을 알게 된 어머니는 "고맙다. 솔직하게 이야기해주어서. 내일 나와 함께 학교로 가 그 사실을 이야기하고 거짓말을 했으니까 입학을 취소해 달라고 부탁하면 된다"라며 위로해주었다.

다음 날 어머니는 아들과 함께 학교로 가 교장에게 그 사실을 말하고 입학을 취소해도 좋다며 용서를 빌었다. 그 이야기를 들은 교장은 내가 그것을 묻지 않았으면 아무 문제도 없었을 것이고, 친필이 아니라고 해서 입학에 불이익이 생기는 것은 아니라고 말했다. 그러면서 야마무로에게 너처럼 정직한 학생이 입학자격이 있다고 위로해주었다.

그 어머니와 아들이 일본의 양심이 되었던 것이다.

나는 4~5년에 걸쳐 일본에서 유학생활을 하는 동안 줄곧 일본 교회에 다녔다. 한인 교회가 두세 곳 있었으나 중학생 때 기독교에 관한 일본 책들을 읽었기 때문에 관심을 가졌던 것 같기도 하다. 하지만 더 큰 이유는 한인 교회에서 듣는 설교 내용이 빈약해서였던 것 같다. 일본 교회에 가면 우리 목사들이 설교하는 것처럼 큰 목소리로 떠드는 설교가 없어 좋았다. 예수는 우리 목사들같이 떠드는 설교는 하지 않았을 것으로 생각했다. 또 우리 목사들같이 현실생활과 동떨어진 신학도 없고 실천성을 갖춘 내용이 아닌 설교도 없었다. 그래서 일본 교회에 가면 깨닫는 것도 있고 내 삶을 바꿔야겠다는 반성을 할 수 있어 도움이 되었던 것 같다. 지금도 그렇게 지낸 것을 후회하지 않는다. 또 일본 교회는 600~700명 이상이 모이는 대교회가 없었다.

그리고 미국도, 우리와 다른 점이 있었다. 미국이나 유럽은 기독교 국가이기 때문에 누구는 크리스천이고 누구는 아니라는 구별이 없다. 좋은 면도 있으나 신앙적 선명성을 찾기기 힘들다. 지금은 우리 교회생활도 그렇게 되어가고 있다. 그런데 일본인들은 저 사람은 크리스천이고 우리는 아니라는 구분이 뚜렷했다. 더불어 크리스천들은 사회적으로 상당한 인정을 받고 있었다. 같은 마을에 교회에 나가는 사람이 있으면, '저 댁은 벌써 교회에 갈 정도가 되었구나……'라고 어딘가 우러러보는 면이 있었다. 대학 예과 시절에는 일본 친구들이, "김 형! 교회에 다녀요?"라고 묻기도 했다. 그 물음 속에는 무엇인가 우리와 다른 데가 있을 것이라는 생각이 들어 있는 듯했다.

우리도 그렇다. 나는 기독교학생회를 후원하는 연세대학교에 있었다. 신과대학이 있었고 교목실이 있었으며, 예배 시간에 나가야 하는 책임도 있었다. 그러다가 서울대학교나 고려대학교의 기독교학생회 모임에 가보면 그 학생들은 우리는 신앙인이라는 자존심과 그리스도와 삶을 같이 하는 학생이라는 구별의식이 강했다. 수도 적었지만 비기독교 사회이기 때문에 신앙적 자아의식이 더 뚜렷했던 것 같다. 지금은 달라졌으나 연세대학교에는 또 다른 현상이 있었다. 복음주의를 자처하는 보수적 신앙을 가진 학생들이 일반 신앙을 갖고 있는 학생들을 규탄하면서 너희들의 신앙에는 구원이 없으니 복음주의 신앙으로 돌아와야 한다고 권고하는 것이었다.

내 작은 딸은 2년 동안 연세대학교 학생으로 있다가 미국 대학에 갔다. 딸의 이야기가 지금도 잊히지 않는다. 대학에 가니까, 반갑지 않은 두 계통의 학생들이 있어 캠퍼스 분위기가 싫어진다는 이야기였다. 하나는 좌파운동권 학생들이었고 다른 하나는 자기네들과 같이 믿지 않으면 안 된다고 설득하는 복음주의 교회 학생들이었다.

물론 그런 현상들은 일시적일 수 있고, 큰 문제는 아닐 수도 있다. 다만 내가 지적하고 싶은 것은 그 옛날의 일본 교인들은 적어도 신앙을 갖고 있었기 때문에 확고한 인생관과 가치관을 갖고 믿고 있었던 것 같다. 기독교 국가인 서구 사회와 우리와 다른 점이 뚜렷했던 것 같았다. 일본에서 성서주의자의 길을 개척한 우치무라 간조가 그런 인물이었다. 그가 기독교로 개종한 후에 미국에 머물면서 보니 미국 크리스천들은 신앙인인지 아닌지 구별할 수 없을 정도로 교회생활을 하는 것 같았다. 그래서 성경을 탐독한 결과 교회 밖에서 성경 중심의 신앙을 찾는 것이 그의 무교회적 신앙 운동의 동기가 되었던 것이다. 그러나 어느 편이 정당하다거나 모든 기독교 신앙이 사회 안에서 모두 같아야 한다는 생각과 주장은 옳지 못하다. 다양성을 가진 여러 가지 신앙생활과 운동이 합해져서 하느님 나라가 건설되면 같은 진리와 사랑의 방법에서 이룬 것과도 같다.

내가 일본에서 느끼고 발견한 한 가지 사실이 있다면 그 당시의 일본은 제국주의 건설에 열중해 있던 시기였고, 왕실과 군부가 하나되어 아시아 침략과 대륙진출의 꿈을 구축해가고 있을 때였다. 국민의 절대다수가 제국주의와 군국주의로 뭉쳐 태평양 전쟁까지 감행하는 자기도취에 빠져 있었다.

그런데 소수의 크리스천이 줄기차게 전쟁을 반대하는 목소리와 인도주의에 어긋나는 정책에 항거하는 운동을 전개하고 있었다. 많은 일본인이 따르는 애국심이 아니라 인도주의와 다른 나라들과 민주적으로 공존하는 평화의 왕국을 건설하는 것이 참다운 애국심임을 강조했던 것이다. 아마 그 대표적인 크리스천이 초창기에는 우치무라였고 태평양 전쟁 말기에는 도쿄대학의 교수였던 야나이하라 다다오였을 것이다. 지금도 우치무라의 묘비에는 '나는 일본을 위하여, 일본은 세계를 위하여, 세계는 그리스도를 위하여'라는 글이 남겨져 있다. 그 결론은, '일본을 하느님의 나라로'가 되는 것이다. 야나이하라는 순교를 각오하고 일본의 진로가 기독교 정신과 반대되고 있음을 증언하다가 종전 후에는 맥아더 사령부의 법정에서 일본의 범죄를 밝히기 위한 증인이 되기도 했다. 전후에는 도쿄대학의 교수들이 추천하는 대학의 총장직을 맡기도 했다.

우리나라는 서구 사회와 같은 기독교 국가는 아니다. 그러나 크리스천들이 민족과 국가의 장래를 위한 신념과 희망을 그리스도의 정신으로 선양할 수 있다면 그것이 곧 하느님의 나라를 위한 참다운 애국심이 될 것이다. 하느님의 나라는 옛날에 성행했던 유토피아의 꿈이 아니다. 사후에 이루어지는 내세에 대한 기대여서도 안 된다. 하느님의 나라는 우리 신앙인의 마음속에 있어야 하며 신앙적 공동체 안에서 이루어져야 한다. 그리고 민족들의 역사와 인류의 정신과 희망을 통해 전개되어야 한다. 강물은 직선으로만 흘러 바다에 도달하지 않는다. 굴곡도 있고 때로는 큰 산에 가로막히는 경우도 생긴다.

인류가 자유와 평화, 그리고 사랑이 있는 행복을 누리려면 그 하늘나라의 장소는 항상 우리들의 역사 속에 있어야 한다. 개인의 희생이 있을 수 있으나 민족과 사회의 평화와 자유는 증대되어야 한다. 때로는 민족 간의 갈등도 있었고, 국제적인 전쟁이 벌어지기도 했다. 그래도 인류와 세계는 더 많은 사람의 인간다운 삶을 위한 노력과 성장을 계속해야 한다. 세상 사람들은 그 길을 휴머니즘의 성취라고 믿는다. 우리 그리스도인은 그 완성을 기독교의 진리와 사랑으로 책임지고 있는 것이다.

신앙은 은총의 선택이다

·
·
·

많이 알려진 이야기가 있다.

유명한 철학자가 있었다. 그는 신의 존재를 증명하는 형이상학적 근거를 주제로 책을 썼다. 많은 사람이 감명을 받았고, 그는 그 책 때문에 더욱 유명해졌다. 그런데 몇십 년이 지난 후에 그 자신이 신을 믿지 못하게 되었다. 회의에 빠져 고민하다가 큰 교회의 목사를 찾아갔다. 목사에게, 자신이 과거에는 신을 믿었는데 지금은 신의 존재를 믿지 못하게 되었다며 다시 믿을 수 있도록 가르쳐 주면 좋겠다고 청했다.

목사는 그의 자세와 지성적인 품위로 보아 자신이 설명하거나 전도할 수준을 넘어섰다는 생각이 들었다. 곰곰이 생각한 목사는 "잘 되었습니다. 내가 말씀을 드리는 것보다는 우리나라의 저명한 철학자가 쓴 훌륭한 저서가 있는데, 읽으시면 신의 존재를 믿게 될 것입니다"라고 말하면서 서재에서 두툼한 책을 들고나와 보여주었다. 그 책은 다름 아닌 자신이 쓴 저서였다. 그래서 철학자는 내게도 그 책이 있으니 돌아가 읽어 보겠다고 인사를 하고는 목사관을 떠났다.

있을 수 있는 일이다.

프랑스의 블레즈 파스칼은 17세기의 가장 대표적인 과학자이면서 사상가였다. 그의 『팡세』는 지금도 널리 읽히고 있다. 그는 조카가 불치의 병으로 고생하다가 기도로 치유 받은 기적을 보면서 신앙을 갖게 되었다. 그리고 기독교적 진리와 신앙에 관한 저서를 계획하다가 일찍 세상을 떠났다. 그 저서를 위해 준비한 메모를 집대성한 것이 『팡세』다. '인간은 생각하는 갈대'라는 말도 그 안에서 인용된 것이다. 그가 신앙적 결정을 내리면서 쓴 고백의 글이 있다. 그는 그것을 양피지에 써서 양복저고리 안에 넣고 다녔다. 그가 세상을 떠난 후에 그 고백서가 알려졌다. 그 첫 구절이 바로 이것이다.

'아브라함의 하느님, 이삭의 하느님, 야곱의 하느님은 철학자의 하느님이 아니다.'

물론 철학자들 가운데는 신앙을 가진 사람도 있고, 무신론자도 있다. 그러나 철학을 위하는 철학자는 신앙을 갖지 않는 것이 정상이다. 칸트 같은 철학자나 그의 후계자로 알려진 피히테는 기독교 신앙을 거부하지 않았을뿐더러 신앙인에 가까운 면을 갖고 있었다. 나는 칸트의 종교철학 문제를 보면서 '요청적 유신론자'와 같은 인상을 받았다. '이성의 한계 안에서의 종교'가 그가 안고 있는 종교관이다. 그러나 파스칼의 견해는 달랐던 것 같다. 진정한 기독교 신앙은 철학적 사유나 이성적 성찰에서 주어지는 것이 아니다. 신앙적 체험을 거치지 못한 사람은 신앙을 갖지 못한다는 생각이었다. 아브라함, 이삭, 야곱은 우리와 같은 평범한 인간이었다. 그러나 하느님과의 삶을 체험했기 때문에 신앙의 선조가 된 것이다.

아브라함은 비교적 경건한 인물이었다. 그러나 우리 누구와도 다를 바 없는 사람이었다. 그의 아들 이삭은 유순하고 착했으나 많이 무능한 사람이었다. 「창세기」에도 그에 관한 이야기는 많지 않다. 장가든 이야기와 우물을 파서 정착할 곳을 갖고 있다가 또 다른 씨족들에게 빼앗기고 크게 싸워 승리한 기록도 별로 없는 선량하면서도 무능한 인품이었다. 반면 이삭의 차남인 야곱은 대단히 이기적인 수단꾼이었다. 아버지 이삭보다는 어머니 리브가의 성격을 이어받은 것 같다. 자신을 도와준 외삼촌까지도 이용해서 재산을 늘리며, 네 여인을 아내로 삼고 있었으나 진심으로 아내를 믿고 사랑한 흔적은 뚜렷이 보이지 않는다. 지금 사회에서 본다면 야곱은 믿고 동업할 상대가 없을 정도로 수단과 방법을 동원해 인생을 살아 간 사람이었다. 그는 오랜 세월 고향을 떠나 있다가 크게 성공해 재물도 풍요로워지고 아들딸들도 많이 거느리게 되면서 고향으로 돌아갔다. 그를 원수로 여기고 있는 형 에서의 마음을 달래기 위해 갖은 수단을 동원했다. 네 명의 아내 가운데서도 가장 사랑하지 않는 여인을 순서대로 세워 형에게 복종하는 자세로 돌아가게 했다. 가장 사랑하는 아내는 끝까지 남겨두어 자신과 동행하게 했다. 위급하게 되면 다른 가족은 버려두고라도 도망치려는 심산을 부렸다. 그렇게 간교하고 이기적인 인물이었다.

그러나 다르게 생각해 보면 믿음의 세 선조 모두 우리와 같은 인간들이었다. 흠 많고, 좋은 면과 나쁜 면을 다 갖추고 있는 사람들이었다. 그런데 그 세 사람이 다 하느님을 만나 인간적 변화를 받았다. 신앙인으로 바뀐 것이다. 과거는 자취를 감추고 새로운 사람으로 태어났다. 그런 변화를 겪은 후에는 모두가 같은 신앙인으로 변했다. 그래서 신앙의 선조가 된 것이다.

파스칼은 하느님은 철학자나 사상가의 관념 속 존재가 아니라고 보았다. 그것은 인간이 만들어 낸 하느님이다. 그러나 신앙 속 하느님은 우리와 꼭 같은 사람이 하느님을 믿고 받아들임으로 과거의 자아를 버리고 새로 태어나는 체험을 통해 임재하는 하느님이다. 파스칼은 그것을 체험했고 우리 모두도 이와 같은 체험을 거쳐 하느님을 받아들이는 것이다. 철학자 중에는 스피노자 같은 사람도 있다. 사람들은 그를 신에 취해서 신을 잃어버린 범신론적 철학자라고 부른다. 그는 신의 문제를 평생의 과제로 삼은 셈이다. 그러나 파스칼이 본다면 기독교의 하느님은 그런 철학자의 하느님은 아닌 것이다. 인간 중의 인간이었던 예수를 구원의 주로 받아들이는 것이 기독교의 신앙인 것이다.

그렇다면 하느님을 믿게 되는 체험은 어떤 것인가. 신약에는 대표적인 두 사람에 대한 기록이 있다.

베드로는 작은 가정을 이끌어 가는 어부였다. 아주 평범하고 눈에 띄지 않는 소시민이었다. 예수를 만난 그날도 베드로는 친척들과 더불어 그물을 던져 물고기를 잡고 있었다. 그러다가 예수가 바닷가에서 군중에게 가르치는 이야기를 들었다. 그리고 텅 비어 있던 마음에 새로운 말씀을 받아들였다. 저분의 말씀이 옳다고 생각했다. 당시 종교 지도자들의 이야기는 위선과 항상 들어 온 계명과 율법 이야기였는데 저분은 무엇을 위해 어떻게 살아야 하는가를 꾸밈없이 담담하게 이야기하고 있었다. 어딘가 높은 곳에서 들려오는 음성 같다고 느꼈다. 그렇게 살 수만 있다면 얼마나 좋겠는가, 흠모의 마음을 느꼈다.

그 가르침을 준 예수가 말씀을 끝내면서 베드로에게, 그동안 물고기를 잡지 않고 이야기만 들었는데, 손해를 본 것 아니냐고 위로해주는 듯 저 깊은 곳에 그물을 던져 물고기를 잡으라고 말했다. 베드로는 마음속으로 불안했다. 저분이 좋은 교훈은 주셨지만 물고기를 잡는 경험은 내가 훨씬 더 많고, 또 깊은 곳에는 물고기가 살고 있지 않음을 모르는 것 같다고 생각했다. 그러나 말씀대로 그물을 쳤다. 그러자 지금까지 경험하지 못했던 사건이 벌어졌다. 많은 물고기가 잡힌 것이다. 베드로는 직감적으로 저분은 혼돈과 절망을 거듭하고 있는 우리 민족의 스승이라고 생각했다.

그 예수가 베드로에게 이제부터는 네 인생에 큰 변화가 있을 테니, 나를 따라오라고 말했다. 베드로는 더 많은 생각을 하지 않았다. 모든 것을 뒤로한 채 동생 야고보와 더불어 예수의 제자가 되었다.

그것은 스님들이 출가하는 결단이나 신부들이 성직을 택하는 것과 같은 일생에 한 번 있는 선택이기도 했다.

그 뒤 예수의 뒤를 따르는 3년 남짓, 베드로의 생애에는 많은 어려움과 고뇌가 있었다. 그는 예수를 그리스도로 인정하는 최초의 신앙 고백으로 스승의 칭찬을 받기도 했으나 예수가 잡혀서 대제사장에게 종교재판을 받을 때는 세 번이나 그를 모른다며 스승을 배반하기도 했다. 자신이 스승을 모시기에는 한없이 부족하고 초라한 인간임을 깨닫고 통곡하기도 했다. 어딘가로 도망쳐 스승 예수가 보이지 않는 곳에서 사라졌으면 좋겠다는 회한을 느끼기도 했을 것이다. 인간은 누구도 자신을 믿을 수 없으며 구원받을 수도 없다는 엄연한 사실을 체험한 것이다. 그리고 세상 멀고 먼 곳까지 쫓겨 가 절망에 빠져 있었다. 스승 예수가 십자가에서 죽어 무덤에 묻힌 것을 확인했기 때문이다.

그런데 있을 수도 없고 믿을 수도 없는 소식이 전해져 왔다. 예수가 부활했다는 것이었다. 그것도 한두 여인의 증언이 아니고 믿을 수 있는 여러 제자의 증언이었다.

마침내 베드로는 다른 제자들과 함께 기다리고 있을 때 부활한 스승 예수를 만나게 된다. 그리고 그에게 다시 한 번 나를 따라와 많은 사람을 제자로 삼고 내가 남겨 준 일을 계승해 달라는 간곡한 부탁을 받는다.

여기에 베드로가 체험한 것은 스승 예수가 부활했고 그의 삶이 성령의 이끄심을 받아 자신의 삶이 되었다는 사실이다. 스승의 삶과 그와 함께하는 삶이 새로운 구원과 역사의 길이며 희망임을 깨닫게 된다. 그리고 여생을 예수와 같은 사명을 지니고 살게 된다. 기독교의 기반을 구축하며 신앙의 모범을 입증한 것이다.

베드로가 교회의 개척자였다면 기독교 사상과 신학의 선구자로 볼 수 있는 바울의 경우는 달랐다.

바울은 철저한 유대교인이었다. 구약의 신봉자였다. 그래서 죽은 자가 부활했다는 거짓말을 퍼뜨리면서 구약의 신앙을 거부하는 예수의 추종자들을 용납할 수 없다고 생각했다. 민족의 자존심과 아브라함 때부터의 신앙을 지키기 위해서라면 힘이 미치는 대로 베드로까지 잡아 투옥하고 신앙적 사형에 처해 마땅하다고 믿는 열성분자였다. 그는 이미 스데반을 종교재판에서 사형에 처하게 한 증인이기도 했다.

그리스도인들이 다메섹에 모여 있다는 소식을 확인한 바울은 그들을 해체시키거나 법정에 넘기기 위해 길을 재촉하던 도중에 놀랍게도 부활하신 예수의 부르심을 받는다. 바울은 그 놀라운 부르심을 받으면서, 누구시냐고 물었다. 그는 '네가 핍박하는 예수'라는 확언에 접한다. 예수의 부르심을 받은 바울은 준비를 갖추고 단시일 안에 확실한 예수의 제자가 된다. 베드로는 3년여의 시간이 필요했으나 바울은 3주간 정도를 통해 베드로와 꼭 같은 신앙을 갖게 된다. 놀라운 일이다. 베드로는 마음이 비어 있었다. 그 빈 마음의 그릇에 예수의 뜻이 채워진 것이었다. 반면 바울의 마음은 구약 신앙으로 가득

차 있었다. 그러나 며칠 동안에 그 마음의 그릇이 베드로와 같은 신앙으로 넘치도록 채워진 것이다.

그 일을 계기로 두 사람은 신앙의 동지가 되었다. 그리고 예수가 맡겨 준 같은 교회와 하느님 나라 건설의 동역자가 되었다. 기독교의 역사는 이 두 제자를 통해 2000년의 명맥을 이어온다.

예수를 만나지 못했다면, 베드로는 그 존재 자체도 기억에 남지 못할 미미한 인간이었다. 예수를 만났기 때문에, 그리고 예수의 뒤를 따랐기 때문에 반딧불처럼 작은 빛이었던 그가 태양과 비교할 수 있는 인류 역사의 희망의 빛으로 변했던 것이다. 바울도 그러했다. 자신이 주장하고 따랐던 유대교의 지도자로 머물렀다면 그는 반그리스도 역사의 한 역군인 빌라도와 다름없는 부끄럽고 미미한 인물로 끝났을 것이다. 바리새파나 제사장의 하수인 위치로 떨어졌을 것이다. 그런 두 사람이 예수의 부르심을 받았고, 예수가 그와 더불어 머물렀다. 그리고 예수가 남겨 준 사명에 동참했다.

신앙인들 모두 때와 장소는 다르나 부르심을 받은 두 제자와 같은 은총의 선택을 받았다. 그래서 오늘의 기독교가 존속해왔으며, 우리 모두 그 일에 동참하고 있는 것이다.

다시 교단에 설 수 있다면……

▪
▪
▪

모교를 떠난 지 77년 만에 후배 선생들을 대면하게 되었다. 옛날 평양에 있던 교사는 아니지만 모교는 언제나 내 어머니 품과 같이 아늑한 안식처였다.

나는 중학교 3학년을 마치면서 1년간 학교를 떠나 있었다. 미국 선교사였던 조지 매큔(한국명 윤산온) 교장이 신사참배를 거부하고 학교를 떠나게 되었고, 내가 출석하던 교회의 김철훈 목사도 신사참배를 반대해 일본 경찰에게 혹독한 고문을 받은 일이 있었다. 그래서 나도 신사참배를 할 수 없다고 생각했다. 한 반에서 함께 지내던 윤동주 시인은 만주의 용정으로 갔다. 신사참배를 할 수 없었기 때문이었다.

1년이 지난 뒤, 나는 생각을 바꿔 신사참배를 하더라도 학교를 계속 다녀야겠다는 부끄러운 선택을 해야 했다. 지금도 기억이 생생하다. 벽돌 교사 2층으로 올라갔더니 수업을 마치고 복도를 지나가던 김윤기 선생이 내 이름을 부르면서 "너, 학교를 계속하기 위해서 찾아 왔구나!"라고 반기면서 직접 데리고 다니며 복교 절차를 밟아 주었다. 그러면서 그는 아무 생각 말고 4학년 1반으로 와 공부를 계속하라고 말했다. 나는 성경에서 읽었던 탕자의 비유가 생각났다. 우리 선생들은 나와 같이 학교를 자퇴했던 학생들이 복교하기를 기다리고 있었던 것이다.

복교하고 얼마 안 되어 한 달에 한 번 있는 신사참배를 하게 되었다. 신사 앞 광장에 교장 선생이 맨 앞에 서고, 선생들은 횡렬로 그 뒤에 자리를 잡았다. 우리 학생들도 종렬로 학년과 반에 따라 섰다. 구령에 따라 최경례最敬禮를 하는 절차였다. 끝나고 앞자리에서 돌아서는 교장 선생의 얼굴을 보았더니 주름 잡힌 뺨으로 눈물이 흐르고 있었다. 우리 500여 명의 학생을 일본 학교로 보내지 않기 위해 신사참배를 하더라도 교장직을 맡았던 것이다. 당시 정두현 교장은 숭실전문학교의 교수이면서 교회의 장로이기도 했다. 나는 그가 우리를 위해 대신 십자가를 짊어졌다는 생각을 했다.

그래도 나는 정말 행복한 학교생활을 했다. 사랑이 넘치는 교육이었다. 그러나 1년 후, 일본은 평양에 있는 숭실전문학교와 숭실중학교, 숭의여자중학교를 폐교했고, 숭의여자중학교를 평양여자고등학교로 통합시켰다. 이화여자대학교의 김옥길 총장도 그때 숭의여자고등학교를 떠나 평양여자고등학교로 갔던 것으로 기억한다. 우리 학교는 평양제3공립중학교로 바뀌었다. 일본 학생만 다니는 학교가 제1중학교, 평양고등보통학교가 제2중학교, 우리 학교가 제3중학교로 개편된 것이다. 선생도 모두 일본 선생으로 바뀌었고, 학교 안에서 한국어를 사용하면 정학과 퇴학을 당하는 일본식 교육의 본보기가 시작되었다.

나도 1년 동안 그 학교에 다녀야 했다. 그 1년은 희생적으로 사랑해주던 친어머니를 떠나 몹쓸 계모 밑에서 사는 1년 같았다. 긴 학교생활을 하면서 단 한 번 담임 선생에게 불려가 여러 선생이 있는 교무실에서 심하게 얻어맞은 적이 있었는데, 바로 이때였다.

이렇게 보면 나는 세 교장 밑에서 두 학교를 다닌 셈이다. 그런데 어떤 교장 선생 밑에서 자랐는가 함이 내 평생에 그렇게 큰 영향을 준다는 것은 모르고 있었다. 매큔 교장은 떠나면서 우리에게 빨간 표지로 된 당신의 저서를 한 권씩 주었다. '인생 문제와 그 해결' 비슷한 제목이었는데, 이제부터 한평생을 살아가는 동안에 어렵고 힘든 문제에 부딪히게 되면 '이럴 때 예수님은 어떻게 하셨을까'라고 물어보면서 살라는 교훈의 책이었다. 다시 너희와 함께 있지는 못하지만 예수님께서 너희들과 함께하실 것을 믿고 맡기면서 떠난다는 마음이 담겨 있었다. 그리고 우리 학생들과 마지막으로 드린 채플 시간에 그는 평소보다 단정한 옷차림에 빨간 넥타이를 매고 강단에 섰다. 다른 말은 없고 오른손을 불끈 쥐고 높이 치켜들면서 세 차례 "Do! Do! Do!"라고 큰 목소리로 외쳤다. '하라!'라는 뜻이었다. 나는 그의 마음을 짐작할 수 있었다. 너희들은 선조들처럼 '기다리면 되겠지', '세월이 지나면 어떻게 되겠지'라는 생각을 버리고 용기와 신념을 가지라는 것이었다. 못 할 것이 없다. 독립할 수도 있고, 훌륭한 나라를 만들 수도 있는데 왜 하지 않느냐는 권고였다. 희망은 만들어 가는 것이지, 기다리는 사람에게는 오지 않는다는 절규였다.

매큔 교장은 진심으로 우리를 사랑해주었다.

1년 동안 가르침을 받은 정두현 교장은 학자였다. 교수 중에서도 학자다운 분이었다. 당시 숭실전문학교에는 양주동 교수와 이효석 교수 등 다른 교수들도 있었다. 그런데 정 교장은 그 누구보다도 학자다운 풍모를 지니고 있었다.

제3중학교로 개편된 후에는 스승다운 선생이 없었다. 한국 학생들을 황국신민으로 만들기 위한 일본 정부의 앞잡이 같은 인상을 받았다. 선생 중의 두세 명은 학생들의 사상을 살피고 검토하는 첩자 같은 인상을 주기도 했다.

세 교장을 비교해 보면 매큔 교장과 정두현 교장의 인격과 스승다움이 90점이었다면 일본 교장은 40점 정도밖에 못 되는 것 같았다. 그러니 그 밑에서 자라는 제자들도 인간적으로 성장의 한계가 있었던 것이다. 학생 때는 모르고 지냈으나 지금 생각해 보면 선교사나 한국 교장 밑에서는 우리도 90이나 그 이상 성장할 수 있어도 일본 교장 밑에서는 50까지밖에는 자랄 수 없었던 것 같다. 학생 때는 느끼지 못했으나 그 영향은 지금까지 계속되고 있는 것 같다. 공자나 석가는 물론 예수의 제자들도 비슷한 처지였을 것 같다. 높은 산을 바라보면서 자란 아이와 낮은 언덕만 보면서 자란 아이는 후일에야 높은 산이 어떠하다는 것을 깨닫게 되는 법이다. 교장 선생보다도 담임 선생이나 가르치는 모든 선생과 학생과의 관계도 그럴 것이다. 훌륭하게 자란 제자들은 어른이 된 뒤에야 옛날의 은사들에게 고마움을 느끼게 된다.

선생들의 성장 못지않게 중요한 교육의 근본은 사랑이다. 나는 최근에 이르러 '사랑이 있는 교육이 세상을 바꾼다'는 확신을 갖게 되었다. 내 중학교 시절이 그러했다. 매큔 교장과 정 교장뿐만이 아니었다. 일제 강점기이기 때문에 선생들은 진심으로 우리를 사랑해주었다. 민족의 장래가 우리들의 선택과 노력에 달렸다는 의무감 비슷한 것을 암암리에 느끼면서 살았다. 숭실학교는 기독교 정신을 바탕으로 삼고 있었기 때문에 더욱 그러했다. 그 당시에 기독교 신앙은 애국심과 연결되어 있었다.

나를 신앙적으로 뒷받침해주며 여러 면으로 도와준 스승이자 미국 선교사였던 모우리 목사는 일본 경찰의 감시를 피해 가면서 시골 우리 집까지 찾아와 위로와 도움을 주었다. 미국으로 떠나기 며칠 전에도 나와 더불어 언젠가 한국이 독립하게 되면 다시 와서 만나게 해달라는 기도를 드렸다. 내가 일본에서 유학생활을 할 때는 학비를 보내주면서 격려하기도 했다.

해방이 되고 6·25 전쟁이 휴전되었을 때였다. 내가 연세대학교에 부임하고 5~6년이 되었을 무렵에 모우리 목사가 편지를 보내왔다. 미국을 방문하는 사람들을 만날 때마다 나에 관한 소식을 묻곤 했는데 그러다가 누군가에게 내가 연세대학교의 교수가 되었다는 소식을 전해 듣고는 곧 편지를 썼던 것이다. 나는 그분을 잊고 있었는데, 은사님은 언제나 내 생각을 하고 계셨던 것이다. 세상을 떠나기 얼마 전에는 여름에 성탄 카드를 보내주었다. 사연은 간단했다. 마지막으로 딸의 집을 방문하고 돌아왔는데, 아무래도 금년 크리스마스까지 살아 있기 힘들 것 같아 지금 성탄 카드와 더불어 소식을 전한다는 것이었다. 그 밑에 깔려 있는 뜻은 말하지 않아도 서로 잘 이해하고 있었다. 주님께서 우리를 사랑해주신 것 같이 한국의 젊은이들을 위해 사랑이 있는 교육을 해달라는 뜻이었다. 은사님이 나를 사랑해주신 것 같이 나 또한 제자들을 사랑해야 한다는 유언과도 같은 편지였다.

나는 그렇게 사랑이 있는 교육을 받아왔다. 일본에서 대학생활을 할 때도 내가 출석하는 교회의 목사님들은 나를 위해주고 사랑해주었다. 크리스천 은사들도 그랬다. 우리들의 긴 교육생활에서 마지막까지 남는 것은 제자들에 대한 스승의 사랑이다. 부모의 사랑을 못 받은 고아들은 참으로 불행하다. 그 대신 스승의 사랑을 받으면서 자란 제자는 그것만으로도 행복해진다.

내가 중앙학교 교사로 있을 때였다. 아끼고 사랑하는 한 제자가 음독자살을 계획한 일이 있었다. 그의 어머니가 소식을 전해와, 나는 그가 입원해 있는 방으로 뛰어갔다. S 군은 눈이 퉁퉁 부어올랐고 입술은 거칠어져 있었다. 의식은 회복하지 못했으나 생명은 보존될 것이라는 의사의 진단이었다. 몇 시간을 기다리자, 그가 겨우 눈을 떴다. 그리고는 내 얼굴을 계속 살폈다. 그의 손을 붙잡고 "내가 누군지 알겠느냐?"라고 물었다. 그는 대답을 못 하고 내 얼굴만 쳐다보다가 "나는 죽었을 텐데…… 선생님…… 이?"라고 가는 목소리로 대답했다. 내가 "너 어쩌자고 이런 짓을 했어……?"라고 나무라자 뜻대로 죽지 못했다는 사실을 눈치챈 그는 "선생님이시지요?"라고 물었다. 어머니 연락을 받고 왔다고 했더니 "선생님, 잘못했습니다. 약을 먹기로 결심하고 먹으려고 하니까, 선생님 생각이 떠올랐습니다. 그래서 용서해 달라고 빌었습니다. 저를 그렇게 사랑해주셨는데……"라면서 울었다. 옆에서 지켜보고 있던 어머니가 "선생님, 이제는 학교에 가실 시간인데 그만 가셔도 되겠습니다. 선생님께 약속했으니까 믿어도 되겠습니다"라고 말했다.

그 후에 S 군은 전과같이 좋은 성적으로 졸업해 서울대학교 공과대학에 진학했다. 전공이 광산학과였기 때문에 미국에서 대학원을 마치고 유타주에서 중책을 맡아 일하는 과학도가 되었다.

사실 내가 S 군을 사랑했기보다는 그가 나를 더 좋아했고 따랐다. 나는 여러 제자를 대하면서 지냈으나 S 군은 스승인 나만을 사랑했으니까, 더 많은 꿈을 키우고 싶었던 것이다. 그는 복약하고 깨어났으나 그의 부모는 그가 다시 목숨을 끊을 것 같아 걱정이었던 것 같다. 그래서 선생님께 약속했으니까 마음이 놓인다고 했던 것 같다.

나는 대학에서 30여 년을 강의했다. 그러나 사랑이 있는 교육은

7년간 고등학교에 있을 때였다. 교육자는 씨를 뿌리고 열매는 사회가 거둔다고 한다. 열매는 제자들을 통해 나타나기 때문이다. 그런데 나는 너무 오래 살아서 그런지 내가 뿌린 씨의 열매를 나 자신이 바라보고 있다. 내가 처음 가르친 고등학교 때 제자는 나보다 10년 아래인 88세이기 때문이다. 사회에 크게 이바지하며 봉사하는 제자들을 볼 때면 나는 최고의 행복을 누리고 있다는 마음이 든다. 특히 나보다 더 뛰어난 학자나 교수가 된 제자들을 볼 때면 그렇게 흐뭇하고 자랑스러울 수가 없다.

다시 교단에 설 수 있다면 제자들을 위해 마음껏 기도하며 더 위해주고 싶은 마음이다.

목회자의 책임

▪
▪
▪

오래전에 있었던 일이다. 지금은 그런 일들이 없을 것이다. 또 있어도 안 되고.

한국을 대표하는 한 기독교 여자대학교에서 1년에 한 번씩 있는 신앙부흥주간을 가진 일이 있었다. 강사들은 미국 감리교를 대표하는 원로 목사들이었다. 일주일간에 걸친 집회를 끝내면서 강사들과 학생 간의 질의 대화시간을 가졌다. 학생들은 강사들에게 최근 세계적으로 문제가 되고 있는 프랑스 실존주의 작가들의 무신론 문제를 어떻게 받아들이면 좋겠냐고 물었다. 알베르 카뮈의 『이방인』이나 장 폴 사르트르의 작품들이 상당히 큰 관심을 끌고 있어 화제가 된다고 했다. 그런데 놀라운 것은 그 강사 중에 카뮈나 사르트르가 어떤 사람인지 아는 사람이 없었다. 이름조차 모르고 있었다.

그 자리에 참석했던 몇 학생이 나를 찾아와 신앙 문제를 꺼낸 일이 있었다. 생각해 보면 학생들 앞에 우리 기성세대의 무성의와 무책임을 묻지 않을 수가 없다. 물론 학생들과 세대 차이도 있을 수 있다. 그러나 학생들의 입장에서 본다면 한국의 신학자나 목사보다는 선진국의 목회자들이 앞서 있을 것이라는 기대감도 있었을 것이다. 그 학생들은 한국 교수들을 통해 프랑스 문학이나 실존주의 작가들을 어느 정도 알고 있었을 것이다. 그런데 대학에서는 신앙 문제의 해결을 위해서는 미국의 목사들이 지도적 위치에 있을 것으로 판단을 내렸던 것 같다. 물론 미국의 신학계에는 우리 보다 앞선 신학자들이 많이 있다. 강사를 초청한다면 그런 지적 수준이 높은 강사를 초청해야 좋았을 것이다. 비슷한 시기에 연세대학교에서는 같은 감리교 지도자면서 신학자였던 마이클 손 교수를 초청해 젊은 교수들에게도 많은 도움을 준 일이 있었다.

어디에 문제가 있었는지 나 자신도 확실한 해답은 찾기 힘들었다. 그러나 한 가지 뚜렷한 것은 기독교 사상과 신앙 문제가 기성세대의 교회 안에서 다 해결될 수 있다고 믿으며 따르는 시대는 이미 지났다는 사실이었다. 나와 비슷한 세대의 신도들은 바깥 사회의 문제는 교회의 말씀과 설교로 다 해결할 수 있다고 쉽게 생각해왔다. 그러나 대학과 지성 사회에서는 기독교의 과제를 더 높은 차원에서 연구하며 진리를 찾아 누리도록 고민하고 있었다.

내가 일본에서 대학생활을 할 때만 해도 그런 상황이었다. 인문학 계통의 학생이나 신학생 중에 니체나 키르케고르는 물론 카뮈나 사르트르를 모르거나 읽지 않은 사람은 없었다. 일반인들도 톨스토이를 모르거나 읽지 않은 사람은 없었을 것이다. 한국에서 중학교에 다니고 있던 나도 『전쟁과 평화』, 『안나 카레리나』, 『부활』은 알고 있을 정도였다. 톨스토이와 더불어 도스토옙스키의 작품을 읽으면 어떤 신학자나 기독교 사상가보다 깊은 기독교 문제와 신앙 문제에 부딪히지 않을 수가 없다. 내 신앙 문제와 해결에 키르케고르와 도스토옙스키만큼 많은 가르침과 도움을 준 사람은 없었다. 그들은 교리나 신학적 문제를 제시하지 않았다. 인간적 삶의 근거로서의 문제와 인간과 역사의 희망을 묻고 해답을 주기 위해 그리스도의 교훈을 제시했다.

문제는 지금에도 남아 있는 것 같다.

나는 교육계에서 평생을 보냈다. 중학교에 다닐 때는 미국 선교사가 교장으로 있었다. 신사참배 문제로 선교사 교장이 떠난 후에는 숭실전문학교 교수였던 정두현 교장 밑에서 자랐다. 그리고 마지막 1년은 일본인 교장과 교감, 선생 밑에서 지냈다. 그때 느낀 일이다. 교장의 인격과 학문적 수준이 100일 때는 우리 모두 100을 바라보면서 살았다. 교장의 인품과 지적 수준이 70인 경우에는 우리도 모르게 70을 한계로 교육을 받았다. 그런데 일본 교장의 수준은 50밖에 되지 않았다. 그러니 우리도 50이라는 한계 지붕 밑에 머물 수밖에 없었다. 어른이 되어서 생각해 보니까 교장의 위상이 곧 그 학교 교육의 위상과 맞먹을 수밖에 없었다.

얼마 전에 어떤 모임에 갔다가 최규동 선생이 교장으로 있던 고등학교의 졸업생들을 만났다. 모두가 최 선생의 인격과 덕망을 흠모하고 있었다. 그 고등학교는 사회적 평가를 높이 받는 학교는 아니었다. 일본 학교가 있고 공립 학교가 있는가 하면, 전통 있는 사립 학교도 있던 때였다. 그러나 그 교장 밑에 있었던 선생들과 학생들은 스승다운 스승을 모시고 있었던 것이다. 해방이 되면서 최 선생이 서울대학교 총장으로 선출되는 것을 본 제자들은 그분의 덕망을 뒤늦게 깨달았던 것이다. 평범한 표현을 사용한다면 제자들은 스승만큼까지 자라게 되어 있다는 뜻이다. 제자들이 어른이 된 후에는 누구나 그 사실을 인정하게 된다. 나 역시도 이러한 것들을 교육계에 있으면서 느끼곤 했다.

나는 스물일곱 살에 서울의 중앙중 · 고등학교 교사로 부임했다. 그 학교의 교사들 대부분이 해방되면서 대학 교수와 학장으로 갔고, 장관으로 가기도 했다. 두 사람이 남아서 교장과 교감이 되었다. 심형필 교장과 이종우 교감이었다. 이 교감은 주시경 한글 학자의 사위가 되는 화가였다. 우리나라에서 최초로 프랑스에 유학해 서양화의 선구자가 되었던 사람이다. 나도 뒤늦게 교사가 되면서 인촌 김성수 선생을 따르게 되었다. 학교의 교주였기 때문이다. 많은 가르침을 받았다. 내가 7년간 다른 중 · 고등학교의 교사로 있었다면 인간적 성숙과 대인 관계 교양은 터득하지 못했을 것 같다. 좋은 스승과 지도자 밑에 머물 수 있다는 것은 그만큼 소중한 일이다.

왜 이런 문제를 언급하게 되는가. 정신적 지도는 물론 신앙적 지도자인 성직자의 위치와 책임이 얼마나 크고 엄숙한 것인지 다시 한 번 다짐하고 생각해야 하기 때문이다. 불교에서는 스님의 위치와 일반 신도의 구분이 명백하다. 출가해 신앙적 지도자가 되기 위해 엄중한 자기 시련과 수양 과정을 겪었기 때문이다. 천주교의 신부도 그렇다. 신부가 되기 위한 수련과 연구 과정은 준엄하다. 스님이나 신부는 적어도 세속적 욕망과 소유와 명예에서 떠나기로 되어 있다. 신부와 스님들이 성직자가 되기 위해 가정과 사회적 인연을 끊는 정신적 결단은 신앙적으로 거듭남의 한 과정인 것이다. 예수도 자신을 찾아온 어머니와 형제들을 보면서 누가 내 어머니이며 형제들인가, 세상적 가치와 인연을 떠나 신앙적 삶에 동참하는 사람들이라고 말했다.

그런데 우리 주변의 많은 개신교 목사들은 어떠한가? 비교하자는 것도 아니며 또 그런 제도가 꼭 필요하다는 주장도 아니다. 그러나 그런 열정과 결단은 있어야 한다. 세상적 교육이 꼭 필요한 것은 아닐지도 모른다. 그러나 대학과 대학원 과정을 밟아 신부가 된 성직자와 대학 과정을 제대로 밟지 못한 책임자가 언제나 동등하다고 볼 수는 없다. 스님이 되기 위한 수련을 밟은 사람과 그저 평범하게 교회 가정에서 자라 순서를 밟아 목회자가 된 지도자가 다 같다고는 보기 어렵다.

앞서 학생들은 교장이나 스승의 수준만큼 자라게 된다고 말했다. 교회도 그렇다. 목사의 수준만큼 교인들은 신앙적 성장을 이룬다. 100을 갖춘 목사가 있고 70쯤 성장한 목사도 있다. 때로는 50 정도의 목사가 있다면 우리는 우선 목회자의 신앙과 인격적 성장을 묻지 않을 수 없다. 지적 수준과 무관하게 신앙의 위상이 서는 것은 아니다. 인격 수준 이상으로 신앙을 갖는 일도 불가능하다. 인간다운 인간이 아니면 안 된다.

내가 중학생일 때 들었던 우스운 이야기가 생각난다. 한 장로가 평양신학교에서 장로들을 위한 연수 교육에 참여한 일이 있었다. 기말시험을 봐야 하는데, 그 장로는 나이도 많고 공부를 계속한 경험이 없었다. 아무리 노력해도 기억력조차 줄어든 상태여서 시험공부를 포기할 수밖에 없었다. 걱정스러운 나머지 시험공부를 하는 대신 열심히 기도를 드리고 시험장에 들어갔다. 그런데 답안지를 받아 놓고 보니 쓸 것이 아무것도 생각나지 않았다. 그래서 성신도 시험 앞에서는 꼼짝도 못 하더라, 라고 탄식을 했다. 비슷한 사례는 많이 있다. 종교계이기 때문에 더 많을 수도 있다.

지금도 우리는 종교계는 물론 기독교회에 대해서도 적지 않은 요청과 기대를 갖고 있다. 한번은 숭실대학교의 대학원장과 이야기를 나눈 적이 있다. 그는 서울대학교를 졸업한 교수이면서 장로였다. 몇 가지 대학의 학문적 발전을 걱정하다가, 자기는 대학원장이기 때문에 인사위원회에 참석한다고 했다. 그런데 새로운 교수를 영입할 때에는 가급적 장로직을 맡은 교수는 멀리하는 경우가 생긴다고 말했다. 다른 교수들은 학문에 전념하는 것이 보통인데 장로는 반은 교회일, 반은 교수직을 담당하기 때문에 아무래도 학문적 열정을 갖추기 힘들다는 이유였다. 숭실대학교는 전통적인 기독교 대학이다. 교수는 크리스천이 되어야 한다는 규정이 있을 정도다. 장로교 계통이기 때문에 처음에는 장로교인을 찾았으나 초빙이 어려워 다른 교단에 속한 교수도 허용했다. 그래도 신앙을 갖춘 교수를 초빙하기가 어려웠다. 지금은 세례를 받은 교인이면 된다는 폭넓은 선별 기준으로 바꿨다. 그런데 장로직을 가진 교수는 때로는 교수직보다 신앙적 책임을 대학에서 강조하는 경우가 있어 멀리하게 된다는 고백이었다. 대학원장은 그렇게까지 말하지는 않았으나, 대학 안에서 신앙 여부를 가리거나 비신앙적인 동료 교수를 비방하는 경우까지 생기면 인사행정에 어려움을 초래하는 일도 발생한다고 했다. 사고방식과 사무 및 인사 처리에 대학답기보다는 교회 측의 관계와 혼동하는 사례를 겪을 때가 있었던 것이다.

왜 이런 문제가 발생하는가. 어떤 때는 사회 문제에 관한 편협된 판단과 신앙을 갖게 된다. 우리는 4대강 개발은 하느님의 뜻이 아니기 때문에 반대해야 한다고 가르친 신부의 강론을 문제 삼기도 했다. 기독교 신앙은 정치까지는 언급할 수 있어도 자연 질서에 관한 문제까지 취급하는 것은 삼가야 한다. 그 문제는 그 분야의 전문가에게 맡기는 것이 종교 지도자의 자세인 것이다.

이렇게 사회인과 사회의 지도자들은 계속 성장하고 있는데 목회자들이 많은 교인의 지적 성장이나 사회적 의무에 대한 발전적 기여를 저해한다면 사회는 교회를 등지게 되며, 교회의 후진성을 우려하게 된다.

교회는 기독교 공동체의 모체가 되어야 한다. 기독교 정신을 갖춘 많은 일꾼을 사회에 배출하는 의무를 갖고 있다. 크지 않아도 된다. 그 교회를 나온 사람들이 사회 모든 분야에서 지도자가 되며 모범을 보여 줄 수 있어야 한다. 그것이 소금과 빛의 직분을 다하는 것이다. 지성인들이 교회에 갔다가 교회 안에서 벌어지고 있는 여러 가지 상황을 보고 여기는 내가 갈 곳이 못 된다며 돌아서면 그 책임은 누구에게 있는가. 나는 적지 않은 지성인들이 교회에 갔다가 목사들 간의 교권대립이나 교리갈등에 따른 인간적 품격의 후진성을 목격하고 떠나는 경우를 보곤 한다.

부모는 자녀들이 당신들보다 훌륭하게 되기를 바란다. 사랑이 있기 때문이다. 스승은 제자들이 사회적으로 많이 봉사하기를 염원한다. 교육의 목적이 거기에 있기 때문이다. 교수가 좋은 제자를 키우지 못하면 그것은 교수의 책임을 다하지 못한 증거이다. 그렇다면 신부나 목사의 가장 큰 의무는 무엇인가. 자신들보다 훌륭한 신학자, 학자, 정신적 지도자를 키워 사회로 내보내는 일이다. 오늘과 같이 사회악이 팽배한 시대에는 그 책임을 다하지 못하고 있다는 부끄러움을 정치인들보다 교회가 절감해야 한다. 큰 예배당이나 많은 수의 교인이 아닌 적당한 교회와 신도를 책임 맡아 주님께서 기뻐하시는 일꾼으로 키워 사회에 보내는 목회자가 되어야 한다.

지금 예수께서 한국에 오신다면……?

·
·
·

6·25 전쟁 때였다. 공산군이 부산 일대를 포위하고 있었다. 우리 정부는 최악의 상황을 예상하고, 만일의 경우 군경가족은 일본의 오키나와루 보내고 기독교인들은 제주도로 이주시켜 적군에 의한 희생을 막아야겠다는 계획을 세우고 있을 때였다.

나는 그날 국제시장을 거쳐 대청동 쪽으로 걷고 있었다. 중앙교회 앞을 지나가다가 구회영 장로가 지금 예배당에서 장로교 총회가 열리는데, 방청권을 드릴 테니 들어오라는 권유를 했다. 나도 우리나라의 대표적인 교단인 장로교에서 중대한 모임이 있을 것이라는 소식은 들었기 때문에 교회 안 2층의 방청석에 자리를 잡았다.

내용은 없었다. 장로교 두 파의 전국 지도자들이 모여 김재준 목사가 이끌어 온 한국신학대학 이단 문제로 싸움을 벌였다. 점잖게 예배를 끝내 놓고 양측 대표의 발언 언쟁이 벌어졌다. 그저 어느 쪽이 교권을 장악하느냐는 싸움이었다.

나는 도중에 자리를 떴다. 나라의 운명이 경각에 달려 수많은 젊은이가 전쟁터에서 피를 흘리고 있는데 기독교 지도자들은 모여서 교권 장악에나 매달려 있다는 생각에 민족과 국가의 앞날이 더욱 걱정스럽다는 실망감을 누를 수가 없었다. 교회로부터 배신당한 것 같은 심정에 빠졌다.

교회에서 나와 대청동에 있는 미국공보원 앞을 지나가는데 어디선가 뚜렷한 음성이 들려왔다. '죽은 자들로 하여금 죽은 자를 장례 지내게 하고 너는 하느님 나라의 소식을 전하라.' 나는 하늘을 쳐다보았다. 맑았다. 잠시 동안 주변은 조용했다. 나는 속으로 '그러겠습니다'라고 다짐하면서 걸음을 계속했다.

이 사건이 내가 교회를 떠나 내 길을 걸어야 할지 모른다는 처음 계기가 되었다.

휴전이 되고 서울로 환도했을 때였다. 지금도 기억하고 있다. 1954년 8월 3일이었다. 전국기독학생연합회가 주최하는 전국대회가 수원에 있는 농과대학 캠퍼스에서 열렸다. 여름방학을 이용한 연중행사였다. 나는 그 며칠간의 대회에서 마지막 설교를 맡아 오전에 수원으로 가기로 되어 있었다.

그런데 도착하고 보니 대회 분위기가 좀 이상하게 느껴졌다. 모두 우울하고 침통한 표정을 하고 있었다. 사연을 물어보니, 전날 밤에 전북을 대표해서 참석했던 한 대학생이 서호에 수영을 나갔다가 익사한 것이었다. 시신을 수습해 강당 아래층에 안치해 두고 유가족과 시신 이송의 절차를 계획하는 중이라고 했다.

몇 학생들에게 그렇게 된 경위를 물어보았다. 익사한 김 군은 전북대학교 총장인 김두헌 선생의 아들이었는데, 교회생활을 시작하고 얼마 안 되었다고 했다. 전국대회에 참여한다는 큰 기대를 갖고 수원까지 왔던 것이다. 그런데 밤만 되면 회장선거운동에 열중한 양편 학생들이 와 선거권유를 했다. 한편은 영락교회 측 대표로 나온 후보였고 다른 편은 경동교회 계통의 추천을 받은 후보였다. 기독교장로회와 예수교장로회를 배경으로 한 후보들의 경쟁이 치열했던 것이다. 김 군과 같은 천막에 있던 친구들은 늦은 저녁 시간에, 또 양측에서 찾아와 귀찮게 할 테니 밖으로 나가자는 합의를 보았다. 서호에 가서 이야기를 나누다가 수영을 하게 되었다. 그러다가 김 군은 호숫가의 잡초들이 우거진 곳에 걸려 목숨을 잃고 말았다.

그의 주검을 강당 아래층에 안치해 놓았는데, 이제 폐회예배가 끝나면 총회로 이어져 새 회장을 선출하게 되어 있었다. 배후를 조종하는 양측 목사들도 이번 총회장 선출 결과에 따라 양측 교세가 결정되니 열심히 후원하고 있었다.

나는 폐회예배 설교를 맡았으나 예배 분위기는 엉망이었다. 김 군의 죽음 때문이기보다는 회장 선출을 중단할 수 없기 때문이었다. 나는 그 선출 과정과 분위기를 지켜보다가 서울로 떠났다.

학생들을 지도하는 목사들은 학생들이 선거에 지나치게 빠져들었을 때는 그것은 기독교 정신이 아니라고 가르쳐 줌이 마땅하다. 그런데 지도 목사들까지 앞장서서 권리분쟁에 끼어든다면 그것은 세상 사람들도 삼가는 잘못을 저지르고 있는 것이다.

그와 비슷한 일은 다음 해 전국대회에서도 벌어졌다. 강사로 갔던 성결교단의 정진경 목사와 내가 그것은 기독교 정신이 아니라고 만류했으나, 회장으로 나섰던 후보 학생들보다도 교권을 노리는 배후의 양측 지도 목사들 때문에 전국기독학생연합회는 결국 둘로 나누어지고 말았다.

나는 그 대회 처음부터 마지막까지 참석하며 폐회예배의 설교까지 맡아주었다.

그때 내가 얻은 결론은 두 가지였다. 가장 중요한 것은 신부나 목사는 물론이고 기독교계의 지도자들은 교인이나 청년들을 예수께로 인도하고 자신과 교회는 뒤로 물러설 줄 알아야 한다. 교단을 위한 교권 운동은 기독교와 교회의 목적이 아니다. 예수께 안내할 책임자가 교권을 차지하려는 생각을 갖는다면 그것은 큰 잘못이다. 그런 목적을 위해 교인과 청년들을 이용한다면 그것은 용서받을 수 없는 잘못이다. 그런데 이미 그런 인습과 세속적인 유혹에 빠져 그 일들을 위해 이권까지 동원하고 있다면 기독교회는 불행과 종말을 자초할 수도 있다.

그러면 회복의 방법으로 어떤 길이 있는가. 그리스도의 말씀과 삶의 진리를 갖고 교회 밖으로 나가야겠다는 선택이다. 교회는 죽은 자들을 장례 지내는데 너무 많은 시간과 열정을 쏟고 있다. 한때는 큰 교회들이 앞을 다투어 수양관을 짓기도 했고 교우들을 위한 공동 묘지 조성에 열중하기도 했다. 미국이나 캐나다에도 수양관들이 있다. 그러나 그런 시설은 교회가 아닌 교단에서 장만한다. 그리고는 교단 소속의 많은 교회가 이용할 수 있도록 배려한다. 거의 1년 내내 사용하며, 다양한 프로그램을 제공하기도 한다. 물론 큰 교회들이 재정적 여유가 있어 휴양시설을 만들고 사용하는데 제삼자가 비판할 자격이나 책임은 없다. 그것을 전적으로 부정하거나 반대하고 싶지는 않다. 그러나 더 중하고 필요한 일들은 없었는지 묻고 싶은 마음은 있다. 예수께서 보신다면 그것이 최선의 방법이며 긴급하고 중요한 시설이라고 하실지 반성해 보게 된다.

국민의 한 사람으로서 생각해 볼 때가 있다. 만일 석가가 지금 우리나라에 다시 와 본다면 많은 사찰과 불상을 보면서 무어라고 말할까. 나는 불교에 대해서 잘 모른다. 그러나 내가 존경하고 따르고 싶은 석가의 교훈에는 그런 요청과 뜻이 없었기에 그를 높이 평가해 왔었다.

기독교회도 마찬가지다. 내가 겪었던 사사로운 사실 하나를 소개해도 좋을지 모르겠다. 영락교회는 교회적으로나 사회적으로 우리나라의 대표적인 교회 중 하나다. 영락교회가 지금 있는 자리가 비좁아서 강남에 새로 큰 예배당을 신축할 계획을 세웠다. 그런데 사회 여론도 제각기였고 교회 안에서도 적극적으로 찬성하지 않는 신도들이 있었다. 교회를 위하고 걱정하는 당회원들은 교계 여론을 듣고 싶었던 모양이다. 한번은 친분이 두터운 최창근 장로가 나에게 교회 신축 문제를 어떻게 생각하느냐고 물어왔다. 나는 "이다음에 장로님이 예수님께 '주님, 우리 영락교회가 아시아에서도 큰 교회이고 강남에 새로 신축한 예배당도 우리나라에서 자랑스러운 예배당입니다. 보셨습니까?'라고 말하면 예수님의 대답은 어떨 것 같습니까?"라고 되물었다. 그러자 최 장로는 "'알고 있어요. 그러나 나는 그 웅장한 예배당에 가 있지는 않았어요. 가난한 환자들이 있는 병원에 가야 했고, 희망을 잃은 젊은이들을 돌보아야 했고, 사회악에 이끌려 인생을 포기하고 괴로워하는 많은 사람에게 찾아가기 위해 그 교회에 머물 수가 없었어요'라고 대답하시지 않을까요?"라고 말했다. 내가 "다른 분들은 어떻게 대답하셨어요?"라고 물었더니 지명관 장로는 '정신 나갔군요'라며 책망하더라는 것이었다.

지금 예수께서 한국에 오신다면 어느 교회를 찾아갈 것 같은가, 라고 물어보면 좋을 것이다. 옛날과 마찬가지로 시나고그(유대교의 회당)와는 무관한 곳들에 머무실 것이다. 목사끼리 대립하고 교단 간부들이 권력 다툼을 일삼는 곳에 기독교가 머물 수 없는 것도 마찬가지일 것이다.

6·25 전쟁 중 부산에 머물 때였다. 김길창 목사가 당회장으로 있던 항서교회에 다닌 적이 있었다. 김 목사는 교인 수가 700명이 넘으면 반드시 다른 지역에 새로운 예배당을 장만하고 그 지역에 사는 이들을 독립된 교회로 보내곤 했다. 목회자가 책임질 수 있는 양떼는 700명까지라고 믿고 있었다. 그리고는 남성중·고등학교와 후

에는 대학도 설립해 교육에 그리스도의 정신이 깃들도록 노력했다.

서울에 있는 주님의 교회는 예배당을 갖지 않는다. 한때는 강남의 YMCA 강당을 빌려 예배를 드렸고, 후에는 정신여자중·고등학교에 강당을 마련해주고 그곳을 예배당으로 함께 사용하고 있다. 누구도 그것이 기독교의 뜻과 어긋난다고는 생각지 않는다. 사회인들은 고맙게 받아들이며, 모범을 보여주어 감사하다는 생각을 한다.

여러 신도를 만나 보면 대단치 않은 내용 같아도 생각을 다시 해 보게 되는 때가 있다. 천주교인들은 누가 물으면 '나는 천주교인'이라고 말한다. 어느 성당에 다닌다고 내세우지 않는다. 그런데 개신교인은 다니는 교회 이름을 먼저 말한다. 개신교나 어느 교단이라고 말하지 않는다. 천주교인은 한 성당에 교적을 두고 있다가 다른 지역으로 이사를 가면 이사한 그 지역 성당으로 교적을 옮긴다. 그러나 개신교에서는 이사를 가더라도 교회를 옮기지 않는다. 또 교회는 전세버스까지 동원해 편의를 봐준다. 어느 편이 더 좋고 나쁘다는 평을 할 수는 없다. 그러나 한쪽으로 지나친 것은 선한 선택이 못 된다.

한때는 천주교에는 없는 세습제도가 개신교에서 문제가 된 적이 있었다. 지금도 교단마다 해법을 찾고 있다. 물론 세습은 절대 나쁘다는 원칙은 없다. 그 교회가 선정할 수 있는 문제다. 그러나 가난하고 어려운 사정을 안고 있는 교회에는 세습이 없다. 큰 교회이기 때문에 세습이 감행되곤 한다. 또 한 가지 문제가 되는 것은 아버지가 키운 교회이기 때문에 아들이 이어받는 것은 당연하다는 생각이나, 세습을 목적으로 삼는 교회 지도자는 바람직스럽지 못하다. 서울의 대표적인 한 교회에서는 원로 목사가 세습을 목적으로 아들이 목사 안수를 받을 때까지 목사직을 붙들고 있다가 아들 목사에게 당회장 직을 맡겼다. 그런데 그 세습을 받은 목사가 부친인 원로 목사를 멀리하면서 자신의 위상을 높이려고 해 어려움을 겪기도 했다. 그 원로 목사는 그런 곤경을 직접 치른 다음에야 세습한 것을 후회하고 반대한다는 성명을 발표하기도 했다. 교회는 그런 인간적 조작과 판단의 대상이 되어서는 안 된다. 세상 법에 해당되지는 않아도 신앙적 질서를 외면한 부끄러운 처신이다.

기독교 안에서는 물론이고 사회적으로 비난의 대상이 되는 문제 중 하나는 바로 교회의 재정 문제다. 교회에 가면 재정적 요청이 너무 많다. 십일조, 월정헌금, 예배 때 드리는 헌금, 결혼이나 생일을 맞아 드리는 감사헌금 등이다. 그러니 큰 교회에서는 재정적 수입이 엄청난 액수에 달한다. 그 때문에 벌어지는 문제도 적지 않다. 재정 문제, 교단과의 인사권 문제, 교회 안에서 벌어지는 재정적 비리 등이 그것이다. 점점 줄어들고 있으나 그 바른 방향을 찾아가는 순서와 절차를 보면 사회의 제도와 질서를 따라 배워가는 순서이다. 최근 불교에서 재정 문제의 해법을 찾아가는 절차를 보면 사회보다 많이 뒤처지고 있다. 어떤 때는 세상 사람들보다도 지혜롭지 못하다. 모범을 보여주기보다는 배워가는 모습이다. 교회는 재물을 소유하는 곳이 아니다. 헌금을 비롯한 재정은 위탁받은 것이다. 예수님 같으면 이

재물을 어떻게 사용하셨을지를 고민하며 대신 집행하는 공동체이다. 그래서 교회는 언제나 가난에 머물며, 도움을 요청하는 사회에 이바지하는 역할을 감당해야 한다.

어느 한 철학자와 목회자의 가르침

·
·
·

철학계 선배 중에서도 박종홍 교수는 많은 후학의 존경을 받는 학자였다. 그가 서울대학교에 교수로 있을 때였다.

한번은 문학평론가인 박철 교수와 함께 셋이서 지방 강연에 간 적이 있었다. 두 사람 모두 나보다 선배였기 때문에 나는 보조강사의 역할을 맡았다고나 할까. 두 분에게서 여러 가지 도움을 받는 기회이기도 했다.

대구에서 강연회를 마치고 부산으로 가는 기차 안에서였다. 옆자리에 앉아 있던 박 교수가 "김 선생은 아직 젊은 편이니까, 하루나 이틀쯤은 자지 않고 공부를 계속하시지요?"라고 물었다. 나는 "아닙니다. 저는 수면 시간을 잘 지킵니다. 그 대신 자투리 시간을 많이 활용하는 편입니다"라고 대답했다. 그러자 그는 "그러세요? 나는 얼마 전에 주말 시간을 좀 이용하려는 욕심으로 토요일과 일요일을 그대로 책상에서 보냈어요. 월요일 아침에도 괜찮았는데, 조반을 먹고 학교에 가려다가 대문간에서 졸도했어요. 의사가 오고, 주사도 맞고, 난리를 쳤어요. 환갑이 넘으니까 이제는 몸이 말을 안 듣는구나, 했지요."라면서 웃었다.

나는 환갑을 넘긴 노교수가 밤샘하면서 학문에 열중하는 자세를 연상하며 존경스러운 마음을 가졌다.

철학계 친구나 동료 교수 중에는 그런 학자들이 많이 있었다. 고려대학교의 김경탁 교수는 언젠가 이렇게 말했다.

"교수생활을 하면서 하루하루 학생들 앞에 서는 일이 참 부담스러워요. 그래도 책임이 있으니까 논문도 써보는데, 이다음에 제자들이 읽으면 '이런 걸 다 논문이라고 썼나?'하고 웃을 것 같고. 저서도 한두 권 써보았는데, 내가 보아도 불만인데 후학들이 보면 어떨까 싶어 부끄럽기도 하고요. 나도 곧 정년이 됩니다. 이렇게 무의미하게 한평생을 보냈는가, 후회스럽습니다. 그러다가 요사이 한 가지 좋은 생각이 떠올랐습니다. 죽을 때까지 책상 앞에 앉아서 공부하다가 죽으면 후일에 제자들이 '우리 선생은 죽을 때까지 공부하다가 세상을 떠났다'라고 말할 테니 그런 모범이라도 보여주어야 하겠어요."

박종홍 교수는 서양철학을 전공했으나 사실은 유학자다운 젊은 시절을 보냈다. 서양철학에서 방법론을 찾은 후에 한국철학을 연구하는 것이 그의 꿈이었다. 100년이 걸려도 못다 할 꿈을 안고 있었으니 그렇게 열정을 갖고 연구에 임했던 것이다.

학생들 앞에서 그가 항상 하는 이야기가 있었다. 철학을 공부하기 위해서는 철학도다운 자세가 앞서야 한다. 진리를 끝까지 탐구하다가 진리의 여신을 만나게 되면 그 옷자락을 붙들고 울고 싶을 정도로 성실한 자세와 노력이 있어야 한다고 말했다. 철학도는 탐구하는 의무가 전부이기 때문에 무엇을 믿고 따라서는 안 된다고 주장했다. 그래서 주변의 신앙을 가진 친구들을 볼 때면 철학자의 길이 못된다고 생각했다. 신앙의 길은 철학의 길과 같을 수 없다는 생각을 많은 철학자가 가지고 있기도 했다. 그만큼 박 교수는 인간적으로 성실했고 학문적으로도 많은 제자의 사표師表가 되고 있었다.

그러던 박 교수가 70세에 접어들면서 암으로 투병생활을 하게 되었다. 병세가 심해졌을 때였다. 기독교 신앙을 가진 제자들과 가족들로부터 교회에는 나갈 수 없으나 신앙을 갖는 것이 어떻겠냐는 소박하지만 진심 어린 권고를 받았다. 여러 가지 생각에 잠겨 있던 그가 "너무 늦지 않았을까?"라는 말을 했다. 많은 생각을 정리해 보았을 것이다. 그만큼 종교적 신앙의 문을 여는데 길고 긴 세월이 필요했던 것이다.

그 일을 계기로 새문안교회의 강신명 목사가 병중의 교수를 내방했다. 인생의 황혼을 앞둔 노교수는 세례를 받고 기독교 신앙인으로 삶을 마무리하는 과정을 밟았다. 제자 중의 한 사람은 '우리 스승의 일생은 성誠, 성成, 성聖의 길이었다'라고 말했다. 지성스러운 학자로 살다가 마지막에는 신앙의 성스러움을 찾아 귀의했다는 뜻이었다.

박 교수의 장례예배는 광화문에 있는 새문안교회에서 집전되었다. 오전이었다. 교회당 안은 추모객으로 가득 차고 넘쳤다. 새문안교회 교인들의 수는 많지 않았다. 알려지지 못했고 교회 출석이 없었기 때문이다. 노교수를 추모하는 후학들과 사회인이 대부분이었다. 그리고 그날 아침이었다.

동양철학을 전공하는 배종호 교수가 내 연구실을 찾아왔다. 그는 앉지도 않으면서 "박종홍 교수 장례식이 새문안교회에서 있다는데 어떻게 된 일이지요? 그분은 기독교 신자가 아니었는데……"라며 의아해했다. 그렇게 된 경위와 사정을 설명했더니 그는 "그랬군요. 크리스천이 될 사람은 아니었는데……. 그래, 갈 곳이 없었던 거지……"라면서 연구실을 나섰다.

내가 강원도 지역에서 농촌운동을 겸한 목회자로 활동하던 이호빈 목사를 만나 오랫동안 친분을 갖게 된 것은 아주 우연한 기회에 시작되었다.

연세대학교에 교수로 부임한 지 몇 해 안 되었을 즈음이었다. 신과대학의 내 제자가, 여름방학에 충남 예산에 있는 제일감리교회에서 부흥 집회가 있는데 함께 가서 도와주면 좋겠다는 청을 했다. 그 당시에는 내가 사회적으로나 교회 계통에 알려지지 않아서 요청을 받는 일도 뜻밖이었으나 교회에서 흔쾌히 받아줄지도 염려되었다. 그러나 다행히 동행하는 목사가 감리교 계통의 이호빈 목사라기에 마음 놓고 받아들이기로 했다. 중요한 책임과 설교는 그분이 맡고 나는 청년이나 학생들을 위한 시간을 차지하면 되겠다고 생각했다.

당시 제일감리교회는 예산의 대표적인 교회였고, 오경인 목사가 오래 담임하고 있던 때였다. 나는 약속된 시일에 교회에 도착했다. 같은 날 조금 늦은 시간에 이 목사와 만나 인사를 나누었다. 여전히 한복차림에 소탈한 성격이었다. 우리는 닷새 동안 새벽기도회와 저녁예배 설교, 오전에 있는 교인들을 위한 성경공부를 맡았다. 새벽기도회와 저녁예배 설교는 이 목사가 맡았고 나는 성경공부를 돕기로 했다.

이틀째 되는 저녁 시간이었다. 이 목사가 갑자기 나에게 자기는 강원도에서 시무하는 농촌교회의 일 때문에 끝까지 함께 도울 수가 없게 되어 남은 일정을 내가 맡아주면 감사하겠다는 부탁을 해왔다. 부탁이라기보다는 담임 목사와 합의를 끝내고 양해를 구하는 것이었다. 나는 부담스러운 짐이었으나 도와야 하겠기에 책임을 맡기로 했다. 그리고 집회는 예상보다 만족스럽게 끝났다.

오 담임 목사의 요청이 있어 다음 해에도 함께 봉사하기로 했다. 새벽기도회와 장년들을 위한 성경공부는 이 목사의 차례로 돌아갔다. 저녁예배는 주일 낮과 밤을 제외하고는 내가 맡게 되었다. 내 책임이 좀 무거워진 셈이었다.

그러다가 서로 거리감 없이 가까워졌을 때 내가 알게 된 사실이 있었다. 이 목사는 내가 연세대학교 교수가 되었다고는 하나 평신도이고, 또 지방교회의 신도들에게 혹시라도 어려운 설교를 하거나 교회생활이나 신앙에 대한 강의보다도 사회적인 강의로 소박한 교우들에게 부담을 주면 어쩌나 싶어 걱정하고 있었다. 그런데 내 설교와 성경공부에 두세 차례 동석해 보고는 자신보다 더 많은 도움을 줄 후배 교수에게 자리를 양보하는 것이 좋겠다고 생각했다고 한다. 그래서 없는 일을 핑계 삼아 예정보다 일찍 떠났다는 것이다. 그러니 이번 부흥회에서도 많은 시간을 맡아 달라는 당부였다.

나는 이 목사의 요청을 감사히 여기면서 소중한 가르침을 받았다. 적지 않은 목사들이 자신보다 좋은 설교를 하는 동역자와 같은 자리에 서기를 꺼린다. 자존심도 있겠으나 열등의식 비슷한 것을 숨길 수 없기 때문이다. 특히 선배보다도 후배들 앞에서 낙후된 모습을 보이기를 바라지 않는다. 사회적 강연회 같은 데서는 더욱 그렇다. 그런데 이 목사는 교인들을 위하는 마음에 자진해서 자신의 자리를 양보했던 것이다. 그것으로 그치지 않았다. 이 목사는 우리나라의 대표적인 기독교 민간 구호단체인 월드비전에서도 해마다 강사 책임을 맡아 왔는데 나를 적극적으로 추천해주어서 20년 동안 월드비전을 돕는 일에 동참하기도 했다. 그리고는 점차로 후배 목사들에게 그 책임을 양보하는 모범을 보여주었다.

강원도에서 1년에 두세 번씩 열린 큰 집회에는 와서 도와주기를 원하는 것이 상례처럼 되었다. 한번은 속초에서 큰 교역자 집회가 있었다. 그 당시에는 박정희 대통령이 커피 마시는 것을 금지시켰는데, 내가 커피를 좋아하는 것을 잘 아는 이 목사는 작은 병에 커피를 넣어 가지고 와 속초 바닷가에 있는 다방까지 데리고 갔다. 그리고는 다방 여주인에게 소화가 잘 안 되어 한약을 좀 가지고 왔는데, 끓여 주면 좋겠다고 부탁해 나누어 마시기도 했다. 그럴 때는 다정한 형님을 모시고 다니는 것 같아 따뜻함을 느끼기도 했다.

그러나 나만 아는 한 가지 비밀이 있다. 내가 주님의 뜻을 위해 건강히 많은 일을 할 수 있도록 이 목사가 기도해주었다는 사실이다. 그분은 그저 나를 신앙 집회에 소개하거나 초청하는 것으로 그치지 않았다. 내가 더 많은 일을 할 수 있도록 기도로 돕고 있었다. 그러나 나는 그런 정성을 갖고 있지 못했다.

사실 이호빈 목사를 기억하고 있는 사람은 많지 않다. 세상을 떠난 지도 오래되었다. 그러나 그가 남긴 업적은 작은 편이 아니다. 기독교 대학으로 널리 알려져 있는 강남대학교는 그 뿌리가 오래전의 중앙신학교에서 발원된 것으로 알고 있다. 을지로 6가쯤에 자리 잡고 있었던 것 같다. 건전한 신학 교육과 목회자를 위해 야간 신학교로 발족했다. 이 목사는 감리교 소속이었으나 항상 한국적인 교회와 기독교를 꿈꾸고 있었다. 우리 풍토에 맞는, 그리고 민족의 전통과 합치되는 교회를 염원하고 있었다. 그런 뜻에서 복음의 대중화를 원했다. 그 신학교는 후에 성장을 거듭해 사회복지 분야를 위한 학과를 증설하면서 사회봉사를 담당하는 기독교 일꾼을 키우는 노력을 했다.

후에 그 대학이 지금의 강남대학교로 발전하고 성장해온 것으로 나는 기억하기도 하고 또 그렇게 믿고 있다. 그 과정을 거듭하는 동안 많은 사회 일꾼과 봉사자를 양성했고, 본인은 그 중책을 후진들에게 맡기고 강원도로 가 농촌운동과 복음생활화에 헌신했다.

기독교 문필가였던 함석헌 선생과의 우의도 깊었다. 함 선생이 정당에 들어가 선거운동하는 것을 막기 위해 야반에 대전 유성까지 찾아가 만류했던 이야기를 나에게 들려주기도 했다. 그때 함 선생은 장준하 선생의 정치후원자가 되어 대선 출마를 돕는 일을 하고 있을 때였다. 이 목사는 함 선생의 명예와 그를 존경하고 따르는 사람들의 신뢰를 저버리지 않게끔 그를 설득하기 위해 우정을 갖고 찾아갔던 것이다.

한 철학 교수와 한 목사에 관한 글을 남기고 싶었다. 박종홍 교수에게서는 성실한 사람은 악마도 유혹하지 못하며 하느님도 그를 버리지 못한다는 중세기부터의 격언을 떠올리곤 한다. 이호빈 목사의 한복차림을 떠올릴 때마다 고당 조만식 선생을 연상한다. 부드러우면서도 여유가 있는가 하면, 주님의 뜻을 위해서는 자신을 낮추면서 사는 목회자의 자세를 배우고 싶었다.

두 개의 잣대에 관하여

우리는 때로 자신도 모르는 과오를 범하게 된다.

내 경우도 그렇다. 교회에서 설교하거나 강연하러 갈 때는 기도를 드렸다. 끝내고 돌아올 때도 내 설교를 들은 분들이 나와 나에 관한 생각은 잊고, 주님의 뜻과 말씀을 주님이 원하시는 대로 받아들이게 해 달라는 기도를 드리곤 했다. 반면 공무원이나 사회적인 요청을 받아 강연하러 갈 때는 기도를 드리지 않았다. 내용 준비만 충분히 하고 청중을 위해 성의껏 노력하면 되는 것으로 여겼다.

그러다가 몇십 년 전부터는 하느님께서 맡겨주신 일을 하면서 국가의 공직을 맡은 책임자들을 소홀히 대하거나 기도를 드리지 않는 것이 잘못된 생각임을 느끼기 시작했다. 주님께서는 다 같은 일로 여기며 나에게 맡긴 책임인데, 내가 부족한 생각으로 구별해왔던 것이다. 지금은 나에게 주어진 모든 일이 다 중요하기 때문에 한마음으로 기도드리며 주어진 일에 임하고 있다.

생각해 보면 나는 한 사람이다. 하나의 마음과 통일된 인격을 갖고 살아야 한다. 예수도 서기관이나 바리새파 사람과 세리나 서민들을 따로 대한 일이 없었다. 그런데 우리는 다른 종교를 믿는 사람과 거리를 두기도 하고, 불신자라고 해서 우리와 다르거나 뒤처진 사람들이라고 보는 착각을 한다.

나는 기독교 대학의 교수로 있으면서 비기독교인인 교수를 추천하고 그가 교수직에 임명되면, 그를 총장에게 소개하며 인사를 나누도록 안내하기도 했다. 그런데 그럴 때 목사인 총장이 신앙적 입장에서 교수의 인격과 인품을 가볍게 대하는 자세를 볼 때가 있었다. 자주 있는 일은 아니었다. 그래서 그 교수가 신앙의 문을 두들기고 싶었던 성심을 접고 학자적 자세로 되돌아오는 경우를 보기도 했다. 오히려 신도가 아닌 교수이기 때문에 학문적으로 더 기대하며 학자적인 그의 품격을 소중히 대했다면 그 교수는 신앙의 길을 택할 수 있었을지도 모른다. 극히 드문 일이기는 하나 먼저 믿은 지도자에게 겸손하고 성실한 자세가 아쉽다는 생각을 하게 된다.

왜 그렇게 되는가. 교회생활을 하면서 나도 모르게 이중적 잣대, 즉 두 개의 척도를 갖고 사람을 대하며 살아가는 습관을 갖게 된 것 같다. 세상 사람들은 모두 하나의 인격과 하나의 인생관을 갖고 살아간다. 그런데 나는 두 개의 잣대를 갖고 이중적인 가치관으로 살았던 것이다. 솔직히 말하면 그것을 깨닫지 못하면서 살고 있었다. 우리는 모르지만 세상 사람들은 더 민감하게 느꼈을 것이다.

그것은 때로는 이중으로 그치지 않는다. 영락교회의 청년과 대학생들에게 했던 이야기가 떠오른다. 종교라는 안경, 기독교라는 안경, 개신교라는 안경, 장로교라는 안경, 통합 측이라는 안경 등을 쓰고 세상을 본다면 세상을 바로 볼 수 있겠는가. 나는 철학을 공부하면서, 그 안경을 끼지 않은 세상 사람의 눈으로 예수를 보았다. 예수가 한없는 사랑으로 인간을 대했듯, 나도 그런 마음으로 이웃을 대해야겠다는 생각을 해 보았다고 고백한 일이 있었다.

인생관과 가치관의 차이는 있어도 이중적인 잣대와 가치관을 갖고 사는 것은 바른길이 못 된다. 그 하나의 인격과 주체성을 갖춘 인간이 예수를 받아들이고, 더불어 삶을 이어가고, 같은 사명에 동참하는 것이 기독교 신앙이다.

과학자나 과학적 사고를 하는 사람들은 사실을 사실대로 보고 사실에 입각해서 진실을 말한다. 진실이 증명되어야 하기 때문이다. 그러니 허위나 진실이 아닌 것은 말하지도 않으며 믿지도 않는다. 철학적 사유를 존중히 여기는 사람들은 논리적으로 이성적인 판단을 내린다. 주관적인 추상이나 판단은 주장하지도 않으며 배척한다. 사회 문제에서도 타당성이 없으면 서로 주장하기를 삼가고 믿어주지 않는다. 그래서 과학자들은 철학자들의 주장을 반박한다. 비과학적이기 때문이다. 그들은 철학자들이 집을 하늘에서부터 지어 내려온다고 야유한다. 과학적 사실과는 맞지 않기 때문이다.

그런데 종교인들은 과학적이지도 못하고 철학적이며 이성적인 논증도 불가능한 이야기와 주장을 믿으라고 요청하는 경우가 적지 않다. 성경의 비유를 사실로 받아들이기를 바란다.

나는 오래전에 팔레스타인 지역을 여행했다. 예수의 고향을 찾아보고 싶었다. 예루살렘에서 여리고로 가는 등성 길을 내려가다가 안내하는 사람이 차를 멈추고 휴식 시간을 갖게 해주면서, 여기가 사마리아인이 지나가다가 강도를 만난 장소인데 이를 기념하기 위해 휴식 시설들을 지었다고 설명했다. 안내인은 성경 지식이 빈약하기 때문에 그럴 수 있다. 그런데 안내를 받는 사람들까지도 그 이야기를 사실로 받아들이는 것이다. 예수는 확실히 비유로 말해주었는데 그 사람들은 그것을 사실로 받아들인 것이다. 이것이 종교가 갖고 있는 약점이다. 비유는 신앙적 의미가 더 중요한 것이다. 그래서 성서학자들 간에도 구약을 설명할 때 여러 가지 혼선을 일으킨다. 심지어는 신화와 역사적 사실을 혼동하기도 한다.

그런데 지금도 그게 우려스러운 일들이 벌어지고 있다. 언젠가 《한국일보》 LA지점에 있는 종교담당 기자가 쓴 글을 읽은 적이 있다. 서울에 왔다가 대단히 큰 교회, 그것도 건전한 교단으로 인정받는 교회 목사가, 몇 해 전에 있었던 인도네시아의 쓰나미로 수많은 사람이 목숨을 잃은 것을 보고 그 사람들이 기독교를 믿지 않았기 때문에 그렇게 되었다고 말하는 것을 들었다고 했다. 그 기자는 그런 설교를 들으면서도 믿고 따르는 신도들이 수없이 많다면 어느 지성인이 교회에 다니겠냐며 우려를 표명하고 있었다.

그래서 종교 안에서 과학적 사고와 가치를 요구하면 종교는 존재의미를 상실하게 된다고 본다. 기독교와 같은 오랜 역사를 지닌 교회를 철학적이며 윤리적인 기준에서 평가한다면 상당히 많은 부분의 신앙적 교리와 교훈이 검증의 대상이 된다고 본다. 그런데 믿기만 하면 된다고 요청한다면 현대 사회가 그 뜻을 받아들일 수 있겠는가. 물론 종교의 진리에는 신앙적 특징과 가치가 있다. 그렇다고 해서 반이성적이거나 비도덕적인 것까지도 받아들이는 것은 아니다. 인간다운 존엄성을 위해서라도 문제 삼지 않을 수 없다.

문제는 그런 이론적 내용에 국한되지 않는다. 그런 삶이 허용되고 보편화되면 종교인들은 자기도 모르게 이중인격에 빠지게 되며, 목회자들은 자신들의 설교와 가르침은 따로 두고 현실생활은 그것들과 어긋나는 모순에 빠지기 쉽다. 그런 생활을 오래 하다 보면 이중인격과 이중적인 생활의 가치 기준에 젖어 든다. 누구를 비난하거나 비판하기 위해서가 아니다. 우리 모두의 문제다. 나도 겪은 일이다. 내 아내가 큰아들에게, 다른 학생들은 아버지 설교도 듣고 강연에도 열심히 참석하는데 너는 왜 가지 않느냐며 출석을 권고한 적이 있었다. 몇 차례 내 이야기를 들은 아들이, "아버지, 그렇게 좋은 말씀을 하시는데, 그렇게 사시기는 힘들지 않아요?"라며 걱정했다. 나만 그렇지는 않을 것이다. 종교인들, 특히 지도자들은 그런 이중인격과 이중적인 생활의 가치 기준에 젖어 들지 않도록 계속 노력해야 한다.

그러나 문제는 또 남아 있다. 인간은 사회적 존재인 동시에 역사적 삶을 살고 있다. 특히 기독교는 역사 종교다. 엘리아데 같은 종교학자는 세상의 모든 종교는 자연적 질서와 공존하는 신앙을 갖고 있으나 구약과 신약을 근거로 삼는 기독교는 처음부터 끝까지 역사적 신앙을 유지해왔다고 말했다. 지금도 기독교는 인류의 역사와 더불어 신앙적 삶을 영위하고 있다.

그런데 나 자신도 세계사나 민족의 역사는 기독교와 다른 위치에서 보고 있다. 교회사를 연구하는 사람들은 교회사를 중심으로 역사를 바라본다. 다른 종교를 믿는 사람들도 마찬가지로 그들대로의 역사가 있다.

따져 보면 인간은 모두 하나의 역사 속에서 살고 있다. 그 하나의 역사를 나누어서 보거나 부분적으로 보는 것은 타당성이 떨어진다. 물론 신라 시대에는 불교 정신이 큰 비중을 차지했고 그 흐름은 고려 시대에까지 지속되었다. 그러나 조선 시대에는 유교 정신이 사회와 역사의 주류를 차지했다. 그러다가 근대에 접어들어 천주교와 개신교가 들어오면서 기독교 정신과 교회 활동이 사회적으로 큰 영향을 끼치게 되었다. 나와 같이 평안도에서 자란 사람들은 개신교의 영향을 많이 받으면서 성장했다.

그렇다면 하느님의 위치나 세계사를 위하는 그리스도의 위치에서 볼 때 역사는 어디에 존재하는가. 인류가 존재하는 곳에는 역사가 있고, 있을 수밖에 없다. 만일 기독교 역사만을 본다면 우리 민족사의 대부분은 평가의 대상이 되지 못한다. 그렇다고 삼국 시대, 신라 시대, 고려 시대, 조선 시대의 역사는 없었는가. 우리가 믿는 기독교와는 같은 시대가 아닐 뿐, 민족의 역사는 엄연히 존재했다. 그 큰 역사의 흐름 속에 우리는 살아왔고 또 살아가게 되는 것이다.

그래서 우리는 세계사를 살피면서 기독교 역사를 찾아야 하며 우리들의 역사적 생존이나 삶과 더불어 기독교의 가치관과 역사관을 찾아야 한다. 그런데 아직도 우리는 천주교로 대신하는 로마 가톨릭 역사를 따로 보며 희랍 정교의 역사를 구별해서 본다. 그 뒤를 계승하는 개신교에서는 개신교 역사를 별도로 취급하기도 한다. 최소한 우리는 연결성이 있는 초대교회를 비롯해 중세기의 기독교 역사는 물론이고, 종교개혁과 오늘의 기독교 역사까지 같은 생명의 연결성을 갖고 보아야 한다.

나 같은 사람이 천주교회의 문제를 꺼내거나 걱정을 할 때가 있다. 정의구현사제단의 정치 참여 문제도 그중 하나다. 그런데 내 이야기를 들은 개신교 사람들은 천주교 걱정까지 할 필요가 있느냐는 반응을 보인다. 물론 소수의 교인이다. 그러나 생각해 보면 천주교와 개신교의 갈등과 대립을 보는 주님의 마음은 어떠하겠는가. 부모의 입장에서 본다면 자식들 싸움을 보는 것보다 가슴 아픈 일은 없지 않겠는가. 개신교 안에서도 그런 모습을 볼 때가 있다. WCC 세계 모임이 한국에서 있었을 때, 우리는 얼마나 부끄러운 성명 발표를 보고 걱정했는가. 연세대학교의 총장까지도 WCC를 지지하는 성명에 가담해야 할 정도였다.

우리 모든 그리스도인은 하나의 역사 속에 살고 있다. 같은 인류와 민족 역사 속에 살고 있다. 기독교도 그 안에 포함되어 있다. 그러나 그 안에서도 교회 역사가 기독교 역사의 전부라고 보아서는 안 된다. 교회 역사를 포함하는 기독교 역사인 것이다. 기독교 정신의 역사이기도 하고 기독교인들의 사회적 활동이 포함된 역사인 것이다. 그 해답을 얻기 원한다면 그리스도의 정신을 갖고 세계와 민족 역사에 동참하면서 주어진 신앙의 책임을 다해야 한다.

신앙, 예수를 그리스도로 믿고 따르는 것

·
·
·

바닷가 카페에 있는데, 옆자리에 앉은 두 젊은이가 열심히 토론을 하고 있었다. 교회를 다니는 청년이 불교 가정에서 자란 친구에게 불교 때문에 더 고민하지 말고 신앙을 바꿔 보라고 권한 것 같았다. 불교 가정에서 자란 청년은 친구의 뜻을 따라 2개월 동안 교회에 다닌 듯했다.

"그래, 두 달 동안 몇 교회에 다녀 보았어?"

"두 교회에 다녀 보았고, 시간이 나면 TV에서 설교도 들어 보았지."

"어떤 생각을 했는데……?"

"역시 종교는 다 같아 보여. 우리 어머니가 절을 찾아가는 목적이나 많은 교인이 교회에 가는 목적은 마찬가지야. 복을 받고 싶은 거지. 그것도 노력 안 하는 공짜 복이랄까?"

"참 행복은 누구나 원하고 있지 않아? 우리도 그렇고."

"복이란 노력의 대가이지, 믿는다고 더 받을 수 있어? 그것도 죽은 후에 천당에 가고 싶어 믿는다면 그건 좀 지나친 욕심인 것 같아. 우리 불교에서도 그런 공짜 복은 사리에 맞지 않으니까. 원불교에서는 부처님께 기원해서 병을 고치려고 하지 말고 좋은 의사와 병원을 만들라고 가르쳐. 차라리 그편이 옳지……."

"나는 잘 모르지만 원불교는 건전한 의미의 윤리와 도덕이지, 종교적 신앙은 못되지 않아?"

"차라리 그런 인생관이 기독교에서처럼 죽어서 천당 가겠다는 것보다 옳지 않아? 이 세상에서 최고의 인생을 살면 되지. 지옥은 없겠지만, 만일 천당이 있다고 해도 이 세상에서 최선의 가치가 있다고 할 만한 사람이 가야지. 교회당에 열심히 다녔다고 해서 천당에 간다면 그것은 지나친 욕심이 아닐까?"

"그럼 너는 윤리와 도덕이면 되고 종교적 신앙은 없어도 좋다는 뜻이지?"

"아니, 그런 뜻이 아니야. 법을 지키는 사람도 있고 도덕을 지키는 사람도 있지만 나는 그 이상의 인생을 살기 위해 종교적 신앙을 가져서 그것이 가능한가를 찾고 싶었던 거야. 우리 어머니와 같은 신앙은 윤리와 도덕보다 뒤지고 있으니까 걱정이지."

"목사님 설교는 어떻게 받아들였어?"

"목사님 설교는 두 가지로 느꼈어. 믿는 사람은 하느님의 복을 받는다는 가르침과 하느님은 자비로운 분이며 우리를 사랑하신다는 내용이었는데, 따지고 보면 세상의 복도 받고 하늘의 복도 받는다는 설교였어."

"그러면 좋지 않아? 그래서 행복하고 인생을 값있게 살면 되지……."

"내가 이해할 수 없는 것은, 예를 들어 인도의 정신적 지도자인 간디 같은 분이 있어. 인도를 비롯해 세계인들의 존경을 받고 있지. 그런데 어떤 목사는 간디는 힌두교인이기 때문에 구원을 받을 수 없다는 거야. 기독교인이 아니기 때문에……. 그 목사님의 개인 생각이라면 모르겠는데, 기독교 전체가 그렇게 믿는다면 나는 그것이 신의 뜻이라고는 생각하지 않아. 거짓말을 하면서 나는 크리스천이라고 말하는 정치계 지도자보다는 정직하게 살면서 내가 잘못했다고 스스로 인정하는 사회인이 신의 사랑을 더 받아야 하는 거 아니야?"

"그것은 인간의 도리를 저버리고 구원을 받겠다는 잘못된 신앙이고……."

"내 말은 그게 아니야. 내가 불교를 떠나야겠다고 생각한 이유는 우리나라의 불교로서는 민족과 국가에 희망을 줄 수 없다고 생각했기 때문이야. 그래서 기독교 신앙을 찾은 거였지. 대표적인 두 교회를 찾아다녔는데, 불교보다 앞선 것을 찾을 수 없다고 생각했어. 내가 원하는 종교적 신앙은 나의 인생과 인격을 맡기며 따르고 싶은 진리가 있는가, 함이었고. 이웃과 겨레를 위해 부끄러움이 없는 값있는 인생을 살 수 있으면 그것으로 충분하다고 생각해. 내세가 있는지 없는지는 누구도 모르지 않아? 억지로 믿으라고 강요할 수도 없고,

또 내세가 있다면 현세에서 가장 값지고 보람 있는 삶을 산 사람에게 주어지는 조물주의 뜻이겠지. 그저 열심히 빌고 돈을 바치고 기원하는 사람에게 주어진다면 그것은 세상의 진실한 질서와도 합치되지 못하는 거야. 내가 종교적 신앙을 원했던 건 그분과 같이 살아야겠다, 그분의 가르침이라면 모든 것을 뒤로 미루고라도 따라야겠다는 인격을 갖추고 싶어서였어. 종교에서 말하는 영혼이 있다면 영혼의 스승을 만나고 싶었던 거야……."

두 젊은이의 이야기에 빠져 있다가 약속했던 손님이 오는 바람에 나는 그 자리를 떠났다.

사람들은 우리나라에 종교 인구가 많다고 말한다. 국민의 태반이 신앙을 갖고 있기 때문이다. 그러나 우리 민족과 더불어 자란 무속 신앙을 배제한다면 무엇이 남는가. 불교에서 무속 신앙을 제거하면 불교도의 신앙은 무엇으로 남을지 묻고 싶어진다. 기독교도 그렇다. 유교도들도 마찬가지로 조선왕조 500년의 역사를 살피면서 유교의 애국적 사명에 한계를 느낀 것 같다. 젊은 세대들은 불교가 주도하는 민족의 장래를 희망적으로 여기지 않는다. 동남아시아를 비롯한 많은 불교 국가의 위상을 보고 느꼈기 때문이다. 그래도 기독교 국가들이 자유와 행복을 누리고 있기 때문에 한 번쯤은 기독교의 문을 노크해 보곤 했던 것이다. 적어도 3·1 운동 때부터 최근까지는 그러했다.

그럼에도 불구하고 오늘의 한국 기독교는 그런 기대에 미치지 못하고 있다. 언젠가 숭실대학교에서 발간한 논문집을 본 적이 있다 (오래전이기는 하지만, 내 기억을 믿고 싶다). 거기에는 크리스천 사회학자인 한완상 교수가 영락교회 교인들의 의식 구조를 조사한 논문이 실려 있었던 것으로 기억한다. 영락교회는 50년 전까지는 한국 사회에 도움을 주는 책임을 감당해왔다. 그러나 지금은 사회성장의 수준이 교회보다 앞서 있기 때문에 정신적 지도력을 상실해가고 있다는 내용이었다. 구태여 그 사회학자의 연구에 의존하지 않아도 지금은 모두가 그렇게 생각하고 있다. 영락교회가 한국 기독교의 상위층에 속한다고 본다면 한국 교회의 대부분이 이미 사회적 지도력을 상실했다는 결론을 얻을 수도 있다.

앞서 두 젊은이의 신앙적 고백이 그 사실을 대변하고 있다. 그렇다면 그것이 기독교 자체의 한계이며 교회의 존재가치를 인정하지 못하는 정당한 원인일 수 있을까.

왜 우리는 교회를 찾아가는가. 교회를 통해 기독교의 정신을 배우고 터득하기 위해서이다. 그런데 교회는 교리와 인습에 치우친 나머지 기독교 정신을 외면하는 과오를 범하곤 했다. 그것은 세계 역사가 증명하고 있다.

역사가들은 프랑스 혁명을 이야기한다. 나도 중 · 고등학교 때 서양사를 배웠다. 교과서에는 프랑스 혁명 당시에 실렸던 만화가 전재되어 있었다. 뼈만 앙상하게 남은 농부가 진 지게에는 피둥피둥하게 살찐 세 사람이 타고 있었다. 귀족과 왕족, 신부였다. 그 농부가 얼마나 지탱할 수 있겠는가를 묻는 만화였다.

그 당시 프랑스는 천주교 국가였다. 혁명군의 요청은 세 가지였다. 자유, 평등, 사랑이었다. 그 셋이 바로 기독교 정신이다. 그것을 제외시키면 기독교는 존재하지 못한다. 그런데 당시의 기독교는 교회를 지키기 위해 존재했지, 기독교 정신은 실천하지 못했다. 그 결과 어떻게 되었는가.

러시아 혁명 당시도 그랬다. 가난한 국민들은 국가와 기독교에게 우리를 보살펴 달라고 호소했다. 그러나 교회는 헌금을 요구하면서 가난한 국민에게 도움을 주지 않았고 그런 정책을 세워주지도 못했다. 그 결과 어떻게 되었는가. 기독교를 박해하는 공산주의가 단시일 안에 혁명에 성공했다. 희랍 정교는 기독교 정신을 완전히 망각하고 있었다.

이상한 현상은 교회는 쇠퇴하고 그 능력을 상실했으나 기독교 정신은 사회에 희망을 주며 자유 민주주의 국가 건설의 기틀이 되었다는 것이다. 문제는 눈에 보이는 교회가 아니라 기독교 정신의 유무였다. 영국은 프랑스보다 먼저 산업혁명을 겪었으나 개신교도들이 기독교 정신을 발휘했기 때문에 혁명의 비극을 모면할 수 있었다. 미국 건설의 기반도 기독교 정신이 그 기초가 되었다.

세상 사람들은 기독교 정신의 가장 큰 업적이 현대 휴머니즘의 주류를 만든 것이라고 평한다.

이런 점들을 살펴본다면 먼저 소개한 두 젊은이가 가진 기독교에 대한 기대는 실망스럽게 버림받고 있음을 짐작할 수 있다. 젊은 지성 세대들이 교회를 멀리하거나 떠나는 이유가 잘못되었다고 판단해서는 안 된다.

무엇이 문제였는가. 사실 예수는 교회를 걱정하거나 모범적인 큰 교회를 요구한 바가 없다. 예수가 원한 것은 하느님 나라의 건설이었다. 교회는 그 목적을 위한 과도적 책임을 맡으면 된다. 교회는 다시 한 번 성경 말씀이 어떻게 삶과 구원의 진리가 되며 복음이 되는지를 되새겨야 한다. 하느님 나라 건설에 동참하고 있는지를 반성해 보아야 한다. 기독교 정신을 받아들여 실천하는 주의 종을 배출해야 한다. 그 택함을 받은 일꾼들은 교회 안에서 우리끼리 즐기며 자기만족에 그치는 신앙생활을 하지 말고 사회로 나가 모든 영역에서 빛과 소금의 책임을 다해야 한다. 내가 복을 받기 위해 신앙인이 되는 것이 아니다. 복된 소식과 구원의 희망을 나누어 주는 것이 참 신앙인 것이다. 그 한계를 넘는 은총의 축복은 인간의 노력이 아닌 하느님이 주시는 사랑의 축복인 것이다.

먼저 믿는 우리 신앙인들의 책임은 두 가지다. 예수의 말씀을 인생의 진리로 받아 확실한 삶의 가치관으로 삼는 것, 그리고 이를 모르는 사람에게 가르쳐 주는 것이다. 서기관들과 같은 신학이나 바리새인들과 같은 교리가 중요한 것이 아니다. 그리고 예수의 가르침 이상의 인생관이 존재하지 않음을 믿는 사람은 기독교와 교회를 떠날 수 없는 법이다.

이보다 더 중요한 것은 신도들과 교회는, 특히 목회자들은 모든 사람을 예수 그리스도께 안내하는 책임을 절실히 깨닫고 실천해야 한다는 것이다. 목사는 자신을 믿으라고 해서는 안 된다. 신학자는 나의 가르침이 옳다고 주장해서는 안 된다. 신도들이 예수를 만나 그를 따를 수 있게끔 이끌어 주어야 한다. 천주교냐, 개신교냐를 이야기하는 것도 그 자체가 목적이 아니다. 신도들이 예수를 만나지 못하면 그 신앙은 잘못된 것이다. 성경을 읽고 기록된 대로 실천하는 일이 먼저이고 중심이다. 그렇게 할 수 있도록 인도하고 이끌어 주어야 한다.

나를 믿고 따르라고 가르치는 사람이 이단과 사이비 신앙이다. 우리 교회나 교단이 전부라고 가르치는 공동체는 참 교회가 아니다. 사람들은 예수가 기다리는 방으로 들어가 예수를 만나지 않고 교회와 그 주변에 머물면서 너무 오랜 세월을 보낸다. 때로는 교회가 직접 예수를 만나는 일을 방해하기도 하며, 잘못 이끌어 주는 목회자가 예수를 대신하기도 한다. 예수 당시에도 수많은 사람이 제자들만 대면하고 돌아서기도 했다. 바울은 신앙이란 무엇인가, 함에 대해서 확실한 해답을 주었다. 바로 예수가 그리스도임을 믿고 따르는 것이다. 인간다운 삶을 추구하는 사람이 예수를 만나 그의 제자가 되고, 그 예수가 구세주임을 믿고 그리스도와 더불어 하늘나라를 위한 사명에 동참하는 것이 신앙이다.

교회는 누구를 위해 있는가

·
·
·

오래전 일이다.

누구의 안내로 갔는지 기억은 나지 않는다. 나는 남산에 있는 장로회신학교를 방문했다. 학장으로 있던 박형룡 목사가 나에게 신학생들을 위한 철학 강의를 부탁하고 싶다고 연락을 해왔기 때문이다. 박 학장은 내가 평양의 숭실학교 출신임을 알고 있었다. 나는 조심스럽게 "저같이 자유로운 학문을 하는 사람이 강의를 맡아도 괜찮을지 모르겠다"고 걱정했다. 신학교에는 나름대로의 신앙과 교리에 대한 사상적 한계가 있는 것을 잘 알고 있었기 때문이다. 박 학장은 신앙만 있으면 된다면서, 6일 창조설은 믿느냐고 물었다. 나는 원로 신학자에게 교리 문제를 언급하고 싶지 않았다. 그래서 강의를 청탁해준 데는 감사하지만 여러 가지 사정이 있어 출강할 수 없겠다고 사양했다.

거의 비슷한 시기였다. 이번에는 한국신학대학에서 기독교 윤리 강의를 맡아 주면 좋겠다는 요청이 왔다. 그 신학교에는 내가 아는 교수들도 있었고, 그 당시 유일하게 대학인준을 받아 비교적 학구적인 신학을 공부하는 곳이어서 마음의 준비를 하고 찾아갔다.

그곳은 김재준 목사가 학장으로 있었다. 내가 여기서는 6일 창조설이나 축자영감설(성서의 용어 하나하나가 모두 하느님의 영감에 의해 기록되었다는 주장) 같은 것을 강요하지 않느냐고 웃으면서 물었다. 김 목사는 지금 그런 교리를 믿는 사람이 어디 있냐면서 오히려 내 이야기를 뜻밖이라는 듯이 말했다. 그렇게 해서 나는 2~3년 동안 대한복음신학교의 강사가 되었다.

그 당시 한국 교회를 대표하는 교파는 장로교였다. 감리교의 교세는 크지 못했고 침례교는 6·25 전쟁 때 본격적으로 선교를 시작했다. 그러면서 장로교는 진보적이라고 불리는 김재준 목사를 중심으로 한국신학 계통의 기독교장로회로 자리 잡았고, 박형룡 목사 같은 이들을 주축으로 하는 예수교장로회로 나누어졌다. 수적으로 보면 보수진영이 많았기 때문에 큰 교단이 되었고, 한때는 한국신학 계통을 신신학 또는 정통성을 벗어난 신학으로 경원시하기도 했다. 싸우면서 분열되었을 때는 다시 합쳐질 것 같지 않았는데, 지금은 하나의 장로교로 받아들이고 있다. 보수적인 예수교장로회는 다시 비교적 자유로운 편과 좀 더 교리적인 편이 나누어져 전자는 통합 측 장로교가 되었고, 후자는 합동 측 장로교가 되었다.

통합 측 장로교는 광나루에 있는 장로회신학대학교 출신의 목사들이 중심이 되었고 영락교회와 같은 교회가 중심이 되었다. 합동 측 장로교는 박형룡 목사 계통의 신학교가 또 다른 장로회신학교를 설립해 운영했다. 그러나 장로교의 또 다른 분야가 6·25 전쟁 기간을 중심으로 탄생되었다. 주로 부산과 경남지역을 차지하는 고려파 계통의 장로교가 그것이었다. 고려신학 계통의 목회자들은 합동 측 장로교보다도 더 교리적이며 보수적이라는 평을 받았다. 의사이면서 사회사업가로 널리 알려진 장기려 박사도 고려신학 계통이었으며, 나와 같이 철학 교수로 활동한 손봉호 교수도 고려신학 계통의 지도자로 알려져 있다.

물론 개신교는 장로교에 국한되지 않는다. 감리교도 있고 성결교도 있는가 하면, 순복음교회의 교세도 큰 비중을 차지한다. 이뿐만 아니라 사회적으로 걱정거리가 되며 기독교로 보기는 어려운 신앙 운동도 적지 않은 관심을 끌고 있다.

우리 개신교는 이렇게 분열을 거듭해왔으나 캐나다나 일본에서는 모든 개신교가 하나의 교단으로 합쳐져 있다. 물론 영국 계통의 성공회나 구세군 등은 전통적인 흐름을 지키고 있으나 모두 하나의 기독교 성격을 갖고 활동하고 있다. 유럽도 비슷하다. 아마 교단이나 교파가 많기로는 우리가 최고일지 모른다. 미국에서 받아들인 추세 같기도 하다.

그러나 지나칠 정도로 분열된 교단들은 자연히 연합이나 합동을 원하게 마련이다. 기독교는 다른 종교들과 비교하면 하나의 종교이기 때문이다. 천주교나 희랍 정교가 하나가 될 가능성은 아직 보이지 않으나 개신교가 지나치게 많은 분열을 만든 것은 사실이다. 그래서 교단과 교파는 다르나 연합 운동은 해야 한다는 기세와 운동이 활발하게 이루어졌다. 누가 보든지 우리나라 기독교의 분열은 후진 사회의 양상이기 때문이다. 그것은 신앙적으로 보아서도 인간들의 뜻이지, 기독교 본래의 모습은 아니다.

나와 같이 교단에 속해 있으면서도 교파를 초월한 수많은 평신도는 암암리에 그런 연합 운동을 바라고 있으며 그것이 기독교 본래의 정신이라고 생각한다.

요사이에도 여러 교단과 때로는 천주교에서도 초청을 받아 설교라기보다는 강의나 강연에 임하는 때가 있다. 예를 들면 장로교 계통에서도 가장 보수적이라고 자처하는 고려신학 계통의 전국장로교집회에 초청을 받은 적이 있었다. 초청을 받은 내가, 나는 좀 자유로운 신앙생활을 하고 있기 때문에 여러분 장로님들에게는 부담스러운 강사가 되지 않겠느냐며 우려를 표했다. 그런데 초청자 측의 대답이 나보다 더 개방적이었다. "우리 목사님들은 교회를 지키기 위해 보수적인 신앙을 요청하지만, 우리야 신앙과 생활이 다니고 있는 교단에만 머물게 할 수는 없지요." 장로가 아닌 평신도들은 더욱 그렇다. 교회생활에는 교리적 벽이 있을 수 있으나, 신앙의 사회적 활동에는 하나의 신앙이 있을 뿐 아니냐는 반문이었다.

과거에는 성공회 계통의 교회에도 초청을 받아 가곤 했다. 내가 자란 장로교나 지금 교적을 두고 있는 감리교에 갔을 때처럼 아무 거리감을 느끼지 않으면서 예배도 드리고 강의를 하곤 했다.

내 친구 중에 합동 측 선배 목사가 있었다. 중진 목사일 뿐 아니라 신학교에서 강사직을 맡기도 했다. 대단히 보수적인 장로교 목사였다. 언젠가 한번은 나에게 어느 교회에 나가느냐고 물었다. 내가 감리교회라고 했더니, 신앙에도 지조가 있어야지 김 선생 같은 이가 그렇게 교회 전통을 쉽게 바꾸면 되느냐고 말했다. 내가 요사이는 새로 신앙생활을 하고 싶은데 어떤 교회가 좋으냐는 질문을 받으면 가까운 곳에 있는 교회에 나가라고 권한다. 목사님의 설교가 마음에 들지 않으면 다른 교회를 선택해도 좋은데 한 번 교회를 정하면 스스로 신앙을 찾는 노력을 하라고 말한다고 했다. 내 이야기를 들은 그는 그러다가 그 사람이 천주교로 가든지 순복음교회로 가면 어떻게 하려고 그러느냐고 걱정했다. 아직도 그는 천주교에는 구원이 없다고 생각할 정도로 보수적인 목회자였다.

그 선배 목사가 세상을 떠난 뒤 어느 기독교 고등학교에 갔을 때였다. 그 목사의 아들을 만났다. 아마 장로교의 집사나 장로였을 것이다. 내가 아버지 이야기를 했더니 그 아들이 이렇게 말했다. "우리 아버님의 보수적인 신앙이야 철저했지요. 우리는 5형제인데, 아버지의 신앙을 존경은 하면서도 그대로 따라갈 수는 없다고들 생각했습니다." 누구의 잘못이냐고 물을 필요가 없다. 신앙의 근원적 일치성과 더불어 사회적 다양성은 서로 인정해야 한다.

우리는 교회생활에서 이런 현실들을 경험하며 살아가고 있다. 좀 더 단순하면서도 깊이 있고 조용한 신앙생활을 할 수는 없을까, 라는 기대를 갖기도 한다. 예수도 당시 신앙집단의 현실을 보면서 그런 차원의 신앙생활에서 벗어날 것을 요망했을지 모른다. 사회인의 입장에서 본다면 없어도 좋은 일들을 위해 너무 많은 인생 소모를 저지르는 것 같은 인상일 수도 있다. 소망스러운 신앙생활은 그런 것이 아닐 거라는 반성을 하게 된다.

거기에는 몇 가지 원인이 있다. 종교적 신앙에는 인간적인 욕망이 개입해서는 안 된다는 원칙이다. 쉽게 말하면 종교적 신앙은 이기적인 삶의 대상이 되어서는 안 된다는 뜻이다. 그런 생활은 사회에서도 용납되지 못한다. 하물며 신앙생활이 그런 이기적인 욕망의 제물이 된다면 그것은 크게 잘못된 일이다. 거룩한 것을 돼지의 밥으로 삼는 것은 잘못된 일이다.

한때 미국에서는 영주권을 얻으려는 방법으로 교회를 세운 한인 목사들이 있었다. 지금도 교회 안에서 교권갈등은 그치지 않고 있다. 장로가 되기 위해 선거운동을 하기도 한다. 그러나 이기적인 경쟁은 생활을 망치게 한다. 사회생활에서 가장 경계해야 하는 것은 집단이기주의다. 그래서 선의의 경쟁을 찾은 것이다. 그러나 종교는 사랑의 경쟁을 원하며, 사랑이 있는 양보를 더 소중히 여기고 있다. 그것이 예수의 교훈이다. 섬기는 자가 없는 사회에는 종교적 신앙이 설 자리가 없어진다.

교회는 경제적 이해관계의 고장이 아니다. 우리가 걱정하는 사이비 신앙은 언제나 두 가지 요소를 지니고 있다. 경제적 이득과 교권을 통한 정신적 지배욕이다. 나는 지금도 이해하기 어려운 친구의 신앙심을 기억하고 있다. 그는 이민 가기 전까지 장로교 청년면려회 青年勉勵會의 대표적인 인사였다. 중·고등학교를 졸업한 후에 처음으로 만났을 때였다. 그는 나에게 장로가 되었느냐고 물었다. 내가 아직 못 되었다고 했더니 자기는 벌써 장로가 되었다고 했다. 그러면서 자기는 지방의 작은 교회에서 쉽게 장로가 되어 서울의 큰 교회로 교적을 옮긴 덕분에 가장 빨리 장로가 되었다는 것이었다. 많은 일을 하기도 했으나 생각해 보면 그 친구가 무엇을 남겼는지는 모르겠다.

우리 교회를 위하고 싶은, 더 중요한 예수의 가르침이 있다. 죽은 사람을 장례 지내기 위해 하늘나라의 복음을 소홀히 여기는 사람은 내 제자가 될 수 없다는 경고이다. 우리가 걱정하는 보수적인 교회 인사들이 그런 실수를 범하는 것 같다.

월드비전의 시설장들을 위한 수양회의 강사로 갔다가 미국에서 온 목사에게 들은 이야기가 생각난다.

장소는 정확하게 기억하지 못한다. 한 선교사가 기독교가 전파되지 못한 오지로 갔다. 그는 그곳 사람들에게 예수에 관한 이야기를 하곤 했다. 교육 수준이 낮았기 때문에 어린 학생들에게 성경 이야기를 들려주듯이 말했다. 설교 대부분은 복음서에 나오는 예수의 이야기였다. 원주민들은 그 이야기를 들을 때마다 서로 얼굴을 쳐다보면서 공감을 표시하면서 고개를 끄덕이곤 했다.

이상하게 느낀 선교사가 몇 차례 무슨 뜻이냐고 물었다. 그랬더니 선교사가 이야기하는 예수라는 사람은 우리 마을에서 멀지 않은 곳에 살다가 어디론가 이사를 갔다는 것이었다. 이름이 뭐냐고 물었더니 모른다는 대답이었다. 모두가 같은 이야기를 하고 있었다. 선교사가 말하는 그 사람이 맞다고 했다.

궁금하게 생각한 선교사는 여러 사람의 이야기를 종합해 보고는 깨닫게 되었다. 여러 해 전까지 한 크리스천 의사가 이곳에 와서 환자들을 보살펴 주며 여러 가지로 사랑을 베풀어 주다가 나이가 많아 떠났는데, 예수의 이야기를 들은 원주민들은 그것을 그 의사의 이야기로 착각하고 있었던 것이다.

그래서 선교사는 복음을 가르치는 것보다 사랑을 나누어 주는 일이 더 중요하다는 사실을 깨달았다는 이야기였다. 복음의 열매는 사랑의 실천인 것이다.

사실 교회는 교회를 지키기 위해 예수의 뜻을 뒤로 미룬 일이 없지 않았다. 천주교에서 테레사 수녀를 성자로 추앙한 것은 예수가 어디에 머무는가를 말없이 입증한 증거이기도 하다. 죽은 자들을 장례 지내기 위한 교회가 되어서는 안 된다.

그렇다면 해결책은 무엇인가. 기독교는 교회를 위하거나 교회가 목적이어서 존재하는 것이 아니다. 교회는 모든 사람에게 복음으로서의 진리를 깨닫게끔 가르치며, 예수의 마음과 사랑의 뜻을 따라 실천하는 일꾼을 길러 사회로 보내야 한다. 밀가루가 있는 곳에 누룩을 보내며, 어둠이 깔려 있는 고장에 빛을 들고 가도록 도우며, 삶의 의미와 가치를 잃고 있는 사회에 소금의 역할을 할 수 있는 일꾼을 보내야 한다. 교회를 통해 하느님의 나라가 성취되지 못한다면 교회 밖에 있는 신앙의 공동체들이 그 책임을 감당하게 된다. 그러니 교회는 하늘나라를 건설하는 모체가 되어야 한다.

윤리적인 것과
신앙적인 것

·
·
·

내가 개인적으로 잘 아는 유명한 목사가 있었다.

그가 아주 젊었을 때 해방이 되었다. 부친은 일찍 세상을 떠났고 할아버지 밑에서 각별한 사랑을 받으면서 자랐다. 조부는 전통 있는 장로교회에 다니고 있었다. 그런데 손자인 그는 당시 새롭게 세력을 뻗치기 시작한 재건장로교에 나가다가 그쪽 교리에 심취하게 되었다. 신사참배를 한 목사는 목회자의 자격이 없으며 그런 교회에는 구원이 없다는 믿음에 몰입된 것이다.

할아버지와 손자는 신앙적 갈등으로 자주 언쟁을 벌이게 되었고 그 때문에 두 사람 사이는 애정적 파탄을 초래하기에 이르렀다. 서로 마귀의 후예라며 신앙적 절대주의를 주장하게 된 것이다. 신앙적 대립은 인륜人倫을 짓밟는 비극으로 번졌다.

후에 그는 보수적인 장로교의 목사가 되었다. 그 교단의 세력이 컸기 때문에 그는 교단의 원로이면서 추앙을 받는 목회자가 되었다. 그 교단에서는 모르는 목사가 없을 정도로 유명한 노회장 또는 총회장이 되기도 했으며, 사회 활동도 많이 했다.

그러나 그의 젊은 시절과 조부와의 관계를 잘 아는 고향 사람들은 그가 섬기는 교회에 나가지 않았다. 또 좋은 목사님으로 존경하기를 꺼렸다. 어떤 이들은 그런 신앙을 가진 사람이 어떻게 유명한 교회 목사가 되었는지 모르겠다고 말했다. 물론 그는 후에 자신의 아집스럽고 독선적이었던 신앙을 뉘우치며 지금은 모시지 못하는 할아버지께 사죄하고 싶은 마음을 가졌을 것이다. 그러나 그를 옆에서 보아 온 사람들은 기독교 신앙은 그런 것이 아니라는 신념을 갖고 있었기 때문에 그 벽을 허물기가 어려웠던 것 같다.

이와 비슷한 사례는 지금도 나타나고 있다. 신앙적 갈등 때문에 가정의 인륜이 파괴되는 경우다. 이때 우리 그리스도인들은 조심해야 한다. 그런 가정의 불행은 그들이 교회에 나가지 않았다던가, 신앙과 무관했다면 발생하지 않았을 것이기 때문이다. 세상 사람들은 저지르지 않는 잘못을 그리스도인이 감행한다면 그것은 우리 교회나 신앙인의 잘못인 것이다. 솔직히 말해서 목사들이 누구에게는 구원이 없다든지, 신앙이 다른 사람들과는 생활을 같이하지 말라며 가르칠 자격도 없고, 그렇게 가르쳐서도 안 된다. 신사참배 문제도 그랬다. 신사참배는 죄가 되며, 참배한 목사들은 참된 목회자가 될 수 없다고 가르쳤던 우리 기독교계의 원로 목사들이 있었다. 그중에서도 널리 알려진 지도자 세 사람이 그런 생각을 갖고 신사참배를 한 목사들을 용납할 수 없다고 판단했던 일이 잘못이었다고 성명을 발표한 적이 있었다. 자신들의 잘못을 인정하는 데 50여 년의 세월이 필요했던 것인지 묻고 싶어질 정도였다.

예수도 전도생활에 열중하고 있을 때 찾아온 모친과 형제들에게 누가 내 어머니이며, 형제들이냐고 반문하면서 앞으로는 하느님의 뜻에 따라 새로운 삶을 시작하는 사람이 참 가족이 될 것이라고 말했다. 지금도 어떤 교리주의자는 신앙을 위해서는 가족을 떠나거나 버려도 된다고 말하기도 한다. 그러나 예수의 이 말은 더 소망스러운 가정과 가족 관계를 위해 지금의 폐쇄적이며 가정 단위의 좁은 삶을 넘어서라는 뜻이지, 가정을 파괴하는 불행도 옳다고 가르친 것은 아니다. 더 좋은, 그리고 참 행복을 누리는 가정을 위해 지금까지의 가족 관계를 넘어서야 한다는 뜻이다.

이런 문제들은 무엇을 위한 문제인가. 윤리적 인륜성과 기독교 신앙의 관계를 어떻게 보아야 하는가를 위해서다. 기독교 사회를 제외한 많은 사람은 인륜 관계를 소중히 여기며 살아왔다. 윤리와 도덕을 가벼이 보는 사회는 없었다. 더 선하고 소망스러운 윤리와 도덕은 어떤 것인지를 찾아 노력하는 것이 인간과 사회의 의무이며 도리이기 때문이다.

기독교는 그들을 위해 더 높고 소망스러운 인륜 관계를 제시하고 모범을 보여줄 수 있어야 한다. 그 선한 질서를 파괴한다든지, 그들에게 고통을 주는 일을 해서는 안 된다.

예를 들면 우리 사회에 기독교가 들어오기 이전에는 삼강오륜과 같은 사회생활의 기본질서가 있었다. 충효 사상도 그런 것에 속한다. 그중에 문제가 되었던 것의 하나는 선조들의 정신을 기리고 기념하는 제사 지냄의 관례였다. 천주교에서는 제례는 좋은 의미를 갖는 행사이기 때문에 받아들여도 좋다고 보았다. 지금도 천주교 가정에서는 제사를 드리는 전통을 따르기도 한다. 그러나 대부분의 개신교에서는 그것은 우상숭배의 뜻을 포함하고 있기 때문에 죄가 되는 행사라고 보아 금하고 있다. 그렇다면 어떤 견해가 좋은가. 전통적인 제례 행사가 죄라거나 곧 폐지해야 한다고 단정할 권한은 누구에게도 없다. 그런 행사를 통해 가정의 의무와 책임을 되찾아가는 일을 마다해서도 안 된다. 그러나 그보다 더 선하고 소망스러운 기념행사도 있으니 받아들여도 좋을 것이라는 권고와 모범을 보여주는 일이 중하다. 그것이 가정과 사회를 위한 소망스러운 일이다. 너무 하나의 잣대를 갖고 죄가 된다든지 구원의 가능성과 연결 짓는 것은 윤리적인 것과 신앙적인 것의 혼동을 일으킬 수 있다. 덜 선한 것과 더 높은 가치가 있는 것을 식별하며 찾아 누리는 것은 인간생활의 정도인 것이다.

오래전에 나는 미국에 갔다가 내 제자의 가정을 방문한 적이 있다. 그는 샌루이스오비스포대학의 교수였고, 부인은 한국에서는 널리 알려진 특수한 기독교 교단 교주의 딸이었다. 지금도 그 교단 사람들은 기성 교인들을 자기네 교단으로 끌어들이기 위해 열성적으로 노력하고 있다. 그런데 그 부인이 나에게 솔직히 고백하기를, 자기는 아버지를 너무 잘 알기 때문에 그 교단을 반대할 뿐만 아니라 무신론자가 되었고 반그리스도인이 되었다고 했다.

놀라운 일이었다. 대학원까지 나온 그 부인은 종교의 사회적 의미를 거부하고 있었다. 그 교단이 가진 반인륜성과 반사회적 가치를 우려했기 때문이었다.

모든 종교가 그래야 하듯이 기독교도 소속되어 있는 사회의 선한 질서와 정신적 가치를 거부하거나 파괴해서는 안 된다. 그것이 사회악인 것이다. 지금 이슬람교가 비이슬람교 사회에 감행하고 있는 반인륜적인 행위를 보아서도 짐작할 수 있는 일이다. 한때는 기독교가 그런 과오를 범했다. 우리 모두 거짓말하는 종교인보다는 정직한 사회인을 존경하고 있지 않은가. 반윤리적이거나 비도덕적인 삶을 택하는 사람은 참다운 신앙인이 될 수 없다.

그렇다면 기독교에 주어진 책임은 어떤 것인가.

모든 윤리적 질서와 도덕적 규범을 존중히 여겨야 한다. 인륜적 질서는 법률적 규제보다 앞서 있으며, 많은 선진 사회가 법치 사회에서 윤리와 질서 사회로 전진하기를 바라고 있다. 그들은 법보다 양심을 소중히 여기며 선의 가치를 정의의 가치 이상으로 삼고 있다. 정의는 선을 위한 전제조건이기 때문이다.

그런데 아직도 우리 교회는 법의 제재를 교회 안으로 끌어들일 정도로 후진 사회의 굴레를 벗어나지 못하고 있다. 바울도 교회 문제를 세상 법정으로 끌고 가지 말라고 경고했다. 그것은 교회가 정의와 법의 규제를 받아야 할 정도로 뒤떨어지고 있다는 증거다. 그런 위치에 있는 기독교가 세상 사람 모두가 지키고 있는 양심과 윤리 질서를 경시하거나 훼손해서야 되겠는가. 교회에 나오지 않는 것은 죄라고 가르치면서 이웃에게 고통과 피해를 입히는 것에 대해서는 침묵을 지킨다면 그런 종교를 누가 지지할 수 있겠는가.

예수는 인간 중의 인간이었다. 그러기에 누구보다도 양심적이었다. 양심이 병든 사람은 죄를 모른다. 양심은 우리에게 무엇이 죄악인지를 가르쳐 준다. 우리도 인간다운 삶을 존중히 여겨야 한다. 기독교 신앙도 인간다운 삶을 훼손해서는 안 된다. 예수가 모든 율법과 계명을 완성시키며 그것을 더 높은 차원으로 지양시키기 위해 왔다고 한 말씀이 그 뜻이다.

그렇다면 예수는 최고의 윤리학자인가. 공자와 같은 반열의 스승인가. 사람들은 소크라테스를 법을 완성시키려 한 스승으로 받아들인다. 정의의 역사적 기초를 놓아 준 사람이었다. 공자는 윤리적 질서를 가르친 스승이었다. 양심의 가치와 더불어 선한 인간 질서를 가르쳐주었다. 그렇다면 예수는 왜 종교적 스승이 되었는가. 무엇이 정의의 목표인지를 알려주었고 어떻게 사는 것이 선의 실천인지를 가르쳤다. 한보 더 나아가 그런 인간적인 것들이 자기모순과 한계에 직면했을 때 무엇을 더 필요로 하는지를 가르쳐 준 지도자였다.

역사적 스승들을 비교하거나 평가하려는 것은 아니다. 또 그런 평가 자체가 용납되는 것도 아니다. 그 시대와 사회인들의 선택이기 때문이다. 그러나 다음과 같은 생각은 해볼 수 있다. 석가는 신앙의 대상으로서의 법은 가르쳤으나 사회정의에 관해서는 많은 교훈을 남기지 않았다. 공자는 윤리적 교훈에는 많은 가르침을 주었으나 죽음이나 인생의 영원성에 대해서는 언급을 삼갔다. 그 점이 공자의 인간적 성실성이었다.

그러나 예수는 사회정의를 강조하면서도 사랑에 의한 정의의 완성을 주장했다. 법은 윤리를 위해 필요하나 윤리는 인간적 삶의 영구한 가치를 묻지 않을 수 없다. 예수는 그 윤리적 한계를 넘어선 삶의 가능성과 희망을 가르쳤다. 양심은 죄와 악을 알려주기는 하나 죄악에서 해방시켜주거나 구출해주지는 못한다. 인간은 스스로 초월할 수 없는 한계를 갖고 있기 때문이다. 인간은 스스로를 구원할 수 없으면서도 인간적 한계로서의 난파에서 구출 받기를 원하고 있다. 그것이 인간의 본성이다. 시간 속에 살면서 영원을 염원하며, 유한 속에 머물면서 무한한 실재를 기대하면서 살고 있다. 신체적 종말인 죽음은 운명적으로 받아들이면서도 삶의 영구한 가치와 의미는 버릴 수가 없음을 알고 또 믿고 싶어 한다.

우리는 그런 것들을 윤리를 초월하는 신앙적 과제라고 생각한다. 그런 것을 단념하는 운명론자들도 있다. 독일의 사상가이면서 시인이고 철학자였던 니체가 바로 그런 용기 있는 운명론자였다. 또 어떤 사람들은 그것은 상상과 사상의 세계에 속할 뿐, 삶의 현실과 연결 지을 필요가 없다고 생각한다. 때로는 회의주의에 빠지거나 허무주의자를 자처할 수도 있다. 가장 지혜로운 사람들은 그런 문제에 대해서는 언급할 필요가 없다고 생각한다. 종교인들의 신앙은 지혜롭지 못한 선택이며, 인간의 이성을 둔화시키고 자유를 구속할 뿐이라고 주장하기도 한다.

그럼에도 불구하고 예수는 바로 그런 사람들의 영구한 물음에 대한 해답을 주려고 했다. 그래서 법의 목표가 될 수도 있으며, 윤리의 지향점과 완성을 보여주고 그것을 가능케 하는 가르침을 남겨 준 것이다.

그것이 가능할 수 있을까. 불가능하며 불필요하다고 단념할 수도 있다. 삶은 종말과 무無의 길일 수밖에 없다고 생각할 수도 있다. 수많은 사람이, 특히 현대인들은 그렇게 생각하고 있다.

그러나 예수는 그런 영원에 대한 기대와 희망을 제시해주려고 노력했다. 노력하기보다는 그렇게 살았다. 종교적 신앙의 핵심은 신의 사랑을 받아들여 그 안에 머무는 것이라는 모범을 보여준 것이다.

신앙의 두 가지 흐름

▪
▪
▪

나는 중학교에 입학하면서 기독교 신앙의 문을 두드렸다. 절망적인 건강 상황이 그 원인이었다. 그리고 같은 해 크리스마스를 앞두고, 나는 내가 원했던 기독교 신앙이 어떤 것임을 깨닫는 기회를 얻게 되었다.

같은 캠퍼스 안에 있는 숭실전문학교에서 1년에 한 번씩 열리는 신앙부흥회에 참석한 것이 그 계기였다. 나는 어린 중학생이었으나 5일간 저녁때마다 모이는 집회에 참석하기로 했다. 부흥회 강사는 감리교의 김창준 목사와 장로교의 윤인구 목사였다. 나는 두 분의 설교를 통해 내가 갖기 원했던 신앙이 어떤 것임을 깨닫게 되었다. 솔직히 말하면 내가 깨달은 것이 아니라 어떤 영적인 힘이 내 신앙의 빈 그릇에 은총의 소식을 가득 채워준 것이었다. 그 사건을 전환점으로 삼아 내 신앙생활은 오늘에 이르기까지 84년 동안 지속되었다. 두 분이 나의 신앙의 문을 열어 준 셈이다. 특히 윤 목사는 더욱 그러했다. '사랑 안에는 두려움이 없다'던 설교 말씀과 그분의 목소리는 지금도 기억에 남아 있을 정도다.

신앙을 갖고 부흥회에 참석하기까지, 약 1년이라는 시간 동안 예배 시간을 통해 받아들인 설교내용과 읽은 책자들이 없었던 것은 아니다. 그러나 그해 크리스마스는 내 일생에 큰 신앙의 선을 그어준 전환점이 되었다. 지금 회상해 보면 그것이 첫 번째 은총의 선택이었던 셈이다.

그러나 긴 세월을 보내면서 나는 불행하게도 두 신앙의 은인에 대해 적지 않은 회의와 실망을 느끼게 되었다. 김창준 목사는 그 후에 평양에 머물면서 김일성 정권에서 기독교연맹 책임자가 되었다는 사실을 알게 되었다. 윤인구 목사는 후일에 내가 봉직해 있던 대학의 총장이 되었다. 그러나 불미스럽게도 임기를 다 채우지 못하고 대학을 떠나는 고통을 겪어야 했다.

두 분 모두 인간적으로나 사회적으로 존경스럽지 못한 여생을 보내게 된 결과를 자초한 셈이었다. 더불어 내 마음에도 아픈 상처를 남겨주었다.

그러나 그와 반대되는 일도 있었다.

중학교 3학년을 마치고 1년간 휴학하고 있을 때, 나는 도산 안창호 선생의 마지막 설교를 듣는 기회를 얻었다. 몇 달 뒤 그분은 세상을 떠나셨다. 그때 나는 도산의 설교를 들으면서 신앙이 어떤 것인지 비로소 눈뜨게 되었다. 그분은 참 신앙인이면서 애국자였다. 나라를 걱정했기 때문에 신앙이 깊어졌고, 깊어진 신앙 때문에 인생 전체를 국가와 민족을 위해 바칠 수 있었다.

그리고 중학교 생활 6년 동안 나는 학교 선배이기도 한 고당 조만식 선생을 통해 신앙인의 생활이 어떠하다는 것을 보고 느낄 수 있었다. 도산은 교계 안에서는 이름 없는 평신도였다. 그러나 고당은 장로다운 장로로 신앙인의 일생을 살았다. 북한에서는 고당을 언제나 조만식 장로라고 불렀다.

김일성 정권이 고당을 제거할 수는 없어 그를 평양시 중심지에 있는 고려호텔에 연금시켜 놓고 있을 때였다. 허락되는 시간에 부인과 면회가 이루어졌는데 한번은 선생이, 다음번이 마지막 면회가 될 것이라고 말했다. 부인이 마지막을 각오하고 면회를 갔더니, 선생은 두 가지 분부를 했다. 나는 여기를 떠날 수 없으나 어린 것을 자유가 없는 이곳에 남게 할 수는 없으니 지체하지 말고 38선을 넘어 서울로 가라는 분부였다. 그러면서 커다란 흰 봉투를 건네주며 이것을 갖고 떠나라고 했다. 집에 돌아와 열어보니 당신의 머리카락을 잘라 넣은 것이었다. 빈 관으로 장사 지내게 할 수는 없으니 유품을 남긴 것이었다. 세월이 지난 뒤, 서울에서 그 뜻을 따라 선생의 장례절차를 밟았다.

고당을 직접 대해 본 사람들은 그가 처음부터 끝까지 그리스도인이었음을 의심하지 않았다. 그는 모범적인 신앙인으로 생애를 마감했다.

왜 이렇게 어긋나는 결과가 되었을까. 목사들은 신앙을 교회와 더불어 받아들였기 때문에 신앙과 교회가 공존할 수밖에 없었던 것 같다. 그러나 도산과 고당은 신앙을 진리로 받아들였기 때문에 예수의 교훈이 그들의 인생관과 가치관이 되었던 것이다.

예수는 교리나 교회를 위한 교훈은 남겨주지 않았다. 제자들도 예수는 서기관이나 바리새인들과 같은 교리가 아닌 진리를 말해주었다고 고백하고 있다. 물론 교회 안에서 본다면 교리는 필수적이다. 그러나 교회라는 그릇을 위해 예수의 말씀을 그 속에 가두어 둔다면 그것은 진리의 생명과 빛을 상실케 하는 잘못이 되기도 한다. 인간다운 인간이 예수의 교훈을 진리로 받아들이는 것이 바람직스러운 것이다.

더 중요한 문제도 있다. 성직자들은 삶의 영역을 교회와 함께하고 있기 때문에 그 영향과 결과도 교회를 넘어설 수가 없다. 그러나 도산이나 고당은 항상 민족과 국가를 위해 봉사했기 때문에 그 노력과 희생의 대가는 사회적인 결과로 나타났다. 예수의 뜻도 교회가 목적은 아니었다. 언제나 하늘나라 건설이 그의 궁극적인 소원과 목적이었다.

이러한 현실에 접하게 되면 우리는 교회 밖에 있는 사람들보다는 교회 안에 있는 우리 자신을 돌아보며 신앙적 반성을 하게 된다. 신도들이 왜 교회를 떠나는지를 묻기도 한다. 교회를 떠난다는 것은 기독교 신앙을 떠난다는 뜻은 아니다. 더 좋은 신앙을 지니기 위해 교회 밖으로 나간다는 뜻이다. 그래서 일본에서는 무교회주의자들이 오히려 더 깊은 신앙을 지켜왔다고 보기도 했다.

일본에서 대학생활을 할 때였다. 기독교를 믿는 대학생은 거의 찾아보기 힘든 시절이었다. 그래도 내가, 너희들은 일본을 대표하는 크리스천으로 누구를 생각하느냐고 물었더니, 절대다수의 학생들이 우치무라 간조와 같은 이가 아니겠냐고 대답했다.

1960년대 초반의 일이다. 일본에 방문했다가 한 공식적인 모임에서 당신들은 일본을 대표하는 크리스천으로 누구를 연상하느냐고 물었다. 대부분의 사람이 야나이하라 다다오 교수 같은 이일 것이라고 대답했다.

그 두 사람은 무교회주의자였다. 일제 강점기에 그러한 무교회주의자들의 영향을 받은 대표적인 인물이 김교신, 함석헌, 노평구 같은 이들이었다. 함석헌은 진리는 교회보다 우위에 있다고 말하곤 했다. 김교신은 비교적 일찍 세상을 떠났다. 그의 신앙을 추종하는 이들이 기념 사업회 비슷한 기구를 만들었다. 한때는 숭실대학교의 총장을 지낸 조요한 철학 교수가 그 책임자가 되기도 했고, 요사이는 한국 교회사의 대표학자인 이만열 교수가 그 책임을 맡고 있다. 두 교수 모두 김교신의 신앙은 그렇게 철저했고 정통성이 있었다고 말했다. 그들은 교회가 신앙을 교리화시켜서는 안 되며, 예수의 말씀을 그대로 믿고 실천하는 것이 중요하다고 가르친 사람들이었다. 진리를 지키기 위해 교리가 필요한 것이지, 교리의 그릇에 진리를 국한시키는 일은 잘못이라고 보았다.

무교회주의가 존재할 수 있고 또 존재해야 하는가, 함은 또 다른 문제다. 그리스도인들이 모이거나 삶의 공동체를 형성하는 것은 자연스러운 현상이다. 기독교 공동체를 거부하는 사람은 없다. 신앙 공동체는 있을 수밖에 없기 때문이다. 그 신앙적 공동체의 대표가 바로 교회다. 그런데 교회가 중심이 되면 기독교는 곧 기독교회라는 좁은 생각에 갇히게 된다. 기독교 공동체는 얼마든지 있을 수 있고, 있어야 한다. 그런데 기독교가 교회주의에 빠지게 되면 기독교의 정신력과 생명력은 제한받으며, 교리가 진리를 대신하는 과오를 범하게 된다. 무교회주의가 탄생된 이유는 교회주의가 존재했기 때문이었다. 교회주의는 기독교가 교회에서 출발해 교회의 완성이 된다는 과오를 범했다. 중세기의 천주교가 그런 과오를 범했기 때문에 종교개혁이 일어났고, 개혁을 위한 방향은 교리에서 성경으로의 복귀를 염원했다. 무교회주의는 타당한 평가가 못 된다. 오히려 성경 중심의 진리 탐구라고 보아야 옳다. 미국에서는 퀘이커교 신도들이 또 하나의 성서주의를 택했다. 성경 말씀대로 살아야 한다는 주장이었다. 그러나 그것도 교회 형식을 갖추지 않은 하나의 교회 밖 공동체였다.

이런 문제들에 봉착하게 되면 우리는 좀 더 예수의 뜻에 가까운 해답을 얻게 된다. 2000년 동안 교회 중심 체제를 유지해오던 가톨릭은 20세기에 큰 혁신적 변화를 감행했다. 수십 년에 걸친 노력 끝에 얻은 결론은 교회가 사회를 위해 존재하지, 사회가 교회를 위해 존재하지 않는다는 것이었다. 늦은 감은 있으나 가톨릭이 그 변화를 일으키지 못했다면 가톨릭교회는 사회와 역사에 희망을 줄 수 없었을 것이다.

그 점에 있어서 바울 6세 교황과 요한 바오로 2세 교황의 업적은 훌륭했다고 보아야 하겠다. 지금의 프란치스코 교황도 그 뒤를 계승하고 있다. 김수환 추기경도 바울 6세와 뜻을 같이하며 교회가 사회를 위해 봉사하는 것이 예수의 뜻이라고 믿었고, 또 그 모범을 보여주었다.

그런데 이상하게도 그런 예수의 정신을 받들어 탄생된 한국의 개신교는 이를 역행하고 있다. 보수적인 교단일수록 그 정도가 더 심하다. 한국과 같이 큰 교회가 많이 생긴 나라가 없을 정도다. 큰 교회가 되면서 교회주의로 전락하지 않은 교회는 손에 꼽을 정도다. 교회가 커질수록 기구와 제도는 물론이며 행정도 큰 비중을 차지하게 된다. 많은 액수의 헌금이 생기면 교회는 점점 더 물질주의로 기울어지게 마련이다.

그 결과 기독교는 사회에 도움을 주거나 모범을 보여주기보다는 오히려 사회의 걱정거리가 되기도 한다. 이슬람교를 비롯한 몇몇 종교가 사회에 부담과 우려를 끼치고 있듯이 우리도 실질적으로는 그렇게 되지는 않을지 근심할 정도다.

물론 장로교와 감리교 등의 개신교는 천주교처럼 많은 교리를 갖고 있지는 않다. 그러나 교회주의에 편중하게 되면 예수의 교훈을 사회 및 역사적 진리로 발전시키기보다는 교회의 내적인 문제로 끌어들이는 과오를 범하게 된다. 세상 사람들보다도 사회 문제에 무관심해지며 신앙을 가진 사회적 지도자를 배출하지 못하는 교회가 현실이 된다.

나 같은 사람은 교회의 안과 밖으로 많은 사람을 대하곤 한다. 그런데 적지 않은 사회의 지도층 인사들이 자신이 크리스천이라는 사실을 말하지 않는다. 몰지각한 행동을 보이는 교회의 교인들과 동등한 비판이나 평가를 받게 될까 봐 꺼리기 때문이다. 그들은 나름대로 신앙을 갖고 있다. 예수의 교훈과 말씀이 인생의 소중한 진리이며 그것이 자신들의 인생관과 가치관이 되고 있음을 의심하지 않는다. 그렇기 때문에 포기하거나 배반할 수가 없다. 그러나 다수의 교인이 크리스천다운 인생관과 가치관을 지니지 못하고 있다. 때로는 신부들 가운데서도 그런 사람을 보게 되며, 목사들 중에서도 그 수준을 넘어서지 못한 사람을 보게 된다.

예수의 교훈을 인생관과 가치관으로 받아들이고 사는 사람들은 오히려 교회 밖에서 더 많은 일과 봉사로 사회의 모범이 되고 있다. 예수의 가르침대로, '주여, 주여' 외치는 신도보다는 하늘나라를 위해 생애를 바치는 신도가 얼마든지 있고, 또 있어야 한다.

진리로서의 신앙

▪
▪
▪

나는 어렸을 때 농촌에서 자랐다. 90여 년 전의 일이다.

여름이 되면 논밭에서 하루 일을 끝낸 부모님이 늦게 집으로 돌아왔다. 저녁 식사를 마친 후에는 뜰 안에 멍석을 깔고 쑥불을 피워 모기들을 쫓아내면서 이야기도 나누고 피로에 지쳐 졸기도 하다가 밤늦게 방으로 들어가곤 했다.

나는 세 살 위인 누나와 함께 하늘을 가득히 차지하고 있는 별들을 보면서 이야기를 나누곤 했다. 그 당시에는 맑은 하늘에 수많은 별이 반짝이고 있었다.

"누나, 저 앞산에 긴 장대를 가지고 올라가면 별을 따 가질 수 있나?"

"별은 더 높은 데 있어 안 될 거다."

"저기 멀리 있는 대보산 꼭대기까지 올라가면 딸 수 있겠지? 무서워서 밤에 올라갈 수 없어 그렇지? 산 아래에도 별들이 있잖아?"

"글쎄……?"

이야기를 듣고 있던 부친이 말했다.

"대보산에 올라가면 하늘이 더 높아지니까, 별도 더 멀어진다."

그래도 나는 저렇게 많은 별 가운데 한두 개쯤은 따 가질 수 있을 것 같다고 생각했다.

철학자들의 오랜 역사를 살펴보면, 그들은 진리라는 이름의 별을 따 소유할 수 있을 거라고 생각했다. 진리는 어쨌든 소유해 지녀야 하며, 그 책임은 철학자들에게 있다고 여겼던 것이다.

사실 소크라테스나 그의 제자 플라톤과 같은 철학자들은 자신들은 진리를 소유한 사람이라고 믿고 있었다. 자신들의 철학이 진리가 못 된다면 어떻게 제자들에게 그것을 가르칠 수 있겠는가. 그러다가 플라톤의 제자 아리스토텔레스의 시대에 이르면서 진리는 항상 찾아가는 것이며, 완전한 진리는 찾아서 소유하지 못한다는 생각으로 바뀌기 시작했다. 철학적 사유가 과학적 비판을 받기 시작한 것이다.

그러는 동안에 철학자들은 이상주의와 관념론에 대해 한계를 깨닫기 시작하면서 진리는 하늘의 별과 같아서 존재하기는 해도 그것을 충분히 발견해 가질 수 없다는 상대주의에 빠지게 되었고, 마침내는 진리 자체에 대한 회의에 도달하기도 했다.

진리의 별빛이 찬란하기 때문에 가까이 다가가기는 해도, 가까이 갈수록 별은 점점 더 멀어진다는 사실을 깨닫게 된 것이 철학적 사유의 통념이 된 셈이다. 근대 사회로 접어들면서는 철학자들의 학설을 그대로 믿고 따르는 사람들은 자취를 감춘 듯싶기도 하다. 과학자들이 부분적인 진리를 주장하나 그것들은 바닷가의 모래알 몇 개나 자갈 정도의 위상을 차지할 뿐이다. 진리의 별들은 여전히 저 창공에서 빛을 발하고 있는 것 같다.

그런데 2000년 전에 예수는 내가 곧 길이요, 진리요, 생명이라고 가르쳤다. 그리고 진리가 너희를 자유롭게 할 것이라고 말했다. 진리를 도달할 수 없는 애모의 대상이 아닌 우리들의 삶 속에 깃들어 있어야 하는 인격적 소유로 말한 것이다. 석가도 진리에 해당하는 법은 찾아가는 대상으로 보았고, 공자도 하늘길天道에는 도달하지 못하는 것이 인간의 운명인 듯이 말했다. 그런데 예수는 그 진리가 너희들의 삶 속에 있어야 한다고 말했고, 내가 곧 너희들의 길이고 진리이며 생명이라고 선언했다. 그것이 가능할 수 있을까.

많은 철학자가 진리는 먼 곳에 있으나 진리와 비슷하거나 동질성을 갖는 지혜는 우리의 것이라고 말했다. 그래서 철학은 소피아(지혜)에 대한 사랑이라는 뜻을 갖는다. 특히 윤리학의 영역에서 본다면 진리는 지혜와 같은 의미를 차지한다. 지혜는 우리들의 삶에 내재해 있기 때문이다.

그러나 예수는 지혜를 진리로 보았던 것 같지 않다. 진리와 지혜를 구별해 가르쳤다. 제자들도 예수는 지혜를 가르쳤다고 말하지 않았다. 지혜는 누구나 가질 수 있다. 그러나 진리는 스승인 예수에게만 존재한다고 믿었다.

그러면 이러한 기독교의 진리란 어떤 것인가. 진리라는 개념이나 내용을 자연연구에 관한 것으로 본다면 기독교의 진리는 상관성을 갖지 않는다. 수학이나 자연법규에 관한 것은 종교적 영역에 속하지 않는다. 그러나 진리를 정신적 분야와 연결 짓는다면 진리는 지혜일 수도 있으며 삶의 가치로도 받아들일 수 있다. 19세기 후반부터 성행했던 가치철학이 바로 그런 견해를 대표하기도 했다. 삶의 지혜와 가치는 항상 우리들의 삶의 내용으로 의미를 갖고 있기 때문이다. 그러나 기독교가 말하는 진리는 다른 데 있었다. 흔히 가치철학을 언급하는 사람들은 진리를 위한 인식론, 선의 가치를 추구하는 윤리학, 아름다움의 가치를 창조하는 예술 등과 더불어 거룩함聖의 가치를 언급하면서 그것은 종교가 추구하는 인간적 가치라고 설명하기도 했다. 진眞, 선善, 미美의 가치를 포괄하면서도 초월하는 종교적 가치로 보았던 것이다.

그러나 기독교의 진리는 그런 가치관의 일부도 아니며, 성스러움의 가치를 탐구한다고 해서 기독교의 진리가 완성되거나 충분히 설명되는 것도 아니다.

기독교의 진리는 인간의 삶과 역사를 포함하면서도 그것들을 초월하여 인간적인 것의 영역과 한계를 극복할 수 있는가에 대한 해답을 얻기 위한 것이다. 모든 인간은 예로부터 그런 희망과 해답을 기대하면서 존재해왔다. 시간과 함께하는 삶에서 영원과 함께하는 삶을 추구해왔고, 인간적 유한성을 극복할 수 있는가를 물어왔다. 죽음을 맞이하면서 영생을 원했는가 하면 절망을 희망으로 바꿔야 삶의 의미와 가치가 존재한다고 믿고 싶었다. 인간은 동물적 존재가 아닌 정신적 생존자이며 무에서 유를, 허무 속에서도 실재를 염원하는 존재로 태어났다. 그런 종교적 신앙에 대한 갈망에 해답을 줄 수 있는 진리를 선포하며 누릴 수 있다는 교훈이 기독교의 진리로 주어진 것이다.

그 해답을 구약과 신약에서 찾을 수 있으며 그 중심에 나타난 이가 예수였다. 구약은 그 예언과 약속의 서곡과 같았고 신약은 그 사실을 입증하는 것이 기독교의 진리이다. 그래서 예수는 내가 진리라고 선언한 것이다. 그의 삶과 인격과 가르침이 종교적 신앙으로서의 진리인 것이다.

그러므로 기독교의 진리는 지식이나 학문의 문제에 국한되지 않는다. 윤리와 도덕의 문제와는 차원이 다른 것이다. 따라서 기독교의 진리는 인간과 자연의 문제인 철학적 과제도 아니며, 인간과 사상에 관한 문제에 머물지도 않는다. 기독교 신앙이 진리가 되는 제일의 조건은 인간과 신의 관계에서 비롯되며 또 완성될 수 있다. 무신론자와는 상관이 없다. 자연주의자에게도 기독교는 본질적으로 일치되지 못한다.

그 신과 인간의 관계에서 진리를 풀이해준 대표적인 책임자가 예수였던 것이다. 그리스도인들과 신학자들은 여러 가지 설명을 더하고 있다. 우리는 그 핵심 본질을 예수의 삶과 인격과 교훈에서 받아들이고 있다. 따라서 기독교의 진리는 신앙적 체험과 더불어 발생하며, 그 체험들을 역사적 결과에서 입증하고 받아들인다. 인간 외적인 문제가 아닌 인간과 역사 내적인 체험과 더불어 성취되는 것이다.

그래서 기독교의 진리는 탐구하면서 찾아가는 대상이기보다는 내적인 체험으로 입증하는 것이다. 그런 진리는 하늘에서 빛나는 별과 같은 존재가 아니라 우리의 삶을 밝혀주는 빛이고 앞을 보여주는 영적인 길이기도 하다.

만일 신의 존재와 무관하거나 신앙적 체험을 경험해 보지 못한 사람이 있다면 그것은 기독교와 함께하는 삶이 아니기 때문에 진리와 합치될 수 없다. 기독교의 진리는 생명과 함께하는 빛이며 희망이 되는 것이다. 이때 무엇보다도 소중한 것은 신앙적 체험이다. 은총을 누리는 것이다.

이런 신앙적 체험을 이론적으로 설명하는 데는 한계가 있기 때문에 기독교 안에서는 여러 가지 상징적인 비유를 인용하고 있다. 체험은 논리적인 사고로는 완전히 해명할 길이 없다. 그래서 문학적 표현이 필요한 것이다. 신앙적 체험은 이론과 지적인 그릇에 담을 수 없다. 하지만 그런 이론적 방법으로는 표현할 수가 없어 체험이 상징적 비유에 그치고 만다면 그것은 진리의 본질을 희석시킬 수 있다.

그래서 그 비유는 어떤 의미를 지니게 된다. 체험의 내용을 비유로 설명한다면 그 목적은 내용의 의미를 위해서이다.

체험에서 상징적 비유가 전해지고 그 의미로서의 교훈이 더 새로운 체험을 이끌어 낸다. 그러는 동안에 삶은 신앙적으로 풍성해지고 더불어 우리의 행위를 통해 결실을 남기게 된다. 그 역사적 과정은 시대와 사회적 변천에 따라 아브라함에서 모세로 연결되었으며, 예수에게서 완성된 이후에는 새로운 삶의 역사를 거쳐 오늘에 이르고 있다.

이때 문제가 되는 것은 신앙적 체험의 주관성이다. 체험의 객관성과 통일된 주체성이 없다면 그것은 사이비 신앙이 될 것이다. 또 그랬다면 기독교는 그 존재성을 상실했을 것이다. 이 잘못된 인간적인 주관성 때문에 많은 종교가 사회적으로 버림을 받았다. 종교적 진리가 언제 어디서나 잘못된 미신과 공존해온 이유가 여기에 있다. 기독교가 이단과 싸움을 벌여 온 것도 이 때문이다.

기독교적 신리의 존립은 신앙적 체험의 확고하고 일관된 주체성과 그 역사적 결실의 의미와 가치로 평가되어야 한다. 기독교의 진리는 새로운 신앙적 탄생의 체험을 필수로 하면서도 그 내용이 모든 그리스도인과 공통성을 지녀야 한다. 교회의 성립이 그 결과다. 또한 기독교 사회는 여타 사회보다 인류와 역사에 더 신하고 보람 있는 영향을 줄 수 있어야 한다. 신앙의 열매라는 개념이 그런 것이다.

따라서 이러한 진리는 언제나 창조적이며 희망적인 메시지가 되어야 한다. 일부 보수적인 근본주의를 따르는 사람들이 기독교의 진리는 영원불변의 진리라든가, 성경 말씀은 축자영감설에 속한다는 교리를 내세우고 있으나 예수는 언제나 창조적이며 영원히 새로운 가르침을 주었다. 거듭나지 못하면 신앙인이 될 수 없다고 가르쳤다. 신앙 이전의 자아는 죽고 예수와 더불어 새사람이 되어야 한다는 것이 기독교의 진리이다. 진리는 죽은 것이 아니라 새 생명을 주는 영혼의 양식이다.

그리스도인이 된다는 것은 모두가 예수와 더불어 새로 태어난 삶을 겪었다는 것이다. 그 공통성이 역사와 사회를 바꿔왔고 바꿔가고 있다.

진리가 진실과 공존한다는 사실을 의심하는 사람은 없다. 진리는 삶에 있어서 진실이기 때문이다. 그러나 예수의 뜻은 그런 상식을 넘어선다. 내가 가르치는 진리는 모든 것을 새롭게 창조하는 사랑이라고 거듭 강조한다. 진리는 교리나 신학에 그치지 않는다. 우리의 행위, 우리의 삶과 함께하는 진리인 것이다. 그 창조적인 주체는 사랑이다. 그리고 그 사랑은 인간애에 머물지 않는 신의 사랑과 예수가 실천으로 보여준 사랑에서 출발하고 그 사랑에서 완성된다.

누구를 위한 신앙인가

▪

▪

▪

오래전 일이다.

가정예배를 끝낸 뒤, 아이들에게 이야기했다. "엄마가 우리 살림에 대해 경제보고를 할 건데, 들어보고 싶지 않아?" 아이들은 궁금했다는 듯이 듣겠다고 대답했다.

아내는 나의 봉급과 기타 수입에 관해 설명하고, 매달 적지 않은 적자가 있어 걱정이라고 말했다. 뜻밖의 실정을 알게 된 아이들이 어떻게 하면 아버지를 도울 수 있을지 의견들을 꺼냈다. 큰아들은 내가 염소를 구해오면 자기가 풀을 뜯어 먹여 키우겠다고 제안했다. 젖을 짜 먹기 위해서였다. 딸들은 가급적 가까운 곳에 갈 때는 버스를 타지 말고 걸어 다니자고 했다.

어린 막내딸은 아무 말도 못 하고 있다가 "나도 한 가지 할 수 있는 일이 있어요"라고 말했다. 내가 "무슨 일인데?"라고 묻자 "아버지는 1원짜리 돈을 쓰지 않으니까, 그 돈들을 나에게 주면 내가 모아 두었다가 가게에 가서 10원짜리로 바꿔다 줄 테니까 쓰세요"라고 했다.

큰아이들과 아내는 웃었다. 나도 웃기는 했으나 어린 딸아이의 정성이 마음 저리게 느껴졌다. 아버지와 어린 딸의 소중한 마음의 줄이었다.

많은 크리스천이 하느님을 사랑하는 것을 신앙의 길이라고 믿는다. 그런데 하느님은 인간의 도움을 필요로 하는 존재는 아니다. 내 어린 딸은 그래도 나를 도울 수 있다. 그러나 아무리 좋은 신앙을 가졌다고 해도 인간의 사랑과 도움은 절대자인 하느님에게 미치지 않는다. 그래서 구약 시대의 이스라엘 사람들은 신을 섬기는 방법을 인간적인 것으로 받아들였다. 성전을 짓는 것도 그 하나이며, 정성스럽게 제물을 바치는 것도 하느님을 위한 뜻이라고 믿었다.

그러는 동안에 아브라함부터 전승되어 오던 씨족 신앙이 모세와 더불어 민족 종교로 발전하면서 계명과 율법을 지키는 것을 신앙으로 여기는 발전적 변화가 일어났다. 물론 다른 민족들도 법을 만들고 지켰다. 그러나 이스라엘은 종교 국가였기 때문에 계명과 율법이 신앙과 생활의 절대적인 규범이 되었다.

가장 대표적인 것이 십계명이다. 처음의 세 가지 계명은 다른 사회에서는 찾아볼 수 없는 신에 관한 것이었고, 제5계명부터는 다른 나라에서도 공유하는 인간관계와 사회생활의 질서를 위한 것이었다. 모든 계명이 소중하나 신과 인간관계로 이루어진 제4의 안식일에 관한 계명은 그중에서도 가장 소중한 계명이었다. 그래서 이스라엘 사람들은 제4의 안식일 계명을 절대적인 것으로 믿고 살았다. 계명 자체도 대단히 엄격한 규제를 지니고 있었다. 그들에게는 안식일을 어떻게 지키느냐가 신앙의 기준이 될 정도로 준엄한 것이었다.

그런데 그렇게 신앙의 기준이 되는 안식일 계명을 예수는 경시한다고 여길 정도로 수정했다. 이스라엘 사람들이 안식일 신앙을 떠나거나 버려도 된다는 선언을 한 것이다. 예수는 그것을 실천에 옮기기도 했다. 그것은 종교재판에 넘겨져 사형을 받아도 될 정도로 혁명적 행위였다.

예수는 서슴지 않고 '안식일이 사람을 위해 있는 것이지 사람이 안식일을 위해 있는 것이 아니다'라고 가르쳤다. 그것은 종교가 사람을 위해 있지 사람이 종교를 위해 있지 않다는 상식과도 통한다. 구약 신앙을 믿고 따르는 사람들에게 모든 계명과 율법이 너희들을 위해 있기에, 너희들은 계명이나 율법의 노예가 되어서는 안 된다는 가르침을 준 것이다. 필요에 따라서 새로운 계명과 율법이 생길 수 있으며, 인간의 본성과 어긋나거나 인간에게 고통과 불행을 주는 계명은 포기해도 된다는 뜻이었다.

사실 유대교나 기독교 밖의 사람들에게 안식일 문제는 아무 의미도 없다. 그것 때문에 구속을 받고 인간관계의 질서를 무너뜨린다면 이는 어리석은 일이기도 하다. 다른 모든 종교적 신앙도 인간을 위해 있는 것이기 때문에 인간이 신앙의 예속물이 되어서는 안 된다.

지금도 교회 안에서 안식일 문제는 적지 않은 비중을 차지하고 있다. 안식교 교단의 주장이 그 하나다. 그리고 대부분의 교회에서도 안식일을 어떻게 지켜야 하는가에 관심을 갖고 있다. 내가 중학교에 다닐 때는 주일에 공부하는 것이 죄가 된다고 해서 밤 자정이 될 때까지 쉬다가 공부한 일도 있었다. 50년 전에도 내 아들 역시 주일에 공부하면 죄가 되느냐고 물어왔던 일이 있었다.

그러나 지금은 누구도 안식일이나 주일에 구속을 받지 않는다. 세상 사람들은 무슨 할 일이 없어서 저런 데 관심을 쏟냐며 생각할지도 모르겠다. 그렇다고 안식일이나 주일의 뜻까지 사라지는 것은 아니다. 엿새 동안 일을 사랑함으로 즐거움을 누리고 하루 휴식을 취하는 것은 생활에 큰 도움이 된다. 일을 사랑해 보지 못한 사람은 휴식의 가치도 모르는 법이다. 일주일 중 4일은 일하고 3일은 노는 경제 사회가 이상적이라고 이야기하는 이들도 있다. 그러나 나는 그보다 더 좋은 삶이 있다고 믿는다. 4일 동안 육체적인 일을 한 사람은 2일 동안 정신적인 교양을 위한 시간을 즐긴다. 그와 반대로 4~5일 동안 정신적인 일에 몰두했던 사람은 1~2일 정도는 육체적인 일을 즐기는 것이 더 행복한 삶이 될 거라고 생각한다. 열심히 일을 사랑하고 하루는 충전을 위해 휴식을 취할 수 있다면 그것은 성장과 행복을 증진시켜 줄 것이라고 믿는다. 장년만 해당되는 이야기가 아니다. 늙어서도 그 자세는 축복의 길이라고 믿고 싶다.

기독교 역사는 중세기로 접어들면서 또 다른 변화를 맞이했다.

교회가 제도화되고 교권이 사회정치권보다 높이 평가를 받으면서 기독교는 곧 기독교회라는 위상을 자연스럽게 차지하게 되었다. 그 결과로 나타난 것이 기독교 신앙은 교회를 위하는 것이었다. 교회는 교권과 더불어 여러 가지 교리를 창출했다. '무엇을 어떻게 믿을 것인가'라는 물음의 해답은 신앙의 대상과 방법을 요청했고, 교회는 옛날의 계명이나 율법 대신 교회를 필수적인 요건으로 받아들이게끔 만들었다.

이로 인해 교회가 있는 곳에는 교리가 없을 수 없고, 교회를 배반하거나 어긋나가는 것은 기독교 신앙이 못 된다고 보았다. 더 나아가 그것을 신도들에게 요청할 필요성을 느꼈다. 이는 다른 종교와의 교리적 구별을 두면서 사이비 신앙을 방지하는 길이기도 했다. 그 교리의 핵심이 되는 것이 교회 안에서는 사도신경으로 받아들여지고 있다. 그리고 교리를 지키기 위해 교회법까지 제정하기에 이른다.

그러나 1000년에 걸친 교회 중심의 중세기가 끝나게 된다. 그것은 교회 안과 밖에서 일어난 세계 역사의 정신적 발전이 가져온 변화였다. 역사가들은 그것을 근대정신의 탄생이라고 보았다. 문예 부흥과 종교개혁이 그것이었다. 문예 부흥은 중세기에서 고대 정신으로의 복귀였으며 종교개혁은 개신교의 탄생이었다. 신앙을 위한 인간보다 이성과 자유를 믿는 인간으로 되돌아가고 싶었고, 중세기의 교권과 교리보다는 자유로운 인권과 진리를 위한 변혁이 시대적 요청이었다. 그 큰 흐름은 기독교 정신에 대한 항거이기도 했으나 진정한 의미의 휴머니즘 운동이기도 했다. 어떤 면에서는 종교적 신앙 안에 머무는 것이 아니라 인간의 자유와 인간 문제 해결의 한 방도로서의 기독교라는 큰 역사적 변화에 직면하게 된 것이다.

그러나 르네상스 운동과 종교개혁은 둘 다 어떤 면에서는 기독교라는 어머니 밑에서 태어난 두 아들이라고도 볼 수 있다. 종교개혁은 기독교의 새로운 탄생이었고 르네상스 운동도 기독교 정신에서 태어난 휴머니즘 운동으로 볼 수 있기 때문이다. 중세기를 암흑 시대로 선언한 최초의 사상가는 프란체스코 페트라르카였다고 역사가들은 말한다. 그 페트라르카가 당시 가장 대표적인 기독교 신도였던 점을 미루어보아 짐작할 수 있다. 이뿐만 아니라 세계 정신사를 살펴보면 고대의 그리스 정신은 이미 헬레니즘 시대와 더불어 생명력을 상실했다. 그런데 그 소멸되었던 정신이 기독교에서 새로운 생명력을 얻어 휴머니즘을 바탕으로 삼는 문예 부흥이 일어난 것이다.

먼저 제시한 문제로 돌아가자.

500년 전에 일어난 종교개혁은 교권에 대한 새로운 비판이었으며, 교리를 위하기보다는 성경을 통한 예수의 교훈과 정신으로 되돌아가자는 신앙 운동이었다. 예수의 교훈과 정신을 우리 삶의 진리로 받아들이자는 초대교회적인 신앙 운동이었던 것이다. 예수의 가르침이 모든 인간의 인생관과 가치관이 되어야 한다는 뜻이었다.

예수는 좋은 교회나 큰 교회를 언급한 바가 없다. 언제나 뜻하는 바는 하느님의 나라였다. 교회와 교리는 그 목적을 위한 과정과 방법일 뿐, 그 자체가 목적은 아니었다. 안식일이 사람을 위해 필요했듯이 교회와 교리는 하느님의 나라와 진리를 위해 존재한다는 새로운 삶과 신앙의 장을 열어 준 것이다.

그렇다면 예수의 가르침은 어떠했는가. 처음에는 이스라엘 사람들의 구약적인 전통을 받아들여 가장 소중한 계명은 하느님을 섬기는 것이며, 인간을 사랑하는 것은 같은 뜻이라고 말했다. 그리고 얼마 후에는 하느님의 뜻을 따라 이웃을 사랑하는 것이 신앙의 핵심이라고 가르쳤다. 생애 마지막에는 내가 너희들을 사랑한 것같이 너희들도 이웃을 네 몸같이 사랑하며 그것이 신앙의 근본이라고 말했다.

철학자들은 인간애를 말한다. 사상가들은 인류에 대한 사랑을 앞세운다. 모든 종교와 윤리도 같은 맥락의 주장을 한다. 그러나 그런 주장은 이성과 휴머니즘적인 요청이다. 구체적인 사랑은 못 된다. 예수는 네 이웃을 사랑하라고 가르쳤다. 너희들과 삶을 함께하는 사람들, 즉 능력과 영향력을 미치며 주어진 사회적 의무를 함께하는 이웃에 대한 사랑을 강조했다. 이는 가족과 함께하는 사랑일 수도 있고, 직장의 영역과 더불어 하는 봉사일 수도 있다. 교육자에게는 제자들과의 사랑일 수도 있고, 정치가에게는 국민들과 함께하는 사랑일 수도 있겠다. 기업체의 사장으로서 사원과 근로자들에 대한 사랑일 수도 있다.

사랑은 주기만 하거나 받기만 하는 일방적인 것이 아니다. 서로 사랑하라는 것은 사랑을 나누라는 뜻이다. 부한 사람은 가난한 사람을 도울 수 있고, 가난한 사람은 또 다른 방법으로 부한 사람을 위할 수 있다. 줄줄 아는 사람이 받을 수도 있고, 받아본 사람이 줄 수도 있는 것이 사랑이다.

그러나 예수는 누가 우리의 이웃이냐고 묻는 제자들에게 사마리아인 비유를 남겼다. 제사장과 같이 말로만 가르치고 실천하지 않는 사람을 걱정한 것이다. 예수는 교회나 기독교 공동체의 책임을 맡은 사람들과 같이 받기만 하는 사람에게는 참 이웃이 없다고 암시해 주었다. 종교적 신앙의 영역에서 떨어져 있는 이름 없는 사람들, 그러나 인간적 의무와 공감대를 가지고 사는 평신도나 교회 밖에 있는 인간다운 삶의 의무와 책임을 감당하는 사람이 사랑을 베풀어야 할 이웃이라고 가르쳤다.

가르침의 뜻은 간단했다. 사회에서 버림받고 자신의 능력으로는 우리와 같은 삶을 영위할 수 없는 (강도를 당한) 사람을 먼저, 그리고 완전히 치유될 때까지 사랑해주라는 요청이었다. 그렇다면 강도를 만난 사람은 누구일까. 인간악과 사회악으로 피해와 고통을 입은 사람들이다. 그들은 우리 모두의 사랑의 대상이 되어야 하며, 그리스도인들은 그들의 자유와 행복을 위해 사랑을 베풀 책임과 더불어 역사적이고 사회적인 의무를 가진다.

그렇다면 신앙은 누구를 위해 있는가. 하느님 아버지의 사랑을 대신 베풀어 주는 사람과 그 사랑을 기다리는 사람들을 위해 있는 것이다.

소설 같은 이야기 둘

· · ·

얼마 전부터 바티칸 교황청에 이상한 소식이 들려오기 시작했다. 예수께서 약속하신 대로 다시 오셨다는 소식이었다. 교황청 관계자들은 관심조차 갖지 않았다. 그런 일은 있을 수도 없고, 만약 그것이 사실이라면 우리가 제일 먼저 알았을 것 아니겠냐며 묵살해 비렸다. 그런데 같은 이야기가 계속해서 들려왔다. 그것도 믿을만한 소식통에서 전해지곤 했다.

교황청은 여론을 수습해 보고자 간담회를 열었다. 그런 풍문이 어떻게 발생했으며 왜 널리 퍼지게 되었는지를 알아보았다. 그들은 결국 비밀리에 직접 사람을 보내 진상을 알아보자는 결론을 내렸다.

가톨릭과는 관계가 없는 듯이 차려입은 성직자들은 예수가 전도하고 가르치며 가난하고 병든 사람을 돌보아 주고 있다는 곳까지 찾아갔다. 다시 오신 예수는 옛날과 조금도 다르지 않았다. 현대인의 눈에 비친 예수는 더욱 조용하고 초라해 보이기도 했다. 로마의 바티칸 궁에서 본다면 존재가치가 없었다. 그런 예수라면 별로 상대할 필요가 없어 보였다. 그런데 이상한 것은 몇 사람들이 그 뒤를 따랐고 때로는 그 수가 많아지기도 했다.

파송을 받았던 성직자들이 돌아와 보고했다. "극히 미미한 사건이었습니다. 2000년 전 예수와 같았습니다. 로마제국의 위세에 비하면 갈릴리의 목수였던 예수는 아무것도 아니었듯이, 지금 다시 오신 예수는 바티칸 교황청에 비하면 크게 관심 둘 만한 인물도 못 되고 뒤따르는 군중도 보잘것없습니다."

그래도 교황청에서는 사태가 더 커지기 전에 방비하는 것이 좋겠다는 합의를 보았다. 그래서 추기경 중에서 두 사람을 선출해 선처하라는 분부를 내렸다.

두 추기경은 예수를 만나 "주님, 오시려거든 그 당시에 오시지 2000년이 지난 지금 오시면 어떻게 합니까. 또 오시려면 먼저 알려주시고 오셔야지요. 아무 예고도 없이 불쑥 이렇게 로마에서 멀리 떨어진 곳으로 오시면 저희는 많이 당황스럽습니다. 이제는 저희가 2000년 동안 준비한 조직과 행정력으로 교회를 잘 이끌어 가겠습니다. 혹시라도 더 많은 군중이 모여 주님을 따라가게 되면 교황님을 비롯한 우리 성직자들은 직업을 잃게 되고, 다른 할 일도 없는 실업자로 전락하고 말 것입니다. 그러니 모든 일은 저희에게 맡기시고 돌아가 주시면 주님의 교회를 위해 더 좋겠습니다"라고 권고했다. 그래야 방대한 시설과 거대한 위세를 갖춘 교회를 유지하고 발전시킬 수 있기 때문이다.

스님들의 간절한 요청과 사모하는 마음을 받아들인 석가님이 한국 불교계를 찾아오셨다. 불교계를 대표하는 스님들은 석가님을 모시고 여러 곳을 안내하면서 그동안의 노고와 시대적 변천에 따른 실정들을 설명했다.

석가님은 여러 불교계의 성지를 안내받았으나 아무 말도 하지 않았다. 오래된 사찰을 볼 때도 말이 없었다. 법주사에 안치된 큰 불상을 보고는 발걸음을 돌리고 외면하면서 한숨을 지었다. 그러면서 혹시 불교의 진리와 법을 연구한 흔적이나 기록물이 있느냐고 물었다. 스님들은 지금 것은 보일 만한 게 없어 옛날 문헌들을 설명하면서 유명한 스님의 사리도 소개했다.

석가님은 침묵 속에 슬프고 안타까운 표정을 지으면서, 더 머물기가 힘들어 떠나겠다고 말했다. 그리고 차라리 오지 않았으면 좋을 뻔했다고 덧붙였다.

안내를 맡았던 스님이, "많이 불편하고 원망스러운 기색까지 보이시는데 저희가 초청한 것에 불만이라도 있으십니까"라고 물었다. 석가님은 "내가 언제 그대들에게 가난한 국민들의 시주를 받아 이렇게 큰 사찰을 지으라고 가르쳤던가. 그것도 두세 곳으로 그치지 않고 전국 어디서나 보았는데 도대체 불도들에게 무엇을 가르쳤기에 이렇게 많은 것을 거두어들였는가. 앞으로도 그럴 것 같은데 나는 마음이 아파 더는 머물 수가 없다. 사찰에는 어디를 가나 내 모습을 보여주기 위한 불상으로 가득 차 있으니 내가 창피스러워 숨을 곳조차 찾지 못할 지경이다"라고 하며 여기 몇 시간이라도 더 머물기가 힘드니 떠나야겠다고 말했다.

그 말을 들은 원불교 신도가 석가님 앞으로 다가와 "하시는 말씀을 충분히 받아들이고 따르겠습니다. 그러나 저희 원불교 본부에 오시면 좀 위로가 될 것 같습니다"라며 석가님을 원광대학교가 있는 쪽으로 안내했다. 그러면서 "저희는 교육 수준이 낮은 사회에서는 불교의 진리를 제대로 깨닫는 것이 어려울 것 같아 국민의 교육 수준을 높이기 위해 교육 사업에 헌신하고 있습니다. 부처님께 병 고침을 원하는 것이 타당치 않게 생각되어 병원을 짓고 의사들을 키워 병든 환자들을 돌보아주는 것을 부처님의 뜻으로 깨닫고 의료 시설과 치료 혜택을 확대해가고 있습니다. 더불어 우리 불도들이 먼저 근면히 일해 경제적 의무를 다하는 데 앞장서 왔습니다. 그리고 불교와 일부 원불교 사찰에 많은 신앙적 상징물을 세우는 옛날 자연 종교의 뒤떨어진 모습에서 탈피하기 위해 저희는 원을 보여주는 한 가지 상징적 표본만을 갖기로 했습니다"라고 설명했다.

그 말을 들은 석가님은 "그대들의 수고에 적지 않은 공감을 갖는다. 그러나 내가 가르쳐준 법의 진리를 위해서는 부수적인 초보에 지나지 않는다. 아직 가야 할 길이 99리나 남아 있다. 그대들이 그 세 가지 뜻을 깨달았을 때는 이미 불교 울타리 밖의 세상 지도자들이 그보다 몇 배나 앞선 사회 봉사를 해오지 않았는가. 세상 사람들이 세상일에서는 60~70리나 앞서 있으니, 그대들의 10리 행보는 자랑할 것이 못 된다"라고 말하면서 한국 불교 동산을 떠났다.

두 개의 상징적 이야기를 말했다. 그 처음 것은 이미 알려져 있는 이야기다.

19세기 전반기의 프랑스 철학자 오귀스트 콩트는 세계 역사의 발전적 단계를 이야기하면서 종교적 신앙의 시대가 끝나면서 철학적 사유의 시대가 오고, 그 후에 실증과학의 시대로 발전하는 것이 사회과학의 과정이라고 보았다. 학계에서는 그를 사회과학의 시조라고 부르기도 한다. 확실히 현대 사회는 과학의 시대라고 보아야 할 것 같다. 그렇다고 해서 종교적 신앙이 사라진 것은 아니다. 철학적 사유가 남아 있는 것처럼 종교적 신앙은 여전히 우리 사회에 남아 큰 영향을 주고 있다. 현재에도 인류의 사상과 역사를 지배하고 있는 종교의 영향을 가볍게 볼 수는 없는 실정이다. 어떤 사상가들은 마르크스주의는 100년 동안에 끝났으나 종교적 갈등은 200년은 계속될 것이라고 예측한다. 그만큼 종교인이 많다는 증거이기도 하나 아직도 종교적 영향과 혜택을 기대하는 사람이 절대다수라는 뜻이기도 하다.

미국 사회에서도 보수적이며 근본주의 신앙을 고수하는 많은 신도가 강한 정치세력을 갖고 있으며, 이슬람 문화권과 인도 대륙에서는 종교적 전통을 배제할 사상적 대체세력이 없다고 말한다. 장기간 종교를 탄압해온 중국에서도 종교적 신앙을 받아들이는 사람의 수가 늘어나고 있는 현실이다.

많은 사람이 사회적인 교육 수준이 높아지고 과학의 발달과 혜택이 보급되면 종교는 그 정신적 영향력이 점차 약화될 것이라고 생각한다. 그렇게 될 것이다. 사찰의 수가 줄어들고 성당이나 교회가 문을 닫는 현상은 이미 나타나고 있으며 앞으로는 그런 현상이 더 확대될 것이다. 그러나 종교적 신앙심이나 인간의 희망, 더 선하고 영구한 가치를 향한 초인간적 기대와 소원까지 소멸되는 것은 아니다. 최근에는 인간지능의 영역확장과 포스트휴먼 시대가 올 것이라는 과학의 초인간적 가능성을 예고하기도 한다. 가공할 만한 전쟁 무기의 개발과 발전은 인류의 종말을 초래할 수도 있으며, 인간적 가치를 완전히 소멸시킬 가능성도 있다고 말한다. 그런 상상이 가능으로 변하고 있는 것이 사실이기도 하다. 그때 인간이 여전히 인간다운 삶을 유지하며, 인간의 존엄성과 인간적인 삶의 의미와 가치를 유지하고 발전시키는 가능성과 희망은 어디서 찾을 수 있겠는가. 인간이 편리와 삶을 돕기 위해 개발한 과학적 기능이 인간을 노예와 수단으로 격하시키려고 할 때 인간은 자신의 지능으로 빠져나올 수 있는지 묻지 않을 수 없게 된다.

지금까지는 인간의 이성적 가능성을 믿어왔다. 또 우리 자신의 양심과 윤리적 능력이 그 문제를 해결할 수 있을 거라고 자신해왔다. 그러나 지금은 그 한계와 때로는 무능함까지 인정하고 있다. 러셀 같은 철학자가 경고했듯이 핵폭탄을 옆에 두고 돌이나 담뱃불을 폭탄에 던지면 우리는 모두 멸망할 테니, 조심하라고 경고장을 써 붙이고 안심하는 시대에 살고 있는 게 오늘의 현실이다.

사실 종교는 이런 개인과 인류의 절망적 상황에서 벗어나려는 욕구와 희망에서 탄생했다. 원시인들은 죽음을 체험하면서 종교적 신생을 갈망했고, 현대인들은 정신적 회의와 절망의 상황에서 영원한 것과 인간적 삶의 긍정적 실존을 요청해왔다. 인간적 삶의 한계의식과 허무에서 탈피하고 싶었던 것이다. 이것이 바로 실존주의 사상가들이 문제 삼았던 과제들이다.

그런 인간적 기대와 희망을 종교적 신앙에서 찾으려 한다면 그것은 잘못되었거나 미신일 수도 있다. 이는 가장 인간다운 인간애에서 비롯되는 기대와 갈망인 것이다.

석가나 예수는 그런 신앙적 물음에 대한 해답을 주었다. 우리가 성경과 석가의 교훈에 접할 때 그 시대와 사회적 상황을 배제하고 그들의 가르침에 귀를 기울인다면 종교적 신앙에는 사이비 신앙이나 미신적인 요소가 큰 비중을 차지할 수 없다. 그 교훈들이 논리나 학설이 아니기 때문에 상징적인 비유로 전해졌다고 해도 그 뜻과 지향점은 구원으로 향하는 복음이다.

이 뜻을 받아들이는 인간적 수준이 세속적 수준 이하일 때는 종교적 신앙은 불필요하며 삶의 의미와 가치를 위한 도움이 되지 못한다. 이성과 양심을 갖추고 있지 못하기 때문이다. 그들에게는 신앙을 위한 물질적 형상이 필요하며 종교는 세속적 기복의 대상이 될 수밖에 없다. 후진 사회의 종교적 현상은 그런 모습을 갖고 나타날 수밖에 없다. 그러나 이성적 판단과 도덕적 신념을 추구하거나 인류의 영구한 가치와 희망을 염원하는 현대인이 종교적 교훈의 필요성을 느끼고 이에 동참하는 것은 인간다움의 의무이기도 하다.

사회와 역사적으로도 그렇다. 현대인들은 무한 경쟁이라는 명제를 내걸고 이기적인 경쟁에 뛰어들고 있다. 그들은 개인의 불행은 물론이고 사회적 파멸을 초래할 수도 있다. 선의의 경쟁이라고 해도 인간은 무한한 경쟁의 주인공도 아니며 그 수단도 아니다. 더 소중하고 중요한 것은 인간애의 길이며 인격의 가치가 주체가 되어야 한다. 그런 현실 속에서 석가나 예수가 인간애와 인간의 목적을 가르치면서 사랑이 있는 협조와 희생을 요청했다면 이는 당연한 진리가 아니겠는가.

나 같은 사람도 예수의 교훈에서 인간적 희망과 은총에 의한 가능성을 믿고 따르고 있다. 민족과 인류의 참 자유와 희망을 깨닫고 실천할 수 있는 길을 열기 위해 노력하는 삶을 포기하지 않고 있다. 내 지식과 지나온 과거가 있음에도 불구하고 '무엇을 위해 어떻게 살 것인가'를 계속 예수의 교훈에서 찾아가는 것이 인간의 도리라고 믿는다.

연세대학교와 더불어

▪

▪

▪

4·19 혁명이 있고 난 뒤에 몇 대학이 민주화 과정을 치르는 시련을 겪었다. 그 중심에 섰던 대학이 내가 봉직하고 있던 연세대학교였고 기독교 대학들은 크고 작은 개혁의 대상이 되기도 했다.

연세대학교에서는 다섯 명의 교수가 해직 통고를 받았다. 너무 갑자기 벌어진 사건이었기 때문에 교수들 대부분은 그 사건의 경위와 원인을 모르고 있었다. 해직 통고를 받은 교수들의 사정을 알게 된 정석해, 김윤경 등의 원로 교수들이 학교 측에 부당한 처사임을 설명하고 철회를 요청했다. 그러나 학교 측은 해직을 기정사실로 굳힌 뒤였다.

할 수 없이 두 원로 교수의 뒤를 따른 몇 교수들이 문과대학에서 철회를 요구하는 농성을 하게 되었다. 농성은 22일간이나 계속되었다. 나는 가족의 입원 때문에 뒤늦게 농성 교수팀에 참여했다. 당시에는 그렇게 하는 것이 학교발전을 위한 불가피한 선택이라고 믿었다. 물론 그것이 최선은 못 되어도 차선의 방법이었다고 생각했다.

그러나 문제는 예상외로 확대되었고 복합적인 문제들이 파생되었다. 졸업 동문들도 걱정하게 되었고 학부모들은 물론이고 마침내는 학생들까지 교수 측을 지지하는 데모를 벌이는 사태로 확대되었다. 결국 상황은 대학 측과 농성 교수 측이 타협하기 어려운 상황으로 확장되었다.

나는 연세대학교가 기독교 대학이기 때문에 신앙적인 애교심으로 이러한 문제를 해결할 수 있을 것이라고 믿었다. 지금 생각해 보면 40대 초반의 경험도 없는 나이였고 사회 문제 해결에 있어 무능함을 자각하지 못했던 것 같다. 교목실은 학교 편에 서야 하기 때문에 거절했던 농성 교수팀의 기도회 주관을, 원로 교수들의 뜻을 따라 내가 그 책임을 맡은 것이 옳은 길이었는지 지금도 모른다. 그 예배와 기도회 때문에 내가 대학 측을 반대하는 농성 교수팀의 중심에 서 있다는 오해 아닌 오해를 받았다. '네가 뭔데 기독교 대학의 결정을 신앙적으로 반대하는 일에 앞장설 수 있느냐'는 반응이 그렇게 강했던 것을 그 당시에는 모르고 있었다. 나는 순수한 신앙적 소원이었다. 우리에게 잘못이 있으면 우리가 양보하더라도 대학과 학생들에게는 피해를 줄 수 없다는 생각이었다. 하지만 원로 교수들은 교권의 정당성을 위해 양보할 수 없다는 신념이 강했다. 정석해 교수는 4·19 혁명 이후 같은 달 25일에 일어난 교수 데모를 이끌어 이승만 정권을 퇴진시키는데 앞장선 분이기도 했다.

어쨌든 그 시련은 연세대학교로 하여금 다시는 반복될 수 없는 강을 건너게 하는 역사적 교훈을 체험케 했다.

그때 해임되었던 교수 다섯 명 중에서 두 원로 교수는 후에 문과대학으로 복직했다. 두 분 다 대학의 명예를 위해서도 좋은 업적을 남겨주었다. 한 교수는 모교였던 서울대학교의 교수로 갔다. 다른 두 교수는 동국대학교와 한양대학교로 옮겨갔다. 물론 농성에 가담했던 교수들은 다시는 이런 일은 없을 것을 다짐하면서 과거보다도 더 귀한 애교심을 갖고 정년을 맞이했다.

나는 예배를 주관한 책임인지 모르나 서대문경찰서에 잡혀가 몇 시간 동안 머물다가 풀려나왔다. 아마 학생들의 움직임에 대한 책임을 묻고 싶었던 모양이다. 아침에 집에서 두 형사와 동행해 서대문경찰서까지 갔으나 조사도 질문도 없었다. 오후가 되었을 때 한 사복경찰이 들어와, “바로 조금 전에 C 경찰국장이 경질되었습니다. 곧 나가시게 될 것 같습니다”라고 말했다. 그대로 풀려나왔으나 나는 모르고 있었다. 당시 C 국장은 나와 같이 대학에 있다가 4·19 혁명을 겪으면서 경찰 공직으로 자리를 옮긴 분이었다. 얼마의 세월이 지난 후에 어떤 모임에서 그를 만났다. 그는 내 옆에 찾아와 “그때는 김 선생께 참 죄송스러웠습니다”라면서 인사를 나누었다. 나는 더 묻지 않았고 이미 지난 일이었기 때문에 기억에서 사라진 지도 오래였다. 지금 생각해 보면 C 국장도 학생들의 동태에 대한 책임이 있었을 것이고, 철학과 학생들이 앞장섰으니 정석해 교수는 철학과이지만 그 대상이 될 수 없어 내가 지목받았던 것 같다.

그 일 때문에 나는 대학으로부터 피해를 입거나 어려움을 겪은 일은 조금도 없었다. 용서와 사랑을 받은 것을 지금도 감사하게 생각하고 있다. 그 일이 있었기 때문에 연세대학교를 더 사랑하게 되었다고 생각한다. 학교와 고통을 함께 나누었기 때문이다. 그리고 무엇보다도 기독교 대학이었기에 나의 신앙적 일터였음을 감사한다. 30여 년 동안 주께서 보내신 한 머슴으로 섬기고 싶었던 주님의 포도밭이었다. 지금까지도.

그런데 이해하기 어려웠던 인상을 지금도 씻지 못하고 있다.

그 시련을 치르고 있는 동안에 여러 사람을 만났다. 절대다수의 교회 사람들은 사실 여하를 따지지 않고 잘못은 농성 교수들에게 있다고 했다. 교목실이나 신과대학 교수들도 그랬다. 가깝게 지내던 교목실장인 백리언 목사에게 농성 교수들을 위한 기도회를 이끌어 줄 수 없겠느냐고 부탁했을 때도 자기는 대학에 속해 있기 때문에 그럴 수 없다고 거절했다. 거기에는 대학의 결정을 반대하면서 기도회는 무슨 필요가 있느냐는 뜻이 깔려 있었다. 해서는 안 될 일을 하면서 기도회가 용납될 수 있겠는가, 회의심을 품고 있었다. 학교 밖에서도 많은 사람의 질문을 받고 내 생각을 말하기도 했다. 그러나 어느 목사나 신학교 교수들도 나와 농성 교수들의 입장을 이해하거나 옹호하지 않았다. 한국신학대학교의 학장이었던 김재준 목사도 내 이야기를 이해하는 듯싶으면서도 기독교 대학의 결정을 크리스천인 교수들이 반대할 수 있냐는 표정이었다. 교회 목사들의 태도는 언제나 같았다.

그런데 사회인들의 생각은 달랐다. 다른 대학의 교수들은 전적으로 농성 교수들 편이었다. 그래서 해임을 당한 다섯 교수는 복직하기 이전에 모두 다른 대학에서 강의를 했다. 약자를 도우려는 의지가 깔려 있었다. 졸업생이나 학부모들의 자세도 그랬다. 교인들은 모두 대학 편이었고 비교인들은 대부분이 농성 교수들 편이었다. 내가 교인이라는 사실을 아는 사람들도 그랬다. 김 선생은 대학 편일 줄 알았다고 했다. 심지어는 정석해 교수나 김윤경 교수도 교회에 나가느냐고 묻는 이도 있었다. 내가 아는 두 분 교수는 나보다 더 확실한 크리스천이었다. 두 분 모두 교회 출석은 제대로 못 했을 것이다. 그러나 그분들은 기독교 신자임을 자인하고 있었다. 6·25전쟁 때 공산군이 들어와 교수들의 신분을 조사하는 서류를 요청했을 때도, 종교란에 장로교 세례교인이라고 밝혔다. 그것이 아무 도움도 못 되며 피해를 볼 것이 확실했지만 신앙을 숨기거나 양보하는 일은 할 수 없었던 것이다. 4월 25일에 교수 데모를 계획하고 집을 나서는 아침에는 가족들과 예배를 드리면서 내가 못 돌아오더라도 하느님께서 우리 가정을 지켜 줄 것이라는 위안의 기도를 드릴 정도였다. 내가 보아도 그분은 자신의 부족을 인정하면서 신앙심에 거짓이 없었다.

한때 두 분과 같은 교회에서 봉사한 적이 있었다. 김윤경 교수도 어떤 협박이 있어도 나는 그리스도인이라고 고백할 정도로 신앙이 두터웠다. 내가 아는 두 분은 나보다 더 투철한 신앙을 갖고 있었다. 그런 교수를 학교의 결정에 반대했다고 해서 신앙 여하를 묻는 것은 잘못이다. 정석해 교수는 후일에, 학교 측의 모 원로 목사가 자기에게 교회생활을 충실히 하느냐고 물었을 때 대답을 안 했다고 술회했다. 정 교수는 그 목사가 대표적인 친일파 목사였음을 잘 알고 있었다. 김 교수는 한평생 거짓말은 못 해 보고 산 분이었다. 우리 후배 교수 중에 그분이 거짓말을 했으리라고 생각하는 사람은 없었다. 반면 그 원로 목사는 학교 일과 관련해 법정에서 위증을 해 문제를 일으킨 적이 있었다. 물론 누구에게나 실수도 있고 잘못도 있는 법이다. 그러나 인간적으로 성실한 신앙인을 교회생활에 충실하지 못했다고 해서 인간적으로 성실하지 못한 교인이 신앙적 평가를 내린다는 것은 세상적인 지혜와는 거리가 있다. 그 당시 학교를 떠난 한 교수는 이렇게 말한 적이 있다. "나에게도 잘못은 있겠지만 신앙이 어떻다는 평가나 판단은 하지 않았으면 좋겠다."

몇십 년이 지난 후의 일이다.

D 고등학교는 모범적인 기독교 교육을 하는 학교였다. 지금은 정확히 기억하지 못하나 그 학교의 한 학생이 전교생을 강제로 채플에 참석시키는 것은 옳지 못하다는 개인시위를 했던 모양이다. 그것이 문제가 되어 학교에서 징계처분을 받았다는 사실이 보도된 적이 있었다. 그때에도 모든 기독교 중 · 고등학교 교장이나 교목들은 기

독교 학교의 본성과 목적을 거부했기 때문에 징계해야 한다는 편이었다. 나도 여러 학교에서 같은 내용의 이야기를 들었다.

그때 또 한 가지 사건이 생각났다.

내 대학 선배였던 정욱진 신부가 가톨릭 중 · 고등학교의 교장 책임을 맡고 있을 때였다. 일부 고등학생들이 미사 참석을 강요하는 것은 비교육적이라면서 참석을 거부했다. 그 학생 대표자가 내가 잘 아는 지금의 정진석 장로였다. 그는 정 교장에게 미사에 억지로 참여하고 싶지 않다고 항의했다. 그러면 그 시간에 무엇을 하고 싶으냐고 정 교장이 물었다. 도서관에서 공부하거나 운동을 하고 싶다고 말했다. 정 교장은 미사보다 더 좋은 시간을 갖고 싶으면 그렇게 하라고 허락해주었다. 정 장로와 몇 친구는 자유를 얻어 좋아했으나 얼마 후에는 자진해서 다시 미사에 참석했다. 그러면서 정 장로는 교장 신부의 너그러운 마음에 감복했다는 이야기를 했다.

정 신부는 기독교회와 기독교 학교의 경계를 잘 이해했던 것 같다. 교회와 학교 사이에는 경계가 있어야 한다. 학교는 신앙을 강요하거나 요청하는 기관이 아니기 때문이다. 대학은 더욱 그래야 한다. 나는 일본에서 가톨릭 예수회 소속인 조치대학을 다녔다. 그러나 학생의 90퍼센트 이상이 천주교와는 무관하게 지냈다. 내 동창이었던 정경석 교수는 자기는 가톨릭 대학의 분위기는 한 번도 느껴보지 못했다고 고백했다. 고려대학교의 조기준 교수도 기독교나 천주교와는 전연 상관없이 5년간 학창생활을 했다고 한다. 나는 때때로 기독교 중 · 고등학교에서 교사들이 선생이라는 호칭보다도 장로라든지 집사라는 호칭을 쓰는 것을 들을 때는 좀 지나치게 교회 중심이라는 생각을 한다.

아무리 생각해도 어린 학생이 학교의 종교적 시책에 반대했다고 해서 징계나 처벌을 가하는 것은 최선의 길이 아니라고 생각한다. 루터가 가톨릭에 항거했다고 해서 파문당한 것을 정당하다고 인정하는 개신교인은 없지 않은가.

대학은 인류와 세계사의 큰 흐름인 휴머니즘을 탄생시키고 육성하며 인류에게 희망을 주는 중대한 의무와 책임을 갖고 있다. 기독교 정신과 사상은 그 휴머니즘의 모체이면서 방향과 목표를 제시해왔고, 또 제시해주는 사명을 안고 있다. 나는 지금도 연세대학교에 봉사한 것을 한없이 감사하게 생각하고 있다. 연세대학교는 서울대학교 못지않게 학문하는 대학이어야 한다. 그러면서도 기독교 정신을 갖고 인류의 자유와 평화에 헌신할 사명을 갖춰야 한다. 고려대학교도 훌륭한 대학이다. 그 민족애의 정신은 존경스럽다. 연세대학교도 어느 대학에도 뒤지지 않을 만큼 민족과 국가를 위하는 임무를 감당하면서도 기독교 정신을 갖고 열린 사회를 지향했다. 민족과 조국을 위해 헌신적인 봉사를 아끼지 않는 교육을 담당해왔다. 앞으로도 그 주어진 사명에 충실해야 한다고 믿는다. 진리와 자유를 위한 사랑과 희생을 동반하는 무한 경쟁에 앞장서야 한다고 믿는다.

인간을 모르는 목회자는 없어야 한다

·
·
·

내가 대학에 있을 때였다. 신과대학에서 현대신학을 가르치고 있는 서남동 교수가 《대학신문》에 게재한 글을 읽은 적이 있었다. 그 교수는 나와 친분도 있었는데, 신학계에서는 그를 지나치게 새로운 학설에 빠진 교수라고 해서 경원시하는 보수진영 교수도 적지 않았다.

서 교수는 일본에서 신학을 전공했다. 그리고 한신대학교에서 오래 강의를 했다. 기회가 생겨 늦게 미주에 가 새로운 신학 분야를 연구하면서 프로이트를 공부하고 나니 지금까지 자신이 공부한 신학이 얼마나 폐쇄적이며 교리적인 것에 국한되어 있는지를 깨닫고 부끄러웠다고 고백했다. 인간을 모르는 목사와 신학자로 수십 년의 세월을 보냈다는 것이다. 그랬을 것이다. 신학교에는 인간학이나 인간에 관한 심리 및 정신적 연구는 없었던 것 같다. 기독교 윤리가 고작이었을 것이다. 지금도 그런 신학들이 있을 것이다. 그 밖에도 공부할 분야가 많으니까.

그러나 나와 같이 철학 공부를 한 사람들 입장에서 본다면 좀 뜻밖이기도 하다. 프로이트의 학설은 한때 세계 사상계를 휩쓸었고 지금은 고전적 의미를 남기고 지나간 사상으로 여기고 있기 때문이다. 그러나 객관적으로 평한다면 인간을 이해하지 못하는 신학이나 목회자는 큰 문제를 놓치고 있는 것만은 사실이다. 서 교수는 그런 우리 신학계를 우려했던 것이다.

오래전에 한 중·고등학교의 선생이 찾아온 일이 있었다. 그는 자기가 상당히 심한 신경쇠약 환자인데, 지금은 경제적 사정이 어려워 치료를 받지 못하고 있다며 고민을 털어놓았다. 나는 그 선생의 딱한 사정을 당시 부총장이었던 세브란스 병원의 이병희 박사에게 상의했다. 이 박사는 세브란스 병원에서는 어려울 것 같으니 자신의 제자가 병원장으로 있는 국립정신병원을 소개해주겠다며 호의를 베풀었다.

내 책임은 끝났기 때문에 나는 몇 달 동안 그 선생을 잊고 지냈다. 그런데 어느 늦은 밤에 전화가 왔다. 이 박사의 제자였던 병원장이었다. "당신이 이 박사님에게 OO 환자를 소개한 교수요?" 그렇다고 대답했더니 "나는 그 환자를 치료할 수가 없으니 도로 맡으라"며 불쾌한 어투로 이야기했다. 그렇게 병세가 중하냐고 물으니 병원장의 대답은 뜻밖이었다. "그 사람의 머릿속에 가득 차 있는 하느님을 제거해야 하는데 당신 때문에 믿게 되었다니까, 그 하느님을 버리게 한 후에 다시 보내시오." 약간 취기도 섞여 있는 듯했으나 그의 뜻은, 종교 신앙을 전도한다는 사람들이 신경쇠약 환자를 만들어 놓고는 의사한테 보내면 어떻게 하느냐는 불평이었다.

나는 그 선생을 만났다. 만나 보니 병원장의 항의가 옳다고 생각했다. 그는 의사보다는 목사를 믿었다. 신앙이 의학보다 귀하다고 믿고 있었다. 다니고 있는 교회에서도 그에게 너무 많은 신앙적인 요청을 하고 있었다. 새벽기도회에는 꼭 참석해야 했고, 수요일의 저녁예배, 일요일의 두세 차례의 예배와 집회 등 부담스러운 요청을 거의 강요했던 것이다. 병을 치유 받고 싶었기 때문에 교회와 목사가 지시하는 것은 거절하기 힘들었던 것이다. 나는 그 선생에게 교회를 옮기라고 권했다. 그리고 그곳 목사에게 이 사람은 환자이니 어떤 신앙적인 부담을 갖지 않게끔 도와주고 위로와 즐거운 대화로 안식을 찾을 수 있도록 도와 달라고 부탁했다.

그 당시 나는 대학에서 학생상담소 일을 맡고 있었다. 그래서 세브란스 병원에서 정신과 의사 한 교수를 파송 받아 도움을 받고 있었다. 그 교수에게 내가 겪은 이야기를 했다. 그러자 그는 "충분히 그럴 수 있습니다. 지금 세브란스에 입원해 있는 정신과 환자들의 많은 수가 신앙 문제 때문에 생긴 환자들입니다"라고 말했다. 그리고 대학생들, 그중에서도 특히 여학생 가운데는 가벼운 환자가 있는 반면 신경쇠약 치료를 받고 있거나 받아야 할 학생들이 있다고 알려 주었다.

그 기간에 내가 겪은 또 한 가지 사건이 생각난다.

서울 을지로 6가에 메디컬센터가 있었다. 나는 상당히 오랜 기간 일요일마다 성경강좌로 봉사한 일이 있었다. 그때 알게 된 의사 중 한 사람이 정신과 교수였다.

한번은 나에게 상당히 긴 편지가 왔다. 육군 대위가 보낸 사연이었다. 그는 15~16세 때부터 도벽 증상이 심해졌다. 자신도 모르는 사이에 물건을 훔치고는 후회하면서 돌려주기 일쑤였다. 어떤 때는 스스로 두 손을 꼭 잡은 채 훔치지 않으려고 노력했으나 허사였다. 대위까지 승진한 후에는 군인으로서의 명예를 위해서라도 도둑질을 할 수 없으니, 어떤 때는 송곳과 칼로 자기 손을 찌르기도 했다. 그래도 그 도벽을 고칠 수가 없어 차라리 자살을 할까, 죄책감에 빠져 어디서 구원의 손길을 받고 싶다는 내용이었다.

나는 어떻게 할까 망설이다가 메디컬센터의 정신과 교수에게 상의했다. 그러자 그는 대위의 나이를 물었다. 30세 이하면 보내달라는 것이었다. 서른이 넘으면 의사의 치료로는 한계가 있다는 이야기였다. 마침 28세였기 때문에 그에게 소개해주었다.

우리가 관심이 없어서 그렇지, 그런 정신과 환자는 어디에나 있다. 미국에서도 비슷한 일이 있었다. 변호사 아들을 둔 그녀는 상류층에 속하는 가정주부였는데 도벽이 있었다. 백화점에 가서 물건을 훔치는 습관이 있었다. 그 사실을 안 아들은 백화점 지배인을 찾아가 내 모친인데 일주일에 한 번씩은 이 백화점을 찾아와 물건을 훔쳐가곤 할 테니 계산해 두었다가 월말마다 자신이 대금을 지불하겠다는 부끄러운 청탁을 했다. 그리고는 모친의 사진과 옷차림 등의 정보를 제공해주었다. 그리고는 어머니에게 다른 백화점보다도 이곳이 어머니에게 적합한 고급 백화점이니 단골로 다니라고 권했다. 환갑이 넘은 노파의 도벽은 이미 굳어져 버린 환자의 상태였던 것이다.

최근에는 넓은 의미의 신경쇠약 질환을 세분하는 것 같다. 우울증도 그중 하나일 것이다.

그런 병증은 왜 발생하는가. 나는 의사가 아니기 때문에 설명하는 것이 타당하지 않을 것이다. 정신분석학자들의 설명은 다음과 같다.

인간의 의식 구조는 우리가 생각하는 것과는 다른 면이 있다. 그것은 바다 위에 떠 있는 빙산과 비슷하다. 빙산의 80퍼센트 정도는 물속에 잠겨 있다. 겉으로는 보이지 않는다. 수면 위에 떠 있는 부분은 내가 깨닫고 조종할 수 있어도 바닷속에 숨겨진 부분은 내가 알지도 못하고 조종할 수도 없는 잠재의식이다. 수면 위에 나타난 부분을 보통 우리는 의식이라고 본다. 나머지 수면 아래 80퍼센트에 해당하는 부분은 무의식에 가까운 본능이다. 그리고 20퍼센트 가운데 15퍼센트쯤은 일반의식이며, 5퍼센트쯤에 해당하는 부분은 초아超我의식, 즉 내가 스스로 의식을 초월하면서 이끌어 갈 수 있는 의식기능에 속한다.

그래서 목사가 설교를 할 때는 초아의식이 이를 받아들여 의식을 일깨워 준다. 그래서 설교를 듣는 사람은 잘 받아들여 긍정하기도 하고 감동을 받기도 한다. 교회에서 자주 듣는 '아멘'이 그런 반응이다. 그렇게 되면 설교자는 감사하게 생각하고 듣는 사람도 감동을 표시하게 된다.

그런데 나머지 잠재된 무의식은 그에 대해 긍정도 부정도 하지 않는다. 본능적인 욕구 그대로 머문다. 무의식이기 때문에 인간적 본능으로 남을 수밖에 없다. 그래서 잠재의식은 본능적으로 초자아의식을 통해 받아들인 지적가치를 받아들이지 않는다. 모든 여성을 자매와 같이 대하라는 말씀은 받아들였는데 본능은 성적인 욕망을 버리지 못한다. 무의식이 변한 것은 아니기 때문이다.

설교자는 모든 소유욕을 버리고 사랑으로 베풀라고 요구한다. 의식은 그렇습니다, 라고 받아들인다. 그러나 무의식적인 욕구는 그 재산으로 즐기자며 반항한다. 그 갈등과 모순이 신경쇠약을 유발하는 것이다. 바울도 그 실정을 잘 알고 있었다. 그래서 내 이성은 선을 향하여 성령의 가르침을 받으려 하는데 육체적인 욕정은 그를 거부한다고 고민했다. 그 정도가 심했기 때문에, '오호라! 나는 곤고한 사람이다. 누가 나를 이 죄악의 몸에서 구원할 수 있겠느냐'고 호소했다. 신앙적 실존성을 토로했던 것이다.

이런 의식과 잠재의식의 갈등과 부조리를 만들 수 있는 담당자가 설교자일 수 있다. 나 같은 사람도 그런 책임을 져야 할 사람 중의 하나다. 더 두려운 것은 설교자나 가르치는 사람 자신도 그런 갈등과 모순을 안고 있다는 사실이다. 그들도 인간이기 때문이다. 병원장이 나에게 항의했던 것도 환자를 위하는 마음에서 할 수 있는 항의였던 것이다. 최근 우리가 겪고 있는 잘못된 신앙과 사이비 종교의 폐단이야 말해서 무슨 소용이 있겠는가. 지금 우리가 겪고 있는 구원파 침례교도 그런 어려움에 처해 있고 종교를 배경으로 하는 사회 부조리와 과오도 완전히 근절되기는 어려울 것이라고 예상한다.

참 신앙이 그 문제를 해결해주어야 하는데 그것은 힘들고 어려운 과제다. 어디서 참 신앙을 찾아 누릴 수 있는지가 더욱 절실해진다.

여러 가지 문제가 있다.

천주교의 신부들은 '매일의 성서 말씀을 중심으로' 강론을 하기 때문에 큰 탈선이나 자기중심의 설교가 적은 편이다. 그러나 개신교의 목사들은 설교에 치중하기 때문에 많은 목회자의 설교가 제각기 다르다. 그래서 신도들은 설교자를 보고 교회를 선택하게 된다. 신택한다는 것은 설교와 신앙 내용의 공감대를 뜻한다. 신학적 설교를 들으러 가는 신도는 큰 교회를 택하지 않는다. 그 대신 복 받기 위한 설교를 원하는 신도는 그편을 따르게 된다. 논리적 설교보다는 감성적 자극을 원하는 신도들도 있다. 어떤 신도들은 그런 교회를 택하기도 한다.

나 자신의 설교나 강론을 비판해 보기도 하며 방송을 통해 다른 이들의 설교를 경청할 때가 있다. 설교자는 나를 앞세워서는 안 된다. 그리스도의 말씀과 뜻을 신도들의 수준과 문제의식에 맞춰 해설해주어야 한다. 문제의식에 공감대가 있어야 하며 주님의 가르침이 해결을 주어야 한다. 설교자가 주관적인 해석을 하거나 목적의식이 다른 방향의 설교는 삼가는 편이 좋을 것이다. 나는 때때로 TV를 통해 설교를 듣는다. 비판하기 위해 듣는 것은 아니다. 그러나 어떤 때는 좀 의아해지기도 한다. 내 친구는 어떤 설교자는 예수님보다도 더 높은 위치에 서서 설교를 위한 설교를 하는 듯이 비친다고 평하기도 했다. 예수의 가르침은 조심스럽고 다정하면서도 우리와의 대화를 통해 가르침을 주곤 했다. 그런데 그런 설교를 듣고 있으면 설교자 자신은 그렇게 실천하면서 살아갈 수 있을지 궁금해지는 때가 있다.

한 가지 확실한 것이 있다. 교회가 신도를 위해 존재하지 신도가 교회를 위해 있는 것은 아니다. 설교는 교우를 위한 기도와 가르침이다. 나를 따르라는 가르침이 아니다. 그것은 교회가 사회를 위해 있지 사회가 교회를 위해 존재하지 않는 것과 마찬가지다. 사회를 위한 교회는 신도들로 하여금 하느님 나라 건설에 참여할 수 있도록 돕는 책임을 맡고 있다. 예수께서 하늘나라 건설을 위해 제자들을 보내셨듯이.

그러기 위해서 신부나 목사는 신도들이 자신들보다 더 유능하고 훌륭한 신앙인으로 성장할 수 있도록 도와야 한다. 부모는 자신들보다 더 훌륭한 자녀들을 원하며 스승은 제자가 자신을 뛰어넘는 훌륭한 사람이 되기를 바란다. 신부나 목사는 모든 신도를 자신들보다 더 주님의 사랑과 기대를 채워 주는 일꾼으로 키워야 한다. 그러려면 사회의 어떤 영역의 지도자들보다도 자신의 성장을 위한 노력을 소홀히 해서는 안 된다.

예수는 부활 후에 사랑하는 제자 베드로에게 세 차례나 "네가 나를 사랑하느냐"라고 물었다. 그리고 세 차례 내 양들을 키워 달라고 부탁했다. 그 책임을 위해서 누구보다도 자신의 성장과 봉사자로 세워지기 위해 정성 어린 노력을 계속해야 한다.

죽음이 삶의 목적일 수 있는가

▪
▪
▪

젊었을 때는 죽음이 나에게 오리라는 생각은 하지 않는다.

중학교 2학년쯤이었을까. 톨스토이의 글을 읽었다. 인생론의 한 장면이었다.

한 길손이 들을 가다가 사자를 만났다. 굶주린 사자가 뒤쫓아 오는 것을 보고 도망가다가 깊은 우물이 파여 있는 것을 보고 뛰어들었다. 다행히 든든한 나뭇가지가 있어 붙들고 매달렸다. 뒤쫓아 오던 사자는 할 수 없다는 듯 그가 밖으로 나오면 잡아먹기 위해 대기하고 있었다. 그는 나뭇가지에 매달려 우물 밑을 내려다보았다. 거기에는 먹을 것을 기다리던 큰 구렁이가 길손이 떨어지기만 하면 먹어 버리려고 지켜보고 있었다. 그래도 그는 안심했다. 이 가지에 매달려 있는 동안에는 살 수 있기 때문이다. 그런데 이상한 예감이 들어 나무뿌리를 살펴보았더니 거기에는 까만 쥐와 흰쥐가 있었다. 그 두 마리가 마치 밤과 낮이 교대하듯 번갈아 가면서 나무뿌리를 갉아 먹고 있었다. 그것을 본 길손은 '죽음은 피할 수 없겠구나' 생각하며 매달려 있는데, 피곤과 시장기를 느꼈다. 그때 머리 위로 꿀벌이 지나가고 있어 살펴보았더니, 그의 머리 바로 위에서 집을 짓고 있었다. 그래서 길손은 죽을 때가 오면 가더라도 꿀맛을 즐겨야겠다면서 혀를 내밀어 꿀을 따먹었다.

옛날에는 그 이야기가 나와 상관없는 것이었다. 그런데 지금은 죽음을 앞둔 내 모습이, 그 길손과 같아지고 있다는 생각이 든다.

톨스토이는 이 이야기에서 두 가지 문제를 제시했던 것 같다. 어차피 죽음은 피할 수 없는 운명적 실체인데 그 죽음을 극복할 가능성이 있는가, 과연 인간이 영생에 대한 희망을 가져도 되는가 함이었다. 그리고 이것은 우리 모두의 과제이기도 하다.

젊었을 때는 죽음이 우리 주변에 나타나지도 않고 찾아오는 일도 없을 것으로 보인다. 그러다가 나이가 들면 죽음은 두 가지 이름을 갖고 가까이 찾아온다. 하나는 '늙어감'이라는 개념이다. 나와 같이 90 고개를 넘게 되면 늙음이 바로 옆까지 다가온다. 늙음의 끝은 죽음이다. 또 하나의 죽음의 친구는 '질병'이라는 현실을 지니고 나타난다. 가벼운 질병은 물리칠 수 있다. 그러나 긴병이나 중병은 내 옆을 잘 떠나지 않는다. 그러다가 죽음에 이르는 병은 죽음과 더불어 삶을 끝나게 한다. 불가에서 말하는 생로병사의 과정이다. 생과 사는 처음과 끝이기 때문에 우리의 체험 내용이 되지 못한다. 삶의 과정은 늙어감과 병고이다. 그래서 고해와 같은 인생이라는 말이 생긴 것 같다.

어리석은 사람들은 이 인생의 무거운 짐을 벗어 버릴 수 있었으면, 이라는 욕망을 갖는다. 그러나 그것이 헛수고임을 알게 된다. 삶에 대한 애착은 끊을 수 없으나 죽음이 없는 삶은 있을 수 없다. 오히려 그것이 가능해진다면 인생은 더 벗어날 수 없는 고통의 짐을 짊어져야 한다. 100년을 사는 것도 죽을 고생인데 1000년을 살라면 누구나 거절할 것이다. 삶의 경험과 지혜가 삶 자체를 거부하게 된다.

그래서 지혜로운 사람들은 다가오는 죽음을 운명으로 받아들인다. 운명을 거부하는 사람보다는 운명을 사랑하는 사람이 지혜롭다. 죽음의 운명이 그렇다. 옛날 철학자들은 나무에 꽃이 피고 열매가 열리고 그 열매가 익어 떨어지는 것이 자연의 순리듯이, 인간도 성숙해지고 지혜를 갖추게 되면 그런 자연 질서에 따르는 것이 순리로운 삶이라고 보았다.

그렇다면 그런 종말로서의 죽음은 어디 있는가. 죽음은 우리들의 삶 속에 가능성을 갖고 관념과 실존으로 존재한다. 인간은 죽음을 정신적으로 안고 사는 셈이다. 의식이나 생각과 더불어 자란다. 그러니 삶은 그 안에 죽음을 내포하고 있다. 우리는 죽음과 함께 살고 있으며 삶과 더불어 죽어가고 있다.

왜 그래야 하는가. 그 죽음이 있기 때문에 삶의 의미와 가치가 탄생되는 것이다. 죽음의 자각이 없다면 삶의 가치와 목적도 찾지 못한다. 동물은 죽음의 자각이 없기 때문에 삶의 의미도 창출해 내지 못할 것이다. 동물에게는 왜 사느냐고 물어도 해답이 없을 것이다.

인간의 삶은 죽음을 전제로 삼기 때문에 그 가치와 목표가 설정된다. 그 뜻은 무엇인가. 나 개인의 삶은 죽음과 더불어 끝난다. 그것은 운명이기도 하며, 있음이 없음이 되었기 때문에 허무이기도 하다. 나의 삶의 내용과 의미 가치가 남겨질 뿐이다. 내가 무엇을 남기고 갔는가가 남을 뿐이다. 사람들은 그것을 사회적 업적이라고 말하기도 하고 역사적 유산이라고 평하기도 한다. 예술일 수도 있고 학문과 사상일 수도 있다. 삶의 모범으로 받아들여지기도 한다. 그러나 그것은 이미 나의 것이 아니다. 다른 사람이 인정해주는 과거의 그때, 그 사람의 것이다. 나는 이미 사라졌기 때문이다. 그런 위치에서 본다면 죽음은 운명적일 수 있어도 허무는 아니다. 그 남겨진 것들이 쌓여 지금 여기에 역사적이고 사회적인 삶이 지속되고 있기 때문이다.

그런 우리에게 완전히 예상하지도, 기대하지도 못했던 한 지도자가 나타났다. 구약의 종교적 약속을 채워주면서도 인류 역사에 새로운 희망과 가능성을 제시해주는 예수가 나타난 것이다. 그의 생애는 짧았다. 사생활 30년을 제외한다면 3년여에 지나지 못하는 기간이었다. 그 세월의 3분의 1쯤이 지나면서부터 예수는 세 번이나 자신의 죽음에 관한 예고와 약속을 선언했다. 사실은 더 많은 곳에서도 같은 뜻을 찾을 수 있었으나 이 세 차례의 예고와 유언은 다른 누구에게도 없었던 확실한 선언이었다.

그 첫 번째는 예수가 사랑하는 제자들과 조용한 시간을 가졌을 때였다. 예수는 제자들에게 "사람들은 나를 어떤 인물로 보고 나를 누구라고 생각하느냐"라고 물었다. 베드로가 대답했다. "그리스도입니다." 그것은 구약의 오랜 약속을 이루는 메시아라는 고백이었다. 엄청나고도 놀라운 신앙 고백이었다. 그러나 그 고백을 듣고 인정한 예수는, 보내심을 받았기에 버림받아 죽임을 당해야 하며, 사흘 후에 다시 살아날 것이라고 말했다. 덧붙여 아직은 다른 사람들에게 이 사실을 발설하지 말라고 당부했다.

또 몇 달쯤 지났을 때였다. 예수가 이스라엘 국경으로서는 가장 북쪽에 속하는 헤르몬산까지 갔을 때였다. 그는 사랑하는 세 제자와 함께 높은 곳까지 올라갔다. 제자들의 고백에 따르면 예수는 그곳에서 세상 사람 같지 않게 변모한 모습으로 나타났다. 제자들은 꿈을 꾸고 있는 것으로 착각했을 것이다. 예수는 모세, 엘리야와 더불어 대화를 나누었다. 그런 장면이 사라지고 하산했을 때 예수는 자신의 죽음과 부활을 제자들에게 두 번째로 가르쳤다. 그러나 제자들은 예수의 마음과 죽음에 관한 사실을 믿고 싶지 않았다. 그런 이야기는 군중에게는 할 수 없을 정도로 뜻밖의 발언이었다.

그 일이 있은 다음부터 예수는 서서히 죽음의 길을 스스로 재촉하기 시작했다. 죽을 곳은 유대 민족의 신앙의 중심지인 예루살렘이었다. 제자들과 일행이 유월절을 맞이해 걷고 있는 군중 속에 섞여 있을 때, 예수의 발걸음은 이상스럽게도 빨라졌다. 보통 때의 예수는 언제나 제자들과 천천히 함께 걷곤 했다. 그런데 이때는 제자들을 뒤로 한 채 앞서 있었다. 제자들은 이상히 여기면서 놀랄 정도였고 예수도 그 사실을 알아차리고는 발걸음을 멈추고 기다렸다. 그러면서 조용히 입을 열었다. 이 길이 끝나고 예루살렘에 입성하게 되면 내 인생은 끝날 것이며, 유대교의 지도자들에게 버림받고 이방인에게 넘겨져 사형을 당하게 될 것임을 밝혔다. 그러나 제자들은 그 뜻을 몰랐다. 철없는 제자들은 예수가 새로운 왕국을 건설할지도 모른다고 생각했다. 이렇게 많은 사람이 예수의 뒤를 따르고 지지하고 있지 않은가. 그렇게 되면 우리 열두 제자는 어떤 벼슬자리에 오를지를 꿈꾸고 있을 정도였다.

그러나 예수는 세 차례에 걸쳐 예고한 약속대로 일주일 후에 십자가에서 처형되었다. 이 일련의 사건은 우리에게 예수는 죽음을 목적으로 삼은 짧은 일생을 보냈다는 사실을 깨닫게 해준다. 이방 사람인 그리스인들이 내방했을 때도 내가 한 알의 밀같이 썩어 많은 열매를 맺어야 할 때가 왔다고 말했다. 그것이 나를 보낸 하느님 아버지를 영광되게 하는 길이라고 말했다. 나와 같이 죽음을 택하는 사람은 살게 되고, 자신을 위해 삶에 얽매이는 사람은 죽음의 길을 따르게 된다고도 가르쳤다. 목적이 있는 죽음은 하느님의 섭리이며 영원하고 참된 삶으로의 출발이라고 말했다.

그의 가르침과 같이 그는 죽음을 목적으로 산 처음 사람이 되었다. 그 죽음은 예수 자신에게서 끝나나, 그 죽음을 통해서 태어나는 삶은 하느님의 사랑의 섭리에 따르는 새로운 출발이라고 믿었던 것이다. 그 새로움은 영원한 삶과 이어진다. 예수는 그 죽음에서 새로 태어나는 사건을 다시 태어남인 부활이라고 예고했고, 그 뜻을 입증하기 위해 부활 후에 열 번이나 그 사실을 제자들에게 보여주기도 했다.

물론 신앙을 갖지 못한 사람들에게는 받아들일 수 없는 허상으로 비칠 수도 있다. 그 당시에도 그랬다. 로마의 유대 총독이었던 베스도는 예수의 부활을 증거 하는 사도 바울을 보고 정신 나간 사람이라고 말했다. 많은 학문과 지식이 그를 정신병자로 만들었다고 단정했다. 그럴 수밖에 없었고, 그것이 상식이었다.

그렇게 해서 그 시대의 모든 사람이 믿었듯이 예수의 삶은 끝났고 그를 중심 삼는 신앙 운동도 막을 내린 것으로 모두가 믿었다. 예수의 측근들도 그랬다. 태양이 서산으로 넘어갔으니 어두움이 찾아드는 것은 자연의 이치였다. 그런데 놀랍게도 그 예수의 삶이 다시 더 큰 태양 빛을 갖고 떠오른 것이다. 부활을 믿는 그의 제자들과 신도들을 통해서였다. 이러한 새 역사는 우여곡절을 겪으면서 오늘에까지 이르고 있다.

예수는 일찍부터 그 사실을 예언했다. 나는 너희들 곁을 떠나겠지만 너희들의 아버지가 되는 하느님께서 나 대신 보혜사 성령을 보내실 것이다. 그가 너희들을 위로하고 이끌어 줄 것이라고 약속했다.

우리가 구약을 하느님과 인간의 관계 시대라고 보며, 예수가 세상에 머문 기간을 성자의 시대로 받아들이면서 예수 이후의 시대를 성령의 시대로 생각하는 것은 신학적 개념이 아니다. 역사적 사실인 것이다. 그래서 예수의 죽음은 우리 모두의 죽음과 같으나 그리스도로서의 부활은 우리의 새로운 신앙과 역사의 출발이 된다.

그 부활의 사건 이후부터 오늘에 이르기까지 예수와 같은 죽음을 받아들이고 그리스도와 함께 성령의 이끄심을 체험하는 사람들은 그 은총의 사실과 질서에 동참하게 된다. 우리 주변의 많은 사람이 지금도 그 뒤를 따라 기독교 역사를 사회 속에서 이어가고 있다.

절대다수의 사람은 자신의 삶을 위해서 살다가 일생의 종말을 맞이한다. 극히 소수의 사람이 자신의 생명과 시간은 물론 정성을 다 바쳐서 더 값있고 귀한 무엇을 위해 살다가 죽음을 맞이한다. 흑인의 인권을 위해 목숨을 바친 마틴 루서 킹 목사와 같은 지도자가 바로 그런 사람이다. 우리나라에도 민족의 자주독립과 민주정치를 위해 생애를 바친 지도자들이 있다. 인도의 간디와 같이 인간애와 정의를 위해 생애를 바친 사람도 있다. 그들 대부분이 예수와 같은 길을 택했다.

그러나 예수는 살아 있을 때부터 하느님 나라를 위해 스스로 죽음을 예고하고 인간들의 죄를 대신해 십자가의 죽음을 택했기 때문에 하늘나라 건설의 선구자가 되었던 것이다. 하느님 아버지의 사랑을 인류 위에 베풀어야 했던 것이다.

기독교 신앙은 우리의 희망이 될 수 있는가

젊었을 때부터 꼭 하고 싶은 것이 있었다. 기독교 성지순례였다. 그 뜻이 이루어진 것은 1962년 여름, 내가 42세가 되는 해였다.

당시에는 그 지역에 여행을 간다는 것은 힘들기도 했으나 전쟁 전후여서 위험하기도 했다. 그래도 다행스럽게 요르단 왕국을 거쳐 팔레스타인의 여러 지역을 다녀 볼 수 있었다. 남쪽 헤브론 지역과 사해에서 북쪽 갈릴리 바다 주변까지, 예수께서 다니셨던 모든 지역을 찾아다녔다.

그런데 상상과 기대에 어긋나는 것이 너무 많았다. 그 지역은 희랍 정교가 주관하고 있었는데, 예수와 기독교의 정신은 완전히 버림받고 있었다. 예수 당시에는 유대교의 지도자들인 제사장과 서기관, 바리새파 간부들이 성전에서 돈벌이를 하고 있었다. 유월절 같은 절기가 되면, 시중에서 사용하던 로마 돈을 성전에 바치는 유대 돈으로 환전해주면서 수수료를 받았다. 비둘기와 양을 팔아서 이익을 얻기도 했다. 전국각지에서 모여드는 국민들을 상대로 했기 때문에 그 재정적 수입은 대단한 것이었다.

그런데 지금은 희랍 정교의 목회자들이 예수의 이름을 팔아 관광수입에 열을 올리고 있었다. 예수와 연관이 있는 곳이면 어디든지 교회당과 기념관을 만들어 놓고는 입장료와 관람요금을 받았다. 어떤 목회자는 사리에도 맞지 않는 지어낸 거짓말을 하면서 안내와 설명의 대가인 팁의 다소에만 마음을 쏟고 있었다. 성경을 읽고 잘 아는 사람이라면 그 위치나 내용을 충분히 이해할 수 있는데도 아무것도 모르는 관광객으로 취급하면서 허위사실과 내용을 소개하는 것이었다. 그 정도가 너무 심해서 역겨움을 느낄 지경이었다.

이스라엘 쪽으로 가니 완전히 다른 모습을 직면하게 되었다. 돈을 받는 곳도 별로 없었고 여행객 스스로 찾아다니면서 2000년 전 예수 당시의 상황을 회상할 수 있어 오히려 인상 깊었다. 갈릴리 바다 지역은 더욱 그러했다.

나는 성지여행의 마지막 날과 밤을 갈릴리 바다에서 가까운 호텔에서 보냈다. 잠들기 전에 호텔 앞 잔디밭에서 기도를 드렸다. '주님! 그렇게 사모했던 성지들을 다녀 보았는데 너무 실망했습니다. 주님의 마음과 뜻은 모두 버림받고 거짓과 돈벌이에만 열중하는 모습만 남아 있었습니다. 옛날에 주님이 계셨을 때와 다를 바가 없었습니다. 그것도 주님의 이름을 앞세운 목회자들이 취하는 자세였습니다.

다시 오고 싶은 생각이 없을 정도로 마음 아팠습니다.' 눈물이 흐르고 있었다.

그때 나에게 조용히 들려오는 깨달음이 있었다. '너는 왜 여기서 나를 찾고 있는가. 나는 지금 네가 사는 한국의 가난하고 병든 사람들, 인생을 고민하고 있는 젊은이들, 인간다운 삶을 빼앗기고 있는 소외된 사람들을 찾아다니고 있다. 나에게 소중한 것은 네가 찾은 옛날의 공간이 아니다. 네가 해야 할 일이 가득 차 있는 한국의 심령이 굶주린 사람들과 더불어 있다. 지금도 또 앞으로도 …….'

그때부터 나는 성지라는 생각과 개념에서 떠나게 되었다. 지금도 그렇다. 나는 그것을 성지순례라고 생각하지 않는다. 예수의 고향에 다녀와 보았다고 생각하고 말한다. 우리 모두에게도 고향이 있었듯이.

「요한복음」에는 수가 성의 여인과 예수의 신앙적인 대화 기록이 있다. 그 여인은 당시 가장 소중했던 신앙적 문제를 물었다. "우리가 예배할 곳은 성전이 있는 예루살렘입니까? 저희들이 예배드리는 이 산도 용납될 수 있습니까?" 예수는 "그 어느 곳도 아니다. 이제는 신령과 진정으로 예배드릴 때가 왔다"라고 말했다. 그 뜻은 내가 가르치는 신앙은 세상의 모든 종교와 같은 자연 종교와 신앙이 아니라는 것이다. 그것은 미신의 온상이다. 내가 바라는 믿음은 영혼, 즉 인간의 내적 과제이며 때, 즉 역사적인 신앙이라는 뜻이다. 차원이 다른 것이다. 장소와 공간적 형식을 따르는 신앙은 기독교가 못 된다. 성지순례나 숭배심은 공간 신앙이다.

이슬람교에는 공간적 신앙과 형식적 행사가 대부분이다. 불교에도 성지순례가 있다. 사리는 아직도 신앙의 대상이 되고 있다. 내가 예수의 고향을 다녀온 후에 인도에서는 마호메트의 머리카락 문제로 이슬람교와 힌두교 사이에서 종교 전쟁이 벌어져 600명이 죽는 사태까지 발생했다. 이슬람 성전에 보관되어 있던 마호메트의 머리카락이 없어졌고, 그것이 힌두교도의 소행이라는 풍문에서 발단된 종교 전쟁이었다. 지금도 이슬람교도들은 반드시 메카 성지를 순례해야 한다고 해서 수많은 사건이 일어나곤 한다.

기독교는 그런 공간과 자연 신앙은 아니다. 내 친구인 성결교의 정진경 목사는 성지를 두 차례 다녀왔다. 그가 나에게 들려준 말이다. "성지에 가보면 예수를 믿을 사람은 없지?" 나는 속으로 말했다. '예수님의 고향에 가셨으면 예수님의 마음을 안고 돌아왔을 텐데…….'

그 뒤로 50여 년의 세월이 흘렀다.

나는 다시 예수의 고향을 찾을 기회를 갖지 못했다. 다시 간다면 이전과 달리 믿을 수 있는 여러 곳을 다니면서 인간 예수의 마음을 찾아 간직하고 싶은 심정이다.

그 대신 나는 시간이 허락되는 대로 서울 수유동에 있는 4·19 묘역을 찾아가곤 한다. 1960년 4월 10일, 나는 놀라운 꿈에서 깨어났다. 인적이 없는 광화문 네거리에 섰는데, 네거리 한복판에 깊고 단정하게 파인 지하가 있었다. 거기에는 뚜껑이 없는 관이 놓여 있었고, 안에는 예수의 시신이 있었다. 창에 찔린 옆구리에서 흘러내린

선혈이 흰 피부 위로 뚜렷이 보였다. 진홍색이었다. 밤과 낮이 구별되지 않는 정적이었는데 흘러가던 시간이 멈춘 듯싶었다. 너무 충격적인 장면이었다. 그 뒤 며칠 안 되어서 4·19 혁명이 발발했다. 나 자신도 아직 성숙하지 못한 스승이었으나 그 책임이 나에게도 있다는 죄책감에 오래 고민했다.

그 죄책감 비슷한 마음의 짐 때문이었을까. 나는 4·19 묘역 앞에 서면, 모든 욕심이 사라지는 심정이 된다. 200명이 넘는 젊은 영혼들에게 용서를 빌게 된다. 우리의 잘못을 용서해달라는 기도를 드린다. 그런데, 이상한 것은 내가 서 있는 옆자리에 주님이 함께 서 계시는 것 같은 느낌이 든다.

동작동에 있는 서울현충원을 찾았을 때도 그랬다. 나이 든 사람들의 묘비를 볼 때나 대통령들의 무덤 앞에 설 때는 마음이 그렇게 무겁지 않다. 그런데 젊은 군인들, 특히 학업을 중단하고 군으로 갔던 병사들 앞에 서면 내가 죄인이라는 생각을 금치 못한다. 눈시울이 뜨거워진다.

대전현충원을 찾았을 때도 그랬다. 천안함 폭침으로 희생된 젊은이들 앞에 섰을 때는 계속 눈물이 흘렀다. 같이 갔던 제자도 나와 마찬가지였다. 최근의 사건이어서 그랬을까. 더욱 마음이 아팠다. 그 책임은 우리 모두에게 있었고 나에게도 있었다. 공산 정권의 정체와 야욕을 모르는 국가 지도자들에게도 같은 회한이 있어야 한다고 생각했다.

돌아서 떠나려고 했다. 주변을 한 번 더 둘러보았다. 누군가가 옆에 있는 것 같았다. 자유와 평화를 위해 네가 한 일이 무엇이냐고 묻는 이가 옆에 있는 것 같았다. 보이지는 않았다. 그러나 주님께서 계셨음에 틀림이 없다.

몇 해 전, 비가 많이 쏟아지는 밤에 차편을 얻어 광주에 갔다. 다른 목적은 없었다. 더 늦기 전에 망월의 5·18 묘역에 가보아야겠다는 마음 때문이었다. 가보지도 못하고 세상을 떠난다면 인생의 소중한 한 페이지를 공백으로 보낼 것 같은 마음이 있어서였다.

다음 날 아침에도 비가 가벼이 내리고 있었다. 비 때문이었을까. 아니면 아직 아침 시간이어서인지, 아무도 없었다. 어린 학생들과 20대 젊은이들의 묘비와 사진도 있었다. 왜 그런지 계속 울고 싶었다. 어리석은 어른들의 잘못으로 저 어린 목숨들을 희생의 제물로 삼은 것이다. 군사 정권에 항의한 의로움도 있었다. 그러나 그렇게 많은 희생이 불가피했던 것은 아니다. 아무리 생각해도 있을 수 없는, 있어서는 안 되는 잘못을 우리 기성세대가 저질렀던 것이다. 목숨을 바쳐야 할 목적이 있었던 것도 아니었다. 그 방법 이외에는 길이 없었던 것도 아니었다. 나는 우리 나이 든 세대 모두가 범죄자라고 생각되었다.

주님께 기도를 드리고 돌아섰다. 우리들의 죄를 용서해주실 분은 우리를 위해 십자가를 지신 주님뿐이기 때문이다.

지난가을, 내가 97세 때였다. 오래 찾아가 보지 못했던 부산 대연동에 있는 UN 기념공원을 찾기로 했다. 6·25 전쟁 때 대연동에서 피란 세월을 보냈기 때문에 더욱 감회가 깊었다. 우리 민족의 후진성과 공산주의자들의 야욕으로 벌어진 비극이었다. 나는 공산주의자들의 무력통일 계획을 직접 보아 알고 있기 때문에 김일성과 공산 정권은 민족 역사에 영원히 씻을 수 없는 죄악을 범한 것을 의심치 않는다. 그 죄악을 사전에 방어하지 못하고 희생을 축소하지 못해서 생긴 죄책감도 우리가 함께 수용해야 한다고 믿고 있다.

어쩌다가 우리 민족이 세계 여러 나라의 젊은이들까지 희생의 제물로 삼았는지 모르겠다. 죄스러운 민족의 오명과 상흔을 세계사에 남긴 것이다.

1962년 봄 학기에 나는 미국 하버드대학에 머물면서 대학 채플에 참석하곤 했다. 그 예배당 벽에는 하버드대학 재학 중에 6·25 전쟁에 출정했다가 세상을 떠난 전사자들의 이름이 새겨져 있다. 다른 대학들도 그럴 것이다. 이곳에서도 속죄받을 수 없는 부끄러움과 감사의 뜻을 억제할 수가 없었다.

UN 기념공원에 섰을 때도 기도를 드렸다. 주님께서 우리 민족의 잘못과 용서받을 수 없는 죄를 용서해주시라는 기도였다. 기도를 드리는 곳에는 언제나 주님이 거기 계심을 믿는다.

원고를 쓰고 있는 지금은 2017년 3월의 마지막 날이다. 우리가 선출한 박 대통령이 불법을 저질렀기 때문에 구치소에 수감되었다는 뉴스를 접했다. 여자 대통령이어서 더욱 자랑스럽기도 했었다. 뒤

따라 들려오는 소식은 3년 동안 바다에 잠겨 있던 세월호를 목포항에 곧 끌어올릴 것이라는 발표였다.

누구도 바라지 않았던 부끄럽고 마음 아픈 사건이었다. 300여 명의 어린 생명을 희생시켜 놓고 우리가 얻은 것은 무엇인가. 최소한 안전 의식만이라도 조금은 높아져야 하지 않는가. 앞장서서 모범을 보여주어야 할 공직자들까지도 여전히 교통질서를 공공연하게 유린하고 있다.

세월호 배후에는 구원파 침례교라는 기독교 단체가 있었다. 그 신도들도 그 사실을 인정해왔다. 그런데 300여 명의 어린 학생들의 희생에 대해 사과의 말 한마디도 한 것 같지 않다. 교주격인 사람의 아들과 딸은 아직도 해외에 도피해 있다. 그런 국민의 자격과 신앙적 의무를 배반하고도 종교를 말하며 기독교 신앙을 논할 수 있는지 모르겠다. 기독교계의 지도자들도 그것은 잘못된 사람들의 책임이지 우리와는 상관이 없다는 태도이다. 그러면 그 300여 명의 영혼은 기독교로부터도 버림받아야 한다는 것인가. 내 잘못이라고 고백하는 사람은 보이지 않았다. 300여 명을 진심으로 사랑했던 사람은 몇 스승들뿐이지 않았는가. 더 이해할 수 없는 사람들이 있다. 그 희생을 정치적 목적으로 이용하는 사람들이다.

대통령 탄핵의 주범이 된 최 모 여성도 부친에게 신앙적으로 영향을 받았을 것 같다. 아니라면 그런 사회적 범죄는 하지 않았을 것이기 때문이다. 최 목사와 가까이 지낸 사람들은 다 알고 있다. 세월호의 유 씨와 마찬가지로 기독교 교단을 만들거나 이용한 사람이다.

다른 것은 모르지만 종교의 성스러운 가치와 신앙을 수단으로 삼아 이기적인 목적을 이루는 데 이용하는 것은 법 여하를 막론하고 용서받을 수 없는 죄악이다. 그 범죄와 악을 가책 없이 저지르는 사회가 북한이다. 공산 국가에서는 성직자나 교수들도 당의 지시에 따르면 간첩이 될 수도 있고 어떤 사회악도 잘못이라고 생각지 않는다.

이런 신앙적 범죄에서 유일하게 용서받을 수 있는 길이 있다. 기독교가 말하는 회개함이다. 회개를 못 하는 사람들이 있다. 내게는 잘못이 없다고 믿는 사람들이다. 그런 사회에는 개선에 따르는 성장과 새로운 출발이 없기 때문에 희망이 없다. 그래서 국민들은 스스로 잘못을 깨닫고 뉘우치는 지도자를 원한다. 잘못을 모르는 사람은 질서 사회에서는 물론이고 법치 국가에서도 범죄자가 된다.

나는 부족한 견해인 줄 알지만 세계 역사에 큰 교훈을 남겨준 기독교 정신의 구현은 전후 독일의 회개 정치라고 생각한다. 그 정신이 유럽과 세계 역사에서 차지하는 의미는 선하고도 높다고 믿는다. 모든 국가가 그런 정신을 지니고 있다면 역사는 희망의 길을 열어갈 수 있을 것이다. 우리 이웃의 나라들도 예외는 아니다.

내가 믿고 싶은 것은 스스로 잘못을 깨닫고 회개하는 곳에는 예수께서 항상 함께한다는 사실이다.

신앙으로 가는 길

▪
▪
▪

몇 해 전의 일이다.

택시를 탔다. 비교적 젊은 기사가 내가 타기 전부터 녹음테이프로 방송을 듣고 있었다. 뒷자리에 앉은 나도 자연스레 그 방송에 귀를 기울였다. 여사 목소리였는데, 예배 시간에 간증하는 내용이었다. 자기가 천당을 거쳐 지옥이 어떤 곳인지 알고 싶어 안내를 받아 갔단다. 지옥에도 여러 계층이 있었는데, 가장 무거운 죄를 지은 사람들이 있다는 지옥을 안내받아 갔더니, 거기에는 자기가 다니는 교회 목사를 욕하던 사람들이 갇혀 있더라는 이야기였다.

직접 듣지 않았다면 믿지 않았을 것이다. 하도 어이가 없어 저 간증을 하는 이가 누구냐고 물었더니, 자기가 다니고 있는 교회의 전도사라고 했다. 미안하지만 어느 교회에 다니느냐고 다시 물었다. ○

○○교회란다. 몇 명이나 모이느냐고 물었다. 주일에는 ○○교회로 가지만 자기네 교회 교인 수만 해도 500~600명이 된다고 했다.

나는 더 이야기를 못 하고 목적지까지 와서 택시에서 내렸다. 그런 교회가 있어서는 안 되겠다는 걱정을 했다.

내가 우리나라의 대표적인 사회사업기관인 월드비전을 돕고 있을 때였다.

그 기관의 한 선생이 나에게 고백한 내용이다. 그녀는 고등학교 상급반에 있을 때, 예수의 재림을 강조해서 선전하는 휴거 집단에 들어가게 되었다. 그곳에서는 예수가 곧 재림하고 세상의 종말이 올 테니, 신앙과 거리가 먼일들은 일체 관심을 갖지 말고 재림하는 예수를 영접하기 위해 신앙생활과 전도에만 열중하라고 지시했다. 그래서 선생도 열심히 전도를 했다. 그곳에는 그녀의 전도를 받고 온 자매 형제가 있었다. 그들은 중학교와 고등학교를 포기하고 교회에서 찬송과 기도는 물론 전도대를 따르는 데 열중했다. 긴 세월이 지나는 동안에 선생은 그래도 대학에는 가야겠다고 생각해 이화여자대학교의 학생이 되었다. 대학에 있으면서 비로소 자신의 신앙이 잘못되었고 예수의 임박한 재림은 성경과 어긋난다는 사실을 깨닫게 되었다. 그래서 자기가 전도했던 자매를 찾아가 이제라도 학업을 계속하고 교회를 옮기라고 권고했다. 그런데 놀랍게도 그 자매가 자기를 배신자라고 욕하면서 지옥문이 열려 있는 것이 보이지 않느냐고 책망하더라는 것이었다.

선생은 잘못된 신앙을 갖게 되면 자신이 불행해질 뿐 아니라 다른 선량한 사람에게도 죄를 짓는 거라는 안타까운 사실을 깨닫고 과거를 뉘우치고 있었다. 죄책감에서 벗어나지 못하고 있었다. 그 후에 언론에 보도된 바에 따르면 그 집단의 책임 목사는 여러 개의 적금 통장을 갖고 있었는데, 예수의 재림 이후에 찾기로 되어 있는 통장까지 숨겨두고 있었다고 한다.

이런 사건은 옛날에만 있었던 것은 아니다. 지금도 우리 주변에서 자주 발견하는 사태들이다. 그런데 비교해 보면 천주교에는 이런 잘못된 집단이나 사이비 신앙 문제가 없을 정도이다. 대부분이 개신교에서 비롯되고 있다. 개신교 중에서도 보수적인 교단에서 더 많이 발생한다.

몇 가지 이유가 있을 것이다. 천주교는 처음 믿는 신도들에게 상당 기간 교리 교육을 시킨다. 해야 할 일과 해서는 안 되는 일을 많이 가르친 후에 영세를 베풀고 본인의 선택과 결심을 존중히 여긴다. 그런데 개신교는 교회에 따라 차등은 있으나 너무 쉽게 입교를 수용한다. 그뿐만이 아니다. 천주교의 신부들은 장기간의 신학교 교육과 성직자 훈련을 겸한 수도 기간을 가진다. 반면 일부 개신교에서는 그 과정이 빈약하다. 그러니 신부와 목사 간의 교육과 사명의식에는 큰 차이가 있다. 다시 말하면 목회자의 자질과 신앙관의 수준 여하가 문제인 것이다.

사회적 관심도 그렇다. 일본에서 대부분의 사이비 신앙은 불교에서 발생한다. 기독교에서는 찾아볼 수가 없다. 일본의 크리스천들은 교육 수준이 높은 것이 보통이다. 그렇다고 해서 불교에서 파생된 미신적인 것을 내포하는 사이비 신앙이 사회적인 폐습을 만들지는 않는다. 사회적 윤리의식이 높기 때문에 종교적 신앙 때문에 발생하는 사회 폐습은 많은 편이 아니다. 기독교 국가인 선진 사회에 가면 종교적 폐습은 찾아보기 힘들다. 교육과 도덕의식이 높기 때문이다. 숭실대학교에서 들었던 이야기가 떠오른다. 일본인 교수들과의 대화에서 나온 이야기였다. 숭실대학교는 장로교 계통의 대학이지만 장로교 교단에 속하는 학자가 적기 때문에 교단을 가리지 않는다. 그래도 교수자격을 갖춘 학자를 찾기 어려워 세례교인이면 교수로 받아들인다고 했다. 그 이야기를 들은 일본 교수가 일본에는 크리스천 교수가 3000명 정도 된다고 보고 있는데, 그 대부분이 일반대학에 봉직하고 있다고 했다. 우스운 대화도 있었다. 교회와 크리스천의 수는 한국이 압도적으로 많은데 어째서 일본이 한국보다 잘 사는 선진국이 되었는지 모르겠다는 이야기를 들은 일본 교수는, 그래도 사회 공의와 질서를 지키는 사람의 수는 일본이 많지 않겠느냐고 대답했다. 교회에 다니는 교인의 다소보다는 그리스도의 뜻을 따라 사는 일이 더 중하지 않겠느냐는 뜻이었던 것 같다.

이런 문제들을 종합해 본다면 몇 가지 정신생활의 암시를 받게 된다. 왜 교육 수준이 높은 사회에서 교회가 줄어들고 있는지도 엿볼 수 있다. 이전에는 기독교 지도자들이 국민보다 높은 위치에 있었으나 지금은 사회 지도자들이 교회 지도자보다 우위를 차지하게 되었다는 사실도 인정하게 된다. 신학적 교양을 갖춘 지성인들이 사회에도 기독교적인 영향을 많이 줄 수 있고, 또 주어야 한다는 사실도 가볍게 여겨서는 안 된다. 일꾼들이기 때문이다.

또 다른 문제도 있다.

옛날부터 종교적 신앙에는 반드시 미신적인 요소가 깃들어 있었다. 어떻게 보면 종교는 진리를 탐구하는 합리성과 객관성을 지향하기보다는 원시적인 기복 욕구를 갖고 시작되었기 때문에 이성적이지 못하며, 때로는 사회적인 객관성을 멀리했던 면도 없지 않다. 구약 시대에도 참 신앙과 거짓 신앙을 가리는 일은 계속되었고, 예수 당시에도 신약 종교는 구약 신앙을 초월하고 극복하는 운동으로 되어 있었다. 초대교회에서도 그리스도를 따르는 참 신앙과 잘못된 신앙, 또는 미신적인 요소를 지적하고 배격하는 운동이 그치지 않았다.

기독교는 로마 시대에 이교도와의 관계를 문제 삼았으나 국교가 된 후에도 정통 신앙과 이단 신앙의 관계는 계속해서 중대한 문제로 지적되어 왔다. 심지어는 구약과 신약의 관계 비슷한 대립과 갈등이 천주교와 개신교 사이에도 있었다. 지금 우리가 걱정하고 있는 것은 개신교와 이단 또는 사이비 신앙의 문제들이다. 그 문제는 언제쯤 끝날 것인가. 아마 개신교가 있는 동안에는 사라지지 않을 것이다. 한때는 기독교장로회와 예수교장로회가 어리석은 싸움을 벌이기도 했다. 순복음교회가 이단이라는 판단을 내린 기독교 교단도 있었다. 그러나 지금은 그런 집안싸움은 크게 벌어지지 않고 있다. 한때는 나 같이 이름 없는 평신도도 어떤 교회에서는 무교회주의자라든지 십일조를 반대하는 잘못된 신앙을 전한다고 해서 설교를 하거나 강단에 서는 것을 반대하기도 했다. 신학자 중에서는 김교신, 노평구, 함석헌 같은 성서주의자의 신앙과 사상을 연구하는 사람이 있으면서도…….

그렇다면 언제쯤이면 기독교 안에 이단이라든가 사이비 신앙 같은 잘못된 신앙이 근절될 수 있을까. 아마 근절되는 때는 없을 것 같다. 종교가 존속하는 동안에는 미신적 요소가 혼재된 것이 종교의 성격인지도 모른다. 그러나 그 수는 적어야 하며 사회적 폐악을 끼쳐서는 안 된다. 어떤 개신교의 신도들이 불당에 들어가 불상을 훼손하는 일 등은 규제를 받아야 한다. 공산주의자들이 모든 종교를 아편과 같은 사회악으로 규제했음을 생각해야 한다.

신앙과 신학의 선조라고 볼 수도 있는 바울은 기독교 신앙을, 예수가 그리스도임을 믿는 것이라고 정의 내렸다. 인간 예수를 모르는 사람은 예수를 그리스도로 받아들일 수 없다는 뜻이기도 하다. 또 그것은 인간다운 인간이 신앙인이 될 수도 있다는 뜻이기도 하다.

옛날 그리스 초창기의 철학자는 소가 신을 생각하거나 믿었다면 신을 소와 같이 그렸을 것이라고 했다. 인간다움을 갖추지 못한 사람은 하느님을 자기의 위치에서 믿기 때문에 바른 신앙을 가지지 못한다. 원불교는 신도들에게 부처님이 병을 고쳐 줄 거라고 바라지 말고 의사의 도움을 받아야 하며, 병원을 건설하는 것이 질병 없는 사회를 만드는 길이라고 가르친다. 신앙은 그가 어느 정도의 인간다움을 갖추고 있는가와 무관할 수 없다.

그렇다면 인간 교육의 수준은 종교와 신앙의 수준을 가름하는 척도가 된다. 기복 신앙은 대부분 원시적인 인간들과 교육 수준이 낮은 사회에서 발생한다. 그러나 예수의 인간다움을 예수와 같은 인간 문제에서 해결 지으려 한다면 누구나 그 문제의 해결을 위해 예수의 인격과 교훈과 삶을 따르지 않을 수 없을 것이다.

인간다운 삶을 위해서는 이성과 양심을 기반으로 살지 않을 수 없다. 무엇이 진실과 진리이며 어떻게 사는 것이 선한 가치의 구현인지를 물어야 하나, 모든 사람에게는 주어진 문제가 있다. '무엇을 위해 어떻게 살아야 하는가?' 그것은 물질적 소유보다는 정신적 가치를 추구하는 길이며, 인격과 삶의 궁극적이면서도 근본적인 물음이다. 인생의 목적과 방법에 관한 질문이다. 인격을 갖춘 사람이 그런 문제를 제기했을 때 그 문제의 빈 그릇 속에 예수의 말씀이 담겨 진리가 되는 것이다.

또한 인간은 사회적 존재이기 때문에 항상 타인과 함께하는 삶을 떠나서도, 포기해서도 안 된다. 그때는 무엇을 위해 어떻게 살 것인지를 우리 모두를 위해 앞으로 무엇이 이루어져야 하는지로 묻지 않을 수 없다. 개인적으로 가장 애송하는 시와 기도가 있다. 다윗의 '여호와는 나의 목자시니……'라는 시와 '하늘에 계신 우리 아버지……'로 시작하는 주님의 기도 첫 부분이다. 다윗의 시들은 모두 나와 관련되어 있다. 개인을 지칭한다. 그런데 예수는 '나' 가 아닌 '우리'다. 사회적 존재와 가치로 확대된 것이다. 그래서 기독교는 사회와 더불어 역사적인 신앙이다.

우리 모두의 인간다운 삶의 희망과 목적을 찾고 있다면 예수는 우리에게 해답을 주신다. 그 첫째는 나의 인생관과 가치관인 진리이다. 다음은 사회적이고 역사적인 인류의 삶에 대한 희망이다.

모든 철학과 도덕의 기본이면서 영구한 문제들은 이 둘로 대신할 수 있다. 그래서 예수는 '너희는 먼저 그 나라와 의를 구하라. 그러면 다른 것들은 뒤따라 해결될 것이다'라고 가르쳤다. 여기의 '그 나라'는 하느님의 나라이다. 그 나라가 인간 사회에서 역사를 통해 이루어져야 한다. '의'는 구약의 개념이다. 신약적 의미로 바꾼다면 진리가 된다. 그리고 진리의 사회적 가치는 사랑이다. 예수의 교훈이 바로 그것이다.

그것이 인간다운 인간의 문제다. 그 문제의 해답을 예수에게서 얻는 것이 신앙이다. 진리 안에서 살며, 사랑의 왕국을 건설하기 위해 인간 예수를 찾아 만나며, 그의 인격과 삶에 동참하는 것이 참 신앙이며 신앙의 원천과 근원이다. 그 길은 멀고 높은 데까지 이어진다. 자력으로는 도달하기 힘들다. 때로는 도달할 수 없을 때도 있다. 그래서 예수는 그리스도로 우리에게 찾아오신다. 그리고 함께 가주신다. 그 체험과 삶을 통해 우리는 참 신앙을 찾아 전진하는 것이다.

전쟁의 소용돌이 속에서도

1950년 1월 1일, 새벽에 놀라운 꿈에서 깨어났다. 공산 국가를 대표하는 소련의 영도자 스탈린의 커다란 초상화 옆 아래로 공산군이 수없이 많은 대열을 지어 남하하는 꿈이었다. 공포와 전율을 느끼게 하는 장면이었다. 금년에는 예상 못 했던 큰 사건이 일어날 징후 같다고 생각했다. 너무 두렵고 놀라웠다.

그 해 6·25 전쟁이 발발했다. 일요일이었다. 그날 오후 2시, 나는 서울의 덕수교회에서 20여 명 되는 고등학생과 대학생들에게 성경을 가르치고 있었다. 전쟁이 터졌다는 소식을 들었다. 나는 모임을 끝내면서 마지막 기도를 드렸다. 우리 학생들과 대한민국을 하느님께서 지켜주시리라는 기도와 더불어 헤어졌다. 그것이 우리 모임의 마지막이 되었다.

27일 밤, 빗속을 헤매다가 나는 두 젊은이와 함께 28일 새벽에 한강을 건너 피란길에 올랐다. 한 학생은 중앙학교 제자였고 또 다른 젊은이는 황해도가 고향인 신학생이었다. 아내와 세 어린 것은 노고산 중턱에 있는 집에 남겨두고 떠났다. 여섯 살, 네 살, 두 살의 아들 둘과 딸이었다. 다 이끌고 떠나는 것은 무모하고 어렵기도 했고, 무엇보다도 곧 한강을 넘어 다시 돌아올 수 있을 것 같은 예감이었다. 두 젊은이는 내가 공산군에게 붙잡히면 죽게 된다고 믿고 있었기 때문에 탈출을 재촉했다.

피란길은 충남 홍성을 거쳐 대전으로 이어졌고, 마침내는 우리 정부가 있는 부산으로 갔다.

생각해 보면 그 당시 미국은 어리석었고 우리 정부는 무지와 무능 그대로였다. 미국의 딘 애치슨 국무장관은 38선 이남은 우리의 군사적 방어선에 들어가 있지 않다는 성명을 발표하면서 미 주둔군을 철수시켰다. 북한에서는 김일성이 정권을 잡기 시작하면서부터 남한을 점령해 공산화하려는 계획을 세우고 있었다. 그해 3·1절에는 평양에서 대규모 군사 퍼레이드가 있었다. 주로 탱크부대였다. 그 열병행사를 끝내면서 전차들은 평양역에 집결했다. 역에는 동양에서 제일 큰 철도 역사를 짓는다면서 널판으로 만든 울타리를 치고 전쟁무기들을 숨겨두었다. 내 동생은 그 부근에 있었는데 그 탱크부대가 전쟁터로 나가기 위한 것임을 보고 전쟁을 짐작했다며 후일에 이야기했다.

그런데 우리는 어떠했는가. 용산에 있는 국방부 청사 앞쪽에 육군회관을 크게 짓고 개관 축하행사를 한다면서 육군 지휘관들을 소집해 술과 요리를 대접하면서 토요일 밤을 보냈는가 하면 전군에게 축하를 겸한 휴가를 주어 귀가하게 했다. 그래서 6월 25일 일요일에는 서울 곳곳에서 군인들은 휴가를 중단하고 군으로 복귀하라는 방송을 했을 정도였다. 김석원 장군의 회고록을 보면 공산당과 공산군의 비밀계획은 우리 정부와 군부를 완전히 우롱한 것이었다. 이런 사실을 중·고등학교 역사 교과서에서 어느 정도로 알려주고 있는지 궁금하다.

부산에 혼자 떨어진 나는 갈 곳도, 할 일도 없었다. 대연동 앞 바닷가에 나갔다가 십자가가 걸려 있는 작은 교회를 발견했다. 들어가서 기도를 드리고 싶었다. 들어섰다가 교회를 맡아 이끄는 구회의 전도사를 만났다. 그는 장로이면서 교회를 섬기고 있었다. 전도사와 그의 사모에게서 갈 곳이 없으면 교회에 머물러도 된다는 호의를 받았다. 그렇게 해서 교회 일을 돕기도 하고 부산에 있는 몇 기관에 다녀보곤 하는 일로 3개월을 지냈다. 숙식은 교회 안에서 치르곤 했다. 그러다 유엔군이 인천에 상륙하고 서울이 탈환되었을 때 처음으로 서울까지 가는 기차가 떠난다고 해서 서울시 소속 공무원들과 같이 환도하게 되었다. 그때 나는 서울시가 주관하는 사상계몽 관계 일을 돕고 있기도 했다. 반공정신을 돕기 위한 일이었다.

기차는 노량진역까지 와서 멈췄다. 한강철교가 파괴되어 있었기 때문이었다. 그날 오전에는 짙은 안개가 한강 주변을 감싸고 있어 앞이 잘 보이지 않았다. 나룻배로 강을 건너 혼자서, 지금은 서강대학교가 자리 잡고 있는 뒤쪽 노고산 언덕을 향해 발걸음을 재촉했다. 당시에는 그 일대가 밭으로 되어 있었다. 좁은 언덕길 위까지 올라가 가족이 있는 집을 바라다보았더니 뜰 안에서 큰 아들애가 걸어 나오는 것이 보였다. 가족들이 무사한 것 같다는 예감이 들었다. 가까이 가 보았다. 내가 살던 집 앞 가옥도 폭격으로 파괴되어 있었고, 오른쪽 집도 무너져 있었다. 우리 집만 덩그러니 그대로 남아 있었다. 파편을 맞아 널판 울타리 두세 곳에 구멍이 나 있을 뿐, 집은 그대로였다. 신문에서 포격을 많이 받은 산언덕이라고 들어서 가족들은 다른 곳으로 갔을 거라고 생각했는데 네 식구 모두가 무사했다. 아내는 아무 말도 없었다. 내가 무사히 돌아온 것으로 감사했던 것 같다. 이야기를 들어 보니 아내의 고생은 말이 아니었다.

2~3일 동안 안정을 찾고 있는데 어느 늦은 저녁 시간에 중앙학교의 세 제자가 찾아 왔다. 그중의 하나였던 선우 군이 내일 아침에 최초로 후생부에서 떠나는 기차가 있는데, 평양에 가서 내 가족들도 만나보고 할머니에게 맡겨두고 왔던 큰딸도 데려오지 않겠느냐며 권고했다. 그러면서 준비해 가지고 온 군복과 군 소속이라는 신분증을 내놓는 것이었다. 같이 온 친구의 매부가 군 간부여서 총지휘관으로 떠나는 열차니까 평양까지는 동행할 수 있다는 설명이었다. 우리 국군이 평양 이북까지 진출하고 있던 때였다.

나는 다시 네 가족을 남겨두고 다음 날 아침 평양으로 가는 기차 객실에 앉게 되었다. 사리원역에서 밤을 새웠던 것으로 기억한다. 지금도 잊히지 않는 한 가지가 있다. 공산 치하에 사는 사람들에게는 미소가 없었다. 먼 후일에 서베를린에 갔다가 공산 치하였던 동베를린에 갔을 때도 마찬가지였다. 동베를린에 사는 독일인들에게서는 미소를 찾아볼 수가 없었다. 억지로 큰 소리를 내서 고함도 지르고 웃기는 해도 잔잔히 새어 나오는 미소는 없었다.

기차가 대동강 남쪽에 도착했을 때도 안개가 가득히 잠들어 있었다. 나룻배를 타고 강을 건너 대동문이 있는 평양 시내로 올라섰다. 얼마나 정들었던 곳인가. 20리 길을 걷기도 하고 군용차를 타기도 하면서 송산리 집에 도착했다. 아버지와 어머니, 두 남동생과 한 여동생, 두고 떠났던 딸을 만났다. 세 살짜리였는데 여섯 살이 되어 있었다. 내 품에 안기면서 이제부터는 자기만 남기고 가지 말라고 했다. 잘못했다, 다시는 그러지 않을 것이라고 약속했다.

행복하고 즐거운 여러 날을 보냈다.

그 당시 내 고향 마을에는 통신 시설이나 정보기관이 없었다. 선우 군의 연락망뿐이었던 것 같다. 그는 중공군이 침범해 들어오고 있어 전투부대를 제외하고는 모두 후퇴하고 있으니, 떠나는 것이 좋겠다는 연락을 해왔다. 나는 동생과 어린 딸을 데리고 다시 집을 나섰다. 대동강을 건너 평양 남쪽에 있는 역포까지 갔다. 군과 민간인들이 남쪽을 향해 방향을 돌리고 있었다. 나는 대세가 힘들어지고 있음을 직감했다. 큰 남동생에게 너는 다시 돌아가서 부모님을 모시고 뒤따라 서울로 오고, 서울에 더 머물 수 없으면 부산의 대연장로교회로 오라고 지시하고는 다른 가족들과 함께 군용열차 기관차 뒤의 석탄 칸에 자리를 얻어 떠났다. 이틀 후에 서울에 도착했다. 그것이 나의 큰 실책이었다.

중공군 때문에 전세가 역전되면서 나는 대가족을 이끌고 다시 서울을 떠나 부산으로 향했다. 노부모는 어떻게 해서든지 북에서 살아갈 수 있으나 큰동생은 사지로 다시 찾아 들어가는 처지가 된 것이다. 그런 상황을 알게 된 나는 혼자서 서울 빈집에 찾아갔으나 동생 소식은 없었다. 부산으로 오라는 동생에게 전하는 쪽지만 남아 있었다. 다시 부산으로 내려왔다. 내 경솔한 판단으로 부모도 모시지 못하고 동생을 죽음의 동굴로 다시 보낸 아픔을 참아야 했다.

우리 가족들은 밤에는 예배당 안에서 자고 낮에는 교회를 살림방으로 겸하고 있었다. 우리 가족 외에도 피란민이 몇 사람 추가되어 있었다. 나는 누구에게도 말을 하지 못하고 저녁때가 되면 예배당 한편 구석에 있는 골방에 들어가 기도를 드렸다. 내 잘못 때문에 죽음이 도사리고 있는 곳에 들어간 동생을 보호해달라는 기도였다. 12월로 접어들면서 금년이 다 가기 전에 동생을 만나게 해주시면 감사하겠다는 (지금 생각해 보면 나 중심의 부끄럽기도 한) 기도를 계속했다. 그 당시는 그럴 수밖에 없었다. 그러다 크리스마스까지 지났다. 희망을 거의 포기해야 할 것 같았다. 그해 마지막 날도 저물었을 때였다. 나는 혼자서 기도를 끝내고 앞으로는 어떻게 할지 기약하지도 못한 채, 눈물을 닦으면서 예배당 뜰로 나섰다. 저녁이 밤으로 바뀌는 시간이었다. 다른 가족들은 저녁 식사를 끝낸 뒤였다. 교회 울타리 한쪽에 있는 대문 밖에서, 문을 열어 달라는 소리가 들려왔다. 사모가 대문을 열어 주면서 누구시냐고 물었다. 그들은 여기에 김형석 선생의 가족이 머물고 있지 않냐고 묻고 있었다. 달려가 보았더니 큰동생과 모친이 있었고, 사촌 동생들까지도 합세해 있었다. 동생은 책임을 다했다는 안도감 때문이었을까, 말없이 서 있었고 모친은 그래도 여기서 만나니 다행이라고 입을 열었다. 나는 가족들과 더불어 기도를 드렸다. 사모가 준비해준 저녁상을 대하는 모습을 보면서 눈물을 닦았다. 몇 시간이 지나면 금년이 다 지나가는데 주님께서 내 기도를 들어주셨다는 생각에 사로잡혀 있었다.

그다음부터는 그런, 어떻게 보면 철없는 어린애 같은 기도를 드리지 않겠다는 다짐을 했다.

다음 해 봄부터는 피란생활에도 안정기가 찾아왔다. 피란민으로 붐비던 교회당에도 빈자리가 생기기 시작했다. 셋방을 얻어 나가는 가정들이 생기기 시작했다. 나에게는 두 가지 일이 한꺼번에 찾아들었다. 중앙학교의 부산분교가 생기면서 교감직을 맡아 바쁘게 되었다. 머물고 있던 교회에도 도움을 주어야 했다. 설교로 돕기도 했고, 늘어나는 교인들을 위해 새로운 도움도 주어야 했다.

한번은 뜻하지 못했던 청탁이 왔다. 가까운 광안리에 있는 육군피복창에는 1000명 가까운 군무원들이 일하고 있었는데, 그들 가운데는 크리스천들도 있었다. 그들은 일요일이 되면 모여서 예배를 드리곤 했는데 설교할 사람이 없으니 도와주면 좋겠다는 부탁이었다. 나는 기꺼이 응했다. 그런데 몇십 명이 100명을 넘기고, 얼마 후에는 300명까지 모이게 되었다. 피복창에서는 나에게 군무원 직을 제공하면서 도와주기를 바랐다. 그 소식이 피복창 내외로 알려지면서 군무원의 가족들도 피복창 안 교회로 모여들게 되었다.

교회 아닌 교회가 형성되면서 나는 고민하다가 육군 군목 실장으로 있는 김형도 목사를 찾아갔다. 그리고 나보다는 군목이 와서 교회 일을 책임 맡고 나는 곁에서 설교 등으로 돕는 것이 좋겠다고 제안했다. 나에게는 학교 일도 있었기 때문이다. 그런데 군목 실장의 생각은 달랐던 것 같다. 군목에게 일임하고 나는 떠나는 것이 좋겠다는 생각이었다. 나는 목사가 아니었기 때문이다.

그런데 그 결과는 좋지 못했다. 피복창 안 교회는 점점 쇠퇴해서 후에는 교회가 없어진 셈이 되었다. 그런데 피복창 밖의 교우들이 따로 모여서 예배드리기를 원하면서 나에게 도움을 요청해왔다. 처음에는 사양했으나 주님의 일이기 때문에 거절할 수도 없었다. 그래서 크리스천들이 적은 광안리에 몇 명이 모였다가 교회가 되었다. 나는 기회가 있는 대로 좋은 목사님께 위임하면 되겠기에 교회가 자리 잡히기를 기다리면서 예배를 계속했다.

그래서 목사가 없는 평신도 교회가 설립된 것이다. 그러나 피복창 안의 교인은 피복창 안 교회로 나가도록 했다. 내 뜻은 우리 모임은 피복창 안 교회의 분교회가 되었으면 하는 바람이었다.

그러다가 나는 중앙학교와 더불어 서울로 환도하게 되었고 휴전이 되면서 부산의 인구가 서울로 크게 이동하는 변화가 생겼다. 나는 내가 키워온 교회를 떠나는 것이 너무 힘들었다. 신앙의 공동체였고, 학교보다도 정들었던 교우들이 있었기 때문이다.

지금도 그 교회가 주님께서 기뻐하시는 교회로 성장하기를 기도하고 있다. 그리고 피란하는 동안 내 가족과 여러 교우가 머물 수 있도록 사랑을 베풀어 준 대연장로교회에 고마운 마음을 잊지 않고 있다.

우리가 바라는 정치

·
·
·

스물다섯 살의 젊음을 안고 해방을 맞이했다. 잃었던 조국을 되찾았으나 국민 모두가 정치에 관한 걱정을 했다. 나라를 위한 봉사와 책임이 정치에 있다는 생각에서 벗어날 수 없었던 것 같다. 나는 고향이 만경대 부근이어서 해방 후에 김일성을 만나기도 했다. 많은 사람이 조국의 정치는 민족 장래를 위한 길이라는 생각을 갖고 있었다.

옛날이었고, 시골 마을이었기 때문에 우리 고향에서 대학을 다닌 사람은 내가 유일했다. 어쩌다가 동네 사람들의 권고를 받아 면 인민위원회에 참여했다가 그곳에서 다시 선출되어 대동군인민위원회의 위원으로 뽑히게 되었다. 서울시를 둘러싸고 있는 곳이 경기도이듯이, 평양시를 크게 감싸고 있는 곳이 대동군이었다. 그 군의 인민위원이란 지금의 경기도 위원회의 한 사람과도 같았다. 그 위원으로 선출되기 전날 밤에 꿈을 꾸었다. 아무 실속도 없는 팥 껍질 죽을 억지로 먹어야 하는 처지를 벗어나지 못해 괴로워하는 장면이었다. 어쩌다 군 위원이 되긴 했으나 내가 갈 길은 아닌 듯싶었다. 그래도 군민과 나라를 위해 작은 보탬이 되어야겠다는 생각으로 위원회에 참석하곤 했다. 그때만 해도 조만식의 조선민주당이 조직 중에 있었고 위원회의 많은 사람이 반공산적인 사상을 지니고 있었다. 위원장은 나도 아는 홍기주 목사였다.

그러나 공산 정권이 굳어지면서 그 자리는 정치투쟁의 위치로 바뀌기 시작했다. 홍 위원장까지도 공산 정권 지지자로 변모하고 있었다. 여러 가지 고민 끝에 나를 숨길 수 있는 조용한 농촌 교육에 헌신하는 것이 좋겠다는 생각을 했다. 사표를 제출했더니 기다렸다는 듯이 받아들여졌다. 그 자리에 있으면서 짧은 기간이기는 했으나 소련의 군정이 어떻다는 것을 짐작할 수 있었고, 소련 군인들의 무식함과 서민들의 생활 수준이 예상 밖으로 뒤처져 있다는 사실도 알게 되었다. 그리고 정치는 가장 필요한 현실적 과제이기는 하나 가장 소중한 의무는 못 된다는 사실을 조금씩 깨닫게 되었다. 정치적 관심은 있어야 하지만 정치인에 대한 기대와 애착은 다르다는 것을 느꼈다.

한 가지 이야기를 소개하고자 한다.

고려대학교의 역사학 교수였던 김성식은 평양에 있을 때 해방이 되면 38선 이북은 소련군이 점령한다는 사실을 알았다. 그 소식을 접하면서 모든 재산을 정리하고 서울로 이주했다. 그래서 탈북자신세가 아닌 생활을 유지했다. 큰 저택도 마련해 모든 가족과 더불어 여유 있는 생계를 이어갈 수 있었다.

그리고 얼마 후에 6·25 전쟁이 벌어졌다. 그때 나는 고려대학교와 같은 재단에 속하는 중앙학교의 교사로 있었다. 교장을 통해 교주였던 인촌 김성수 선생의 재가를 얻어 전체 교직원에게 3개월분의 봉급을 선급해주는 데 성공했다. 공산 치하가 되면 학교 예금이 모두 몰수당할 것 같아서였다. 중앙학교의 결정을 허락해준 인촌은 고려대학교의 현상윤 총장에게 거기는 어떻게 할 거냐고 물었다. 현 총장은 거절했다. 공금이었기 때문이다.

그 뒤에 인촌은 현 총장에게 부산으로 피란 갈 것을 권유했다. 그러나 현 총장은 그 충고를 가벼이 여겼다. '나는 양심껏 인생을 살아왔다. 이승만 정권이 무너지고 공산 정권이 된다고 해도 아무런 부끄러움이나 양심의 가책을 받지 않고 살고 싶다'는 신념을 갖고 남았다. 그 선의의 고집스러운 신념 때문에 공산군에게 체포되어 있다가 세상을 떠나야 했다.

한 역사학자는 정치인은 아니었으나 정치를 알고 있었다. 그러나 현 총장과 같은 여러 사람은 정치를 모르고 있던 탓에 무의미한 희생의 제물로 생을 마감했다.

그런 사실들을 직접 또는 간접적으로 체험하다 보면 종교인들도 애국적인 관심을 갖고 정치를 알아야 하며 이를 소홀히 해서는 안 된다는 사실을 깨닫게 된다. 선한 정치는 국민을 행복하게 하나 잘못된 정권은 국민을 고통과 불행으로 이끌어 갈 수 있기 때문이다.

이런 생각을 하다 보면 기독교인은 어떤 정치를 원하고 있으며 또 주어진 책임이 어떤 것인지를 묻지 않을 수 없다. 물론 그런 문제는 정치학자나 정치인의 일차적 의무이다. 그러나 정치를 통해 어떤 민족과 국가가 성취되기를 원하는가 함은 기독교에게 주어진 외면할 수 없는 과제이다. 국민으로서의 의무이기도 하나 신앙인의 소중한 책임이기도 하다.

정치 문제는 문외한에 속하지만 크리스천의 한 사람으로서 다음과 같은 제안은 해도 좋을 것 같다.

30대 젊은이들에게 가장 많이 받는 질문이 있다. 주변 4대 강국의 영향력이 너무 크기 때문에 약소민족으로서 운명을 개척해 나가기가 힘들며 국가적 자긍심을 찾을 길이 없다는 이야기이다. 그러나 나는 지금까지는 그러했지만 앞으로는 좋은 친구가 생겼기 때문에 점자 달라질 것이라는 이야기를 한다. 그 친구는 바로 UN이다. 얼마의 세월이 더 지나면 UN은 한국과 같은 중견 국가를 대변하게 될 것이며, 또 그렇게 되어야 한다. 그때에는 우리 외무장관도 국제회의에 나가 미국이나 러시아에 대해서도 UN을 통한 세계정책에 동참할 수 있을 것이다.

100년쯤 후에는 우리 민족도 세계적 문화권에 등단할 수 있었으면 좋겠다. 여행을 하다 보면 스위스만큼 문화적 혜택을 많이 누리는 나라는 적다. 그런데 스위스 문화는 독일어 문화권과 불어 문화권으로 나누어져 스위스 고유의 문화를 갖고 있지 못하다. 그러나 우리는 한글 문화권을 갖고 있기 때문에 노력 여하에 따라서는 아시아에서 최고의 문화권을 창조해 지닐 수 있다. 실제로 일본 문화권에 다음가는 위치를 차지할 가능성을 점차로 인정받고 있다. 그 결과는 젊은 세대들의 책임이다. 우리가 인문학의 육성을 원하는 것도 그 때문이다. 독서율이 높아지고 창조적인 노력을 높인다면 가능해질 수 있는 과제이다. 선진국의 아들딸들은 장관이나 사장의 자손들 같아서 더 올라갈 곳이 없으나 후진국의 아들딸들은 농민의 자녀들 같아서 더 내려갈 곳이 없으니 성장하면서 새 문화를 창조하는 행복을 누릴 수 있다고 말하곤 한다.

그러나 시급한 문제도 뒤따른다. 우리가 참여해서 해결해야 할 과제들도 많이 있다.

해방 이후부터 전두환 정권이 끝날 때까지 대한민국은 모든 후진국이 겪고 있는 과정을 밟아야 했다. 그 기간에 우리 사회의 정치 풍토는 강자가 약자를 지배하고 통치하는 식이었다. 이승만 대통령이 후계자로 지목한 이기붕에게 "나는 군대를 장악하고 있을 테니 그대는 경찰을 장악해 이끌라. 그렇게 하면 우리 정권은 무너지지 않는다"라고 말한 적이 있다. 있을 수 없는 일임에도 불구하고 국민들까지도 그런 생각을 수용하고 있을 정도였다. 그런 후진국에서는 힘이 지배하는 상하관계와 갑을관계의 질서가 크게 잘못된 것인 줄 모르고 허용되곤 했다. 가진 자가 못 가진 사람을, 권력자가 국민을, 윗사람이 아랫사람을 지배하는 사회다. 직책의 상하관계가 인간의 상하관계를 겸하는 사회가 된다. 마치 군대에서 계급이 지배하고 복종하는 모습과 비슷해진다.

북한은 아직도 그런 사회로 남아 있다. 김정일이 정권을 잡고 있을 때였다. 한국 대표들이 북한에 갔을 때 김정일이 "대한민국은 대통령이 바뀌면 모든 정책이 달라지기 때문에 나는 그 약속을 믿을 수 없다. 하지만 인민공화국은 선군 국가이기 때문에 내가 군대를 통솔하고 있는 동안은 어떤 변화도 없다. 그러니까 믿어도 된다"라고 말했다. 그렇게 부끄러운 후진국의 체제를 오히려 자랑스럽게 말했다. 공산주의 국가가 모두 그런 위치에 머물고 있었다.

대한민국은 그 단계를 극복하기 위해 수십 년의 시련과 갈등을 겪었다. 노태우 정권을 거쳐 김영삼 시대로 접어들면서는 힘과 군이 지배하던 정치를 법치 국가로 올려놓았다. 그 기간 동안에 4·19 혁명을 겪어야 했고 오랜 민주화 투쟁의 과정을 밟았다. 지금 한국은 명실공히 법치 국가가 되었고 군이 아닌 정치가 그 법을 지켜주는 사회로 들어섰다. 비로소 나라다운 나라와 민주시민의 위상을 찾게 된 것이다. 강자가 통치하지 못하고 법에 따라서 평등을 찾아 누리는 사회가 된 것이다. 이런 법치 국가의 기능과 질서를 담당하는 가치가 정의다. 그래서 지금 우리에게 필요한 '정의란 무엇인가' 함이 사회직 가치 기준이 된 것이다. 정의를 어떻게 받아들이는가에 따라 법이 달라지며 정부의 기능에도 변화가 온다. 공산 정권, 흔히 말하는 좌파 사회에서는 정의를 평등 사회를 위한 수단과 방법으로 규정했다. 경제적 평등이 사회 균등의 기준이 된다고 믿고 있었다. 그 평등을 위해 정권이 책임을 감당했기 때문에 또 하나의 정권이 지배하는 국가로 전락하는 결과가 되었다.

자유 민주주의 국가를 대표하는 미국에서는 정의를 어떻게 하면 더 많은 사람이 더 많은 자유를 누릴 수 있는가를 위한 선택과 추진적 기능의 가치라고 본다. 그래서 개인의 자유를 억제하거나 제한하는 정의는 진정한 정의가 되지 못한다고 생각한다. 그들에게 왜 이렇게 많은 불상사가 발생하는데 총기사용을 규제하지 않느냐고 물어보라. 규제가 많은 사회에는 자유가 축소될 수밖에 없다. 미국은 원하는 모든 사람이 총기를 갖더라도 총기 때문에 발생하는 불행한 사건이 없는 자유로운 사회가 목표라고 말한다. 자유를 거부하는 정의는 존재할 수 없다고 생각한다.

그렇다면 진정한 정의, 누가 어디서나 누릴 수 있고 책임져야 할 정의는 어떤 것인가. 모든 윤리와 종교가 원하는 정의의 의미와 가치는 한 차원 더 높은 데 있다. 그 대표적인 것을 기독교는 선언하고 있다. 기독교는 정의를 더 많은 사람이 행복을 누리며 인간다운 삶을 보장받을 수 있는 인간애에 대한 의무와 책임이라고 가르친다. 예수 당시에는 그런 개념을 사용할 상황이 아니었으나 예수의 교훈이 바로 그런 것이었다.

그렇게 본다면 소망스러운 선진국을 건설하려면 법치 사회보다 질서 사회로 한 단계 더 올라서야 한다. 그 선진 사회가 바로 도덕과 윤리가 이끄는 질서 사회인데, 이를 위한 핵심 과제는 더 많은 사람이 인간다운 삶을 누릴 수 있는 인간애의 구현에 있다. 사랑의 질서가 정의의 가치를 포함하면서도 초월하는 사회인 것이다. 이러한 과정을 밟지 않고서는 선진국을 건설할 수 없다. 그러니 우리는 그 책임을 사회적으로 감당해야 한다. 어떤 종교 국가가 중요한 것이 아니다. 정의와 사랑의 질서가 성숙한 사회가 기독교가 뜻하는 하느님의 나라인 것이다.

이러한 사회는 폐쇄적인 닫힌 사회를 넘어 개방적인 열린 사회로 발전하지 않으면 이루어질 수 없다. 정치도 그렇다. 냉전 시대로 불리던 20세기 초반에는 절대주의 가치관을 갖고 살았기 때문에 공산 국가를 대표하는 좌파와 자유 국가를 표방하는 우파 중에 어느 하나만 남고 다른 하나는 없어져야 한다는 어리석은 사고를 갖고 있었다. 그러나 수십 년의 세월이 지난 후에 좌파는 진보가 되고 우파는 보수로 변하면서 둘은 공존하며 협조해야 한다는 상대적 가치로 승화되었다. 지금은 어느 국가에서든지 보수와 진보가 공존함으로 더 소망스러운 국민의 삶을 보색하기에 이르렀다. 그것이 21세기에 접어들기 시작하면서 열린 사회, 즉 다원 사회로 발전하게 된 셈이다. 우리는 그 선도적 역할을 담당한 국가를 미국으로 보고 있다. 열린 사회는 자연스럽게 절대와 상대를 넘어 다원 사회로 가도록 되어 있다. 그리고 EU가 그 뒤를 따르고 있다.

그런 역사적 과정이 세계사의 과정이며 희망으로 향하는 추진력이다. 우리는 그 정신사의 과거와 현재, 미래를 관찰하면서 기독교의 정신을 재조명해 보고 싶은 것이다. 기독교의 정신은 언제나 개방된 전체 사회를 지향하며, 이는 인간애에 기반을 둔 다원 사회를 건설해 가는 역사적 발전이면서 추진력인 것이다.

그리스도인의 경제관

▪

▪

▪

여러 해 전이다. 현대그룹의 창설자인 정주영 회장과 이야기를 나눈 일이 있었다. 그분이, 사업을 위해 여러 곳을 다니는데 불교 국가들이 경제적으로는 뒤처진 편이고, 그보다는 유교 전통을 가진 국가들이 좀 더 잘살더라는 이야기를 했다.

물론 그럴 것이다. 불교와 비슷한 힌두교를 믿는 사람이 많은 인도에 가보면 그 현상이 더 뚜렷해 보인다. 관념적 종교 국가와 현실적 윤리 국가의 차이점일 것이다. 불교는 현실 사회와 인간 중심의 역사의식이 적고 명상과 사후를 바라보는 초현실적인 세계관을 염원하기 때문에 의식주와 같은 현실 문제는 소홀히 생각하는 가치관이 강했던 것이다.

그런 가치관이 심한 줄은 나도 인도를 여행하면서 느끼곤 했다.

뭄바이에 갔을 때 간디 기념박물관을 방문했다. 안내하던 젊은이는 대학에서 경제학을 전공한 사람이었다. 내가 왜 간디 선생은 직접 물레질을 해 천을 짜서 입었냐고 물었다. 그는 간디 선생이 기계 문명을 싫어했기 때문이라고 했다. 내가 다시 영국에서 들여온 기계로 짠 천을 입으면 영국 경제의 영향으로 인도가 가난해지니까 경제적 자립을 위해서가 아니냐고 물었다. 그는 그렇지 않다고 했다. 간디 선생은 모든 사람이 기계 문명의 노예가 되는 것을 원하지 않았다면서 뉴델리에 가면 간디의 묘소를 찾아보라고 했다.

그 후 뉴델리에 있는 간디의 묘소를 찾았다. 그곳은 돌로 꾸며져 있었다. 거기에서 안내하는 사람도 간디는 기계 문명을 멀리하고 정신적 가치를 존중했기 때문에 여기에 있는 석조물들은 모두 기계를 쓰지 않고 인공으로 깎았다고 설명했다. 간디의 정신까지 그랬다면 그 사회의 경제는 후진성을 면치 못할 것이다.

인더스 강가에 가면 수많은 사람이 합장하고 명상하는 모습을 보게 된다. 그 시간이 길고 긴 일생에 걸치게 되면 평정과 해탈을 얻을 수 있다고 믿는다. 우리나라도 그럴지 모른다. 독실한 불교 신도들 가운데 사회적으로 기여하는 기업가가 적은 것도 같은 가치관에서일 것이다. 그래서 새로운 불교인 원불교에서는 열심히 일하고 많이 배우며, 건강을 위해서는 의료기관을 증설해야 한다고 가르친다.

이에 비하면 우리나라를 비롯한 유교 전통 사회에서는 근면과 청빈 정신을 존중했기 때문에 경제생활을 소홀히 여길 수 없었다. 단지 윤리적 가치가 더 소망스러웠기 때문에 선비가 먼저고 농부가 다음이었다. 공업 다음에 상업이 오는 것은 상업에는 비윤리적인 가치관이 동반한다고 믿었기 때문이었다. 그런데 서구 사회에서는 일찍부터 상공업을 앞세웠으니 근대적 산업 국가가 된 것이다.

어느 나라나 경제적 목적이 제일이고 전부라면 종교는 그 책임을 담당하는 데 지장이 될지도 모른다. 이슬람 국가는 조금 다르다. 마호메트 자신이 장사를 한 경험이 있기 때문이다. 그럼에도 불구하고 이슬람 국가의 경제가 후진성을 띠고 있는 것은 종교적 열성이 교육의 후진성을 초래한 까닭일 수도 있다. 이슬람교의 폐쇄성도 원인이 되었을 것이다. 그렇게 다량의 석유가 쏟아져 나오는데도 국민들의 후진성이 가시지 않는 것은 종교적 신앙의 영향이 컸을 것 같다.

1962년에 나는 1년간 미국에 머물다가 서울대학교 사학과의 한우근 교수와 철학자인 안병욱 교수와 함께 유럽여행을 했다.

그때 우리는 왜 같은 기독교 국가인데 개신교 국가들이 가톨릭 국가들보다 경제 성장과 발전이 앞섰는지 모르겠다는 이야기를 나누었다. 한 교수는 막스 베버의 『프로테스탄트 윤리와 자본주의 정신』의 내용을 말하면서 그 책에서 개신교의 경제관을 찾았는데 그것이 현실 역사에서 나타난 것 같다고 했다. 안 교수의 견해는 가톨릭 교회는 교회주의에 빠져 사회에 대한 책임감이 가벼웠고, 사회를 위한 교회보다도 교회를 위한 사회 관념이 강했기 때문에 개신교보다 뒤처졌으리라는 것이었다. 1500년 동안 교회 내 생활에 안주해 있었으니, 그럴 만도 하다는 공감대였다. 또 가톨릭이 가지고 있는 금

욕주의적 교리가 반사회적 기능을 강화시킨 것도 사실이었다. 수도원 제도나 성직자들의 경제관이 그런 결과를 초래한 것 같다는 의견도 있었다.

그러나 따지고 보면 개신교에서도 교회생활과 교리 중심의 교회에서는 경제적 발전의 요소를 발견하기가 쉽지 않을 것 같다. 기독교 정신이 사회화되면서 경제적 성장도 가능했던 것 같다. 성경에도 경제적 활동을 중요하게 여기며 부를 누리라는 가르침은 적다. 그러나 열심히 최선을 다해서 일하되 소유를 위해서나 안락을 위해서가 아니라 가난한 사람들에게 사랑을 베풀라는 뜻을 주었다.

일본이 아시아에서는 부를 누리고 있다. 그러나 일본의 경제와 기독교의 관계는 보이지 않는다. 다른 나라도 마찬가지일 것이다. 열심히 일해서 부를 찾아 누리자는 욕망은 인간의 본성이다. 그러나 그 부가 무엇을 위해 어떻게 쓰여야 하는가, 라고 물었을 때 기독교는 해답을 주었으며 그 가치관은 다른 종교나 가톨릭보다 개신교의 정신이 앞서 있었던 것 같다.

1961년 겨울, 뉴욕에 갔다가 내 제자에게 들은 이야기가 생각난다.

내가 뉴욕에 가기 얼마 전에 소련의 흐루쇼프 수상이 UN 본부에 들른 일이 있었다. 그곳에서 연설을 끝낸 그는 안내를 받으며 뉴욕 시내를 관람하다가 널리 알려진 록펠러 센터를 보았다. 그리고는 "한두 사람이 이렇게 많은 재산을 소유하면 얼마나 많은 가난한 사람이 그 밑에서 고생하겠느냐"라고 말했다. 그 이야기를 들은 《뉴욕 타임스》의 기자가 다음과 같은 기사를 썼다. '수상은 록펠러 센터나 큰 기업체가 어떤 개인의 명의로 법적 등록이 되어서 그 기관을 개인의 소유라고 착각하는 것 같은데, 소유주는 그 회사의 주를 가지고 있는 수많은 사람이다. 대표자는 경영권을 행사해 그 이익을 주주들과 사회에 주는 책임이 있을 뿐이다. 그것은 정치가가 정치를 통해 사회에 도움을 주며 학자가 학문을 갖고 사회에 봉사하는 것과 마찬가지다. 소유주는 원하는 국민이고 경영자는 관리인일 뿐이다'라는 해명을 했다.

나는 그 이야기를 들으면서 초창기의 미국은 경제 체제가 개인의 소유로 되어 있었으나 사회주의의 도전을 받고 복지정책의 필요성을 체험하며 지금은 그 본질이 기여 체제로 변했다는 사실을 알게 되었다. 더 많은 사람이 함께 경제적 혜택을 누릴 수 있는 최선의 방법으로서의 자본주의로 발전한 것이다. 이러한 것을 경제의 민주화나 경제정책의 휴머니즘화라고 부를 수 있을지 모르겠다.

한때 록펠러 재단에 속한다고 볼 수 있는 뉴욕의 체이스맨해튼 은행의 총재가 한국에 온 일이 있었다. 우리 기자들과의 대담에서 그는 "나는 그 은행의 주를 5퍼센트까지 소유할 수 있다. 사회에 더 많은 도움을 줄 수 있으면 그것이 우리가 원하고 바라는바"라고 말한 적이 있다. 우리는 록펠러 재단이 미국과 세계에 얼마나 많은 경제적 도움을 주었고 지금도 주고 있는지 잘 알고 있다.

최근에는 자본주의라는 말을 잘 사용하지 않는다. 내 좁은 생각으로는 공산주의식 경제관이 있고 사회주의 전통에 따르는 경제정책이 있다. 그리고 미국의 자본주의 경제가 있는데, 그 세 정책의 민주화를 시장 경제라고 부르는 것 같이 느껴진다. 민주화나 민주주의는 그 자체가 더 많은 사람의 행복과 인간다운 삶을 위한 이상과 방법이다. 항상 변할 수 있고 새로운 방법을 찾아가는 것이 민주정신이다. 반면 공산주의는 그 목표와 방법을 정해 놓고 주어진 과정을 밟아야 하는 결정론이다. 넓은 의미의 사회주의는 다수를 위한 복지정책이기 때문에 경제적 평등이 주어진 기본정책일 수 있다. 자본주의는 선의의 경쟁성이 강하기 때문에 양극화 현상을 초래하는 단점을 안고 있는 것이 사실이다. 그러니 지금 우리가 허용하고 있는 시장경제는 경제 활동의 자율성을 인정하면서도 더 많은 사람의 인간다운 삶을 보장하면서 증진시키는 인도주의적 경제관이 되어야 한다고 생각한다.

이러한 정신과 경제관은 기독교의 경제관에 접근하고 있으며 종교 중에서는 프로테스탄트 사회가 그 앞자리에 서 있었다고 볼 수 있을 것 같다. 사회와 역사는 복합적이면서도 다원적이기 때문에 종교적 가치관과 무관한 경제관은 있을 수 없다. 기독교인들도 마찬가지로 사회적 경제 활동에 동참하고 있기 때문이다.

성경이 우리에게 가르쳐주는 교훈은 간단하다. 열심히 일해서 부를 창출하되 너를 위해서는 적게 소유하고 사회를 위해 많이 기여하라는 교훈이다. 더불어 가난한 사람들과 일용할 양식을 갖지 못하는 사회를 위해 선처하라. 그 사명과 책임을 다하는 것이 사랑의 실천이라는 정신이다. 물론 모든 사람과 기업인들이 그 책임을 담당할 수는 없다. 그러나 그리스도인들은 그 정신을 망각하거나 포기해서는 안 된다. 그것은 인류 전체를 위한 소원이기 때문이다.

어떻게 보면 그런 가치관과 예수의 교훈이 개인생활에 있어서도 자연스러우면서 받아들여야 할 축복의 길이 아닌가 싶기도 하다.

내 경우도 그러했다. 30대 중반에 연세대학교에 부임했으나 그 당시 나는 항상 경제생활에 쪼들렸다. 학교 교육을 받아야 할 아이들이 여섯이었다. 여기에 6·25 전쟁 때 북에서 온 모친과 세 동생이 있었다. 전쟁 전에 준비했던 몇 푼 안 되는 돈으로는 전세방도 구할 수 없는 형편이었다. 그렇게 살다 보니 나와 아내는 수입에 전념해야 했다. 두세 군데 대학에 시간강사로 나서기도 했다. 아내에게 두 곳에서 강연 부탁이 왔는데 어디로 갈까, 라고 물으면 아내는 으레 돈 많이 주는 곳을 선택하라고 했다. 나도 그랬다. 그렇게 긴 세월을 살았다.

한번은 주초에 대구에서 손님이 왔다. 1년에 한 번 있는 중·고등학교 교사수련회가 있는데 600~700명의 교사를 위해 강연을 해 달라는 청이었다. 그는 연세대학교 출신의 교감 선생이었다. 나는 토요일 오후에는 삼성그룹을 위한 선약이 있어 못 가겠다고 거절했다. 그 당시에 대구 왕복은 온종일 걸리는 일이었고 사례금은 삼성보다 적었다. 교통 차편을 제공해주는 삼성을 택하고 싶었다. 그런데 나의 거절을 들은 제자는, 할 수 없이 빈손으로 돌아가야겠다는 충격적인 실망에 빠진 것 같았다. 어떤 죄책감 비슷한 느낌이 들었다. 같은 교육계에 있으면서 대구의 교장회의 결정을 너무 무책임하게 거절한 것 같았다. 그래서 삼성의 양해를 얻고 대구에 다녀왔다.

그렇게 대구에서 돌아온 토요일 저녁에 나는 내 인생의 커다란 변화를 약속했다. 돈을 벌기 위해 일하는 어리석은 인생관을 극복하고 보람 있는 일을 위해 사는 인생을 찾아 누리자는 결심이었다. 돈을 위해 일생을 다 보내면 내 인생은 어떻게 되겠는가. 보람 있는 일을 하면 돈은 뒤따를 것이라는 신념을 갖기로 했다. 그 선택은 옳았다. 일을 사랑하고 일의 가치를 따지기 시작하면서 나는 사는 보람을 발견했고 수입이 늘어나는 것도 체험할 수 있었다. 인생관과 가치관의 차원이 한 단계 높아진 것이다.

그렇게 몇십 년을 살면서 여든을 넘긴 나이가 되었다. 자녀들도 제 살림을 꾸려가게 되었고 나는 계속된 일의 대가로 노후에도 변함없이 자립을 유지하게 되었다. 그러는 동안에 나도 모르게 또 한 가지 경제관의 변화가 왔다. 일의 대가로 생긴 수입으로 검소한 생활을 하고 여유가 생기거나 그 외에 주어지는 수입이 있으면 도움을 필요로 하는 일과 사람을 위해 베풀지는 못하더라도 도와야겠다는 생각을 하게 된 것이다. 그리고 때로는 돈을 쓰더라도 다른 사람들에게 도움이 되는 일에 쓰자는 생각이 들었다. 다른 사람들은 거액의 돈을 사회에 베풀기도 하는데, 중요하고 필요한 일을 위해 내 돈을 쓰면서 일할 수 있다면 얼마나 행복한 인생인가. 주면서 사는 사람이 받으면서 사는 사람보다 행복하다는 경험을 하는 삶은 누군가에게 감사드리고 싶은 마음을 들게 한다. 그 감사의 대상이 예수 그리스도인 것이다.

신앙의 다양성, 그리고 동일성에 관하여

·
·
·

1980년 1월 하순에 나는 캐나다 토론토에서 한국 교포들을 위해 신앙집회를 가진 일이 있었다. 많은 교포의 호응이 있어 집회는 예상보다 높은 성과를 얻었다. 어떤 이들은 교포들을 위한 최초의 집회였다고 말하기도 했다. 그 집회가 끝날 즈음이었다. 반병섭 목사가 시무하는 밴쿠버 한인연합교회에서 한국으로 돌아가는 길에 이곳에 들러 3일 동안 총 4회에 걸친 모임을 해주면 좋겠다는 연락이 왔다.

나도 고맙게 생각하고 2월 초에 3일간 집회를 갖기로 했다. 그리고 밴쿠버에 도착했을 때 반 목사가 솔직하게 상황을 알려주었다. 바로 얼마 전에 서울 영락교회의 한경직 목사를 초청해 부흥회를 했고, 비슷한 시기에 보수성이 강한 순복음교회의 조용기 목사가 그 계통 교회에서 부흥회를 했기 때문에 이번에는 교인이 별로 모이지 못하겠지만 한국으로 돌아가는 길이고, 또 사모님도 같이 오셨으니 밴쿠버 지역 관광도 하실 겸 청탁을 하게 되었다는 설명이었다. 물론 그래야 했다. 반 목사는 토론토에서 뜻밖의 성대하고 인상 깊은 집회가 있었다니까, 귀로에 쉬기도 할 겸 교포와 교인들을 만나는 기회를 계획했던 것이다.

금요일 저녁에 처음 시간을 맞게 되었다. 큰 예배당에는 본 대강당과 적은 수를 위한 모임 때 사용하는 소강당 두 곳이 있었다. 집회 장소는 바로 이 소강당이었다. 소강당이지만 100여 명 정도는 아늑하게 모일 수 있는 장소였다. 그런데 시간이 되면서 모여드는 교인들의 수가 점점 늘어났다. 결국 소강당으로는 감당할 수 없어 장소를 대강당으로 옮겨야 했다. 시작할 시간이 되었을 때는 큰 강당이 만원이었다. 네 차례 모임이 모두 그랬다.

그런데 교회에서 항상 많은 자리를 차지하는 연로한 교인들은 보이지 않았다. 교회에서는 본 바가 없는 교회 밖 사람들이 더 많았다. 그럴 수 있다. 순복음교회 집회 때는 조용기 목사를 따라 로스앤젤레스나 샌프란시스코에서 온 교인들이 많았는데, 그들은 이미 밴쿠버를 떠나갔고 보수성이 강한 교인들은 나를 찾아 이 교회로 올 사정이 못 되었다. 그 대신 한경직 목사를 존경하는 다른 한인 교회 신도들은 자리를 같이했을 것이다.

그 지역에 거주하는 대학 관계 인사들, 공무원과 사회인들이 찾아왔다. 나도 그 분위기를 알았기 때문에 목사들과 같은 교리적인 설교보다는 인간으로서의 가치관 또는 인생관을 통한 기독교 신앙을 취급했다. 집회가 끝났을 때 반 목사가 소감을 전했다. 그 교회에서 주관한 어떤 집회보다도 성대했고 청중의 자세도 좋았으며, 특히 교회 밖 교포들이 많이 참석해 의미가 더 좋았다는 것이다.

나는 지금도 세계 어느 도시보다 아름다운 밴쿠버에서 가졌던 3박 4일의 시간을 잊지 못하고 있다. 동행했던 아내도 그때를 잊지 못했던 것 같다. 그 신앙집회는 나에게 한 가르침과 교회에 대한 또 다른 가능성을 생각하게 하는 계기가 되었다.

나는 누가 보든지 평신도 중의 한 사람이다. 성직자는 못 된다. 장로직도 맡지 못했다. 그만큼 내가 부족하다는 사실을 나도 잘 알고 있다. 집사직을 맡아서 교회에 봉사한 적은 있었다. 그러나 지금도 외국에 나가 설교를 하게 되면 장로라고 소개받기도 한다. 그 교회에서는 내가 으레 장로직을 갖고 있는 것으로 인정하기 때문이다. 좀 보수적인 교단 교회에 가면 설교는 허락되지 않는다. 목사나 장로가 아니기 때문이다.

물론 나는 교회에서 자랐다. 중·고등학교 시절에는 장로교 학교에 다녔고, 대학은 가톨릭 계통이었다. 그러니 나의 신앙적 고장은 교회와 함께였다. 그뿐만이 아니다. 30여 년 봉직한 연세대학교도 기독교 대학이었다.

중학교 때는 나도 목사가 될 수 있을까, 하는 꿈을 가지고 있었다. 친구들 가운데는 목회자가 된 이도 여럿 있었다. 그런데도 교회 안보다는 밖에서 받은 영향이 컸던 것 같다. 중학교 때는 일본에서 발간된 기독교 관련 책들을 많이 읽었다. 신앙적 영향을 준 사람들은 목사들이기보다는 교단을 넘어서는 지도자들이었다. 성서주의자들도 있었다. 많은 한국 젊은이가 관심을 가졌던 작가 가가와 도요히코도 교회 안의 인물은 아니었다. 나는 교회 안에 살면서도 신앙적 지도는 독서를 통해 받았다.

대학에 머무는 동안은 부지런히 일본 교회에 다녔다. 목사들의 설교 수준도 높았고 교회 분위기도 우리 한인 교회보다 좋은 면이 많았다. 목사의 딸로 독립된 교회를 시무하던 여자 목사가 인도하는 예배에도 참석해 보았다. 그 교회에서는 헌금에 관한 설교나 광고는 전연 없었다. 교회 관련 주보에 교회 재정에 관한 기획과 보고서가 전부였다. 교인들이 예산에 맞춰 헌금을 하면 책임자들이 집행하곤 했다. 한국 교회에서 흔히 하는 십일조나 감사헌금 이야기도 없었다. 좀 큰 교회에 가면 청년과 대학생들을 위한 원서강독 성경공부반이 있었다. 십여 명의 젊은이들이 그리스어로 된 사복음서를 공부하기도 했다. 내가 적은 두지 않았으나 자주 다닌 교회에는 무도라는 목사가 시무했다. 그는 육군대학 교수로 있던 전통 있는 군관 출신의 가문에서 자랐으나 신앙을 갖게 되면서 신학을 공부해 목사가 되었다.

대학생활을 하면서 천주교와의 연관성을 갖지 않을 수 없었다. 총장과 교수 중에는 천주교 신자인 학자가 많았기 때문이다. 그리고 그 대학의 철학과에는 신부를 지원하는 학생들도 있었다. 김태관 서강대학교 교수, 김수환 추기경도 함께 지냈다. 그때 나는 천주교와 개신교의 관계를 직접 체험했고 기독교의 동질성과 거리감을 발견하기도 했다. 그 당시만 해도 한국 목사의 대부분이 천주교를 용납하지 않을 때였고 천주교에서도 개신교와의 동일성을 찾으려고 노력하지 않을 때였다.

그런데 나는 좀 건방진 생각이라는 마음은 있으면서도, 개신교와 천주교는 기독교라는 큰 나무의 두 줄기이지 다른 나무는 아니라는 신념을 갖고 있었다. 만일 한 나무가 아니라면 주인인 예수 그리스도가 경영하고 가꾸는 농원의 두 나무라고 생각했다. 물론 그 농원에는 희랍 정교도 있고 성공회도 있다. 구세군도 있을 것이다. 더 넓게 보면 교단의 성격을 떠난 기독교 공동체들이 여럿 있을 수 있고 또 있어야 한다고 생각했다. 그러니 천주교와 개신교 간에는 더 늦기 전에 대화와 협력이 있어야 한다는 신념을 가졌다.

그래서 연세대학교에 있을 때 한 출판사에서 『현대사상강좌』 열 권을 출판한 일이 있었는데, 철학과 종교 등 사상 분야의 편집은 내가 주도하기도 했다. 그때 우리나라에서는 처음으로 천주교 철학자들을 끌어들였고 한국철학계에 스콜라 철학과 넓은 의미의 중세 철학을 소개하기도 했다. 그 당시에는 월간지 《사상계》와 《현대철학강좌》가 젊은이들의 필독서처럼 여겨졌고, 압도적으로 많은 독자층을 유지하고 있었다. 《한국일보》에서 표창을 받아 관심을 모으기도 했다.

전쟁이 끝난 후에 일본 기독교는 교단적 변화를 가져왔다. 성공회나 구세군 같은 교단을 제외하고는 모든 개신교가 하나가 되었다. 그러면서 다른 교단들과도 잘 협력하고 있다. 캐나다에서도 같은 현상을 볼 수 있어 좋았다.

이에 비하면 우리는 너무 많은 교단을 갖고 있다. 그것이 나쁘다거나 잘못되었다고는 생각지 않는다. 서로 협력하는가, 갈등을 만드는가가 문제다. 서로 이단이라고 싸우는 일은 바람직스럽지 못하다. 신도들을 그리스도에게로 이끄는 것이 소망스럽다. 네 편과 내 편으로 가르는 것은 부끄러운 일이다. 일부 지도자들은 우리와 같지 않으면 잘못이라고 말한다. 그리스도의 뜻과 방향과 다르면 잘못이지만 우리와 다르니까 잘못이라는 교리적 견해와 판단은 바람직스럽지 못하다.

이런 개인적 과정을 밟는 동안에 나는 어떤 교단이나 교회에 신앙 및 정신적으로 안주하는 일이 내 신앙과 일치되기 어려움을 느끼게 된 것 같다. 많은 기독교 학교와 기독교 공동체의 초청을 받아 강의와 강연을 맡게 되면서 한 교회에서 성실하게 봉사하는 시간과 정신적 안착을 찾을 수 없게 된 것도 사실이다.

나는 장로교에서 자랐다. 지금은 가족들과 같은 교회를 섬겨야 하며 집 옆의 교회를 도와야 하기 때문에 감리교에 교적을 두고 있다. 그 대신 많은 교단의 신학교와 교회에 초청을 받아 작은 도움이라도 주기 위해 노력하고 있다. 보수적인 교단에서 기독교 강의를 맡으면 강단 아래에서 강의를 한다. 그러나 진보적이라는 말보다는 개방된 교단에서는 주일예배 설교청탁에 응하는 것이 보통이다. 주로 가까이 느껴지는 교단은 기독교장로회, 감리교, 성결교이고 같은 장로교에서는 합동 측보다 통합 측의 교회를 자주 찾게 된다. 그러나 합동 측이나 고려신학 계열이 장로들을 위한 교회 밖 집회에는 자주

가는 편이다. 좀 의외의 경우 같으나 천주교 성당의 초청을 받는 때도 있다. 그때는 미사를 드리는 본당 강단을 제공받기도 한다. 신부들이 미사를 주관하지만 같은 주님의 뜻으로 여겨줌에 고마움을 느낄 때도 있다.

다른 교단이나 종파보다는 주님의 말씀을 따라 실천하면서 함께 살아가는 신앙인으로 성장하면 좋을 듯하다. 부모들이 가장 바라는 것은 형제간의 사랑과 협력이다. 주님께서 원하시는 것도 같을 것이라고 생각한다.

처음 이야기로 돌아가자. 밴쿠버 한인연합교회에서 있었던 세 가지 성격의 집회는 그렇게 되어서 좋았고 앞으로도 그런 색다른 성격의 신앙집회는 바람직스럽기도 하다. 교회는 사회를 위해 존재한다. 교인들을 신앙의 우산 밑에 머물게 해서 성장하는 데 지장을 주거나 하늘나라를 위한 역사적 의무와 사명을 멀리하는 것은 시정하면 좋을 것 같다. 오랜 전통을 가진 교단도 지나치게 대교회주의에 빠져 민족과 국가를 위한 의무를 소홀히 한다면 교회는 커질 수 있으나 하늘나라에 대한 책임은 세상 사람들에게 위임되는 모순을 범한다. 많은 평신도나 이름 없는 크리스천들은 교회에는 열성적으로 참여하지 못하나 기독교 정신을 인생관과 국가관으로 갖고 있으며, 교회보다 조국을 더 사랑하기 때문에 하늘나라 건설에 더 앞장설 때가 있다.

서로가 서로를 위하고 협력하여 주께서 원하시는 하늘나라 건설에 동참할 수 있으면 된다. 이기적인 경쟁은 종교 안에서도 죄악이다. 선의의 경쟁을 사랑이 있는 노력으로, 궁극적인 동일한 목표로 삼고 걸어가는 것이 신앙인의 책임이다.

이 책을 위해 수고해주신
출판사의 여러분과 타자와 교정을 도와주신
이종옥 생명의 전화 이사님께
감사드립니다.